피터 드러커
경영 컨설팅

PETER DRUCKER ON CONSULTING

피터 드러커
경영 컨설팅

윌리엄 코헨 지음 | 안세민 옮김

한국경제신문

PETER DRUCKER

ON

CONSULTING

★ 코헨의 저서는 드러커 경영 원칙의 본질적인 부분을 포착할 뿐만 아니라 이것을 경영 컨설턴트로서 어떻게 효과적으로 활용할 것인가에 대한 생생한 조언을 제공한다. 이 책은 드러커와 지근거리에서 함께 일했던 사람이 철저한 연구를 바탕으로 쓴 것이기 때문에 드러커 자신이 쓴 것처럼 읽힌다. 컨설팅 업계에 관심이 있는 사람이라면 반드시 읽어야 할 것이다.

리 레이놀즈F. Lee Reynolds(스튜디오 투어 부장, 유니버설 스튜디오, 할리우드)

★ 피터 드러커는 떠났지만 다행스럽게도 그의 제자인 윌리엄 코헨이 드러커의 업적을 전한다. 이 책은 전문 컨설턴트에게만 훌륭한 조언을 하는 것이 아니다. 드러커의 저작에서 거의 논의되지 않고 면밀하게 분석되지 않았던 측면을 보여준다. 드러커는 어떻게 하여 컨설턴트로서 다양한 환경에서 혼자 일하면서 성공할 수 있었는가? 그의 컨설팅 업무에는 정부와 군대 심지어는 개별 기업과 종교 단체에 이르기까지 다양한 산업과 국가가 포함되어 있었다. 이 책에는 모든 관리자가 요구하고 이로부터 혜택을 얻을 수 있는 답이 제시되어 있다.

빌 바트만 Bill Bartmann(《회복하기|Bouncing Back》의 저자)

* 빌 바트만은 CFS, CFS2, Inc.와 파이낸셜 사마리탄닷컴Financial Samaritan.com의 설립자 겸 대표로 450만 명에 달하는 채무자 의뢰인들이 인생을 다시 설계할 수 있도록 지원하는 일을 하고 있다.

★ 피터 드러커는 컨설턴트로서 자신의 가장 커다란 강점은 무지하고 몇 가지 질문만을 하는 것이라고 말했던 적이 있다. 이는 단순하게 들리지만 실제로 적용하기는 쉽지 않다. 이제 당신은 드러커가 총애하는 첫 번째 박사과정 졸업생인 코헨의 저작을 통하여 드러커의 전설적인 컨설팅 방법론을 배우고 실행할 수 있게 되었다. 코헨은 드러커의 간단하지만 효과적인 컨설팅 방법을 직접 관찰하고는 상당히 매혹적인 통찰을 제공한다. 당신은 이처럼 소중한 책을 놓쳐서는 안 된다.

줄리아 왕 Julia Wang(홍콩 피터 드러커 아카데미 원장)

★ 경영 컨설턴트가 되는 것에는 세 가지 장점이 있다. 첫째, 저자로서의 피터 드러커와 친숙해질 수 있다. 둘째, 때로는 의뢰인들에게 피터 드러커를 인용하면서 드러커를 좋아하게 된다. 셋째, 피터 드러커의 사상을 하루에도 여러 차례씩 적용하면서 드러커를 이해하게 된다. 나는 피터 드러커를 들어보지 못한 경영 컨설턴트를 아직까지 만나보지 못했다. 장성 출신으로서 드러커의 첫 번째 박사과정 학생이자 경영 컨설턴트, 경영학 교수인 코헨은 이 책에서 드러커가 처음 컨설팅을 하게 된 계기, 드러커식 작업 방식, 드러커의 영원한 지적 기여에 관하여 설명한다. 이 책을 읽고 나면 드러커의 저작을 해독하는 데 필요한 많은 시간을 절약할 것이고, 당신의 의뢰인들은 당장 혜택을 보게 될 것이다.

네빈 카마스 Nevin Kamath JD(전 맥킨지 앤 컴퍼니 선임 컨설턴트, 카마스 앤 컴퍼니 설립자 겸 대표)

★ 나는 클레어몬트대학원대학교의 피터드러커 앤 마사토시이토 경영대학원에서 EMBA를 받았는데, 그곳에서 피터 드러커의 강의와 토론을 직접 경험하는 영광을 누렸다. 또한 윌리엄 코헨과는 30년 넘게 알고 지내면서 군대, 제조업, 보건 부문에서 피터 드러커에 입각한 경영과 리더십의 프레임워크에 관하여 그의 생각을 전문적으로 공유할 수 있는 영광도 누렸다. 이 책에서 코헨이 폭넓게 설명한 내용은 통찰이 넘치고 정확하며 날카롭다.

알버트 랜달 Albert M. Randall(미국 공군 대령 출신, 콜로나 지역 메디컬 센터 이사회 이사)

이 책을 다음 분들에게 바친다.

내가 첫 번째 졸업생이라는 사실을 자랑스럽게 여기는 경영자들을 위한 박사과정 프로그램을 드러커와 함께 개발한 폴 알브레히트 학장.

중국 피터 드러커 아카데미와 비영리기관인 CIAM을 설립하여 이사장으로 일할 정도로 결단력, 능력, 도량이 넘치는 밍글로 샤오.

CIAM의 동료 교수진과 교직원, 이사진. 그들은 소명 의식을 뛰어 넘는 용기를 가지고 힘든 일을 마다하지 않았고, 다른 곳에서는 배울 수 없는 새로운 개념과 원리를 실천하면서 드러커의 원칙을 가르치는 학교를 설립하는 데 헌신했다.

CIAM의 학생들과 졸업 후에 성공하여 피터 드러커의 개념이 지닌 가치를 입증하고 있는 졸업생들.

마지막으로, 이 책뿐만 아니라 이 책을 쓴 나에게 영향을 미친 두 사람이 있다.

나의 아내 누릿 코헨은 48년에 걸친 전쟁, 여러 대륙에서의 시련, 실패, 성공을 함께 겪으면서 나를 위한 지원을 아끼지 않았다.

그리고 또 한 사람은 당연히 피터 드러커다. 그는 내가 어려웠던 시절에 나 자신이 나에게서 보지 못했던 것을 보았다.

코헨이 이번에 새로 출간하는 저서의 서문을 써줄 것을 정중하게 요청하고, 그동안 내게 보여준 우정과 함께 CIAM(캘리포니아선진경영연구원) 이사회 임원으로 일하는 영예를 누리게 해준 것에 대하여 깊은 감사의 말을 전하고 싶다. 특히 2011년 CIAM를 설립하는 과정에서 그가 겪었던 수많은 난관에도 불구하고 그의 확고한 기업가정신에 찬사를 보낸다. 내가 CIAM을 언급하는 이유는 이 기관이 이 책의 근간을 이루는 피터 드러커의 원칙과 가치관에 바탕을 두고 설립되었기 때문이다.

나의 친구이자 동료인 코헨은 드러커로부터 직접적인 영감을 받았다. 그는 클레어몬트대학원대학교의 피터드러커 앤 마사토시이토 경영대학원 출신으로 드러커에게 박사 학위를 받은 첫 번째 세대의 학자다. 우리는 코헨의 눈을 통해 드러커에 대하여 많은 것을 배울 수 있을 것이다.

코헨과 드러커는 대단한 것을 이루는 데 필요한 특징으로서의 엄청난 통찰력과 활력, 추진력을 공통적으로 지니고 있다. 실제로 우리는 드러커의 사상과 꿈을 지속시키고 크게 확장시킬 수 있는 기회를 갖게 되었다는 점에서 대단한 행운을 잡았다고 할 수 있다.

코헨은 이 책을 통해 드러커의 이데올로기와 철학을 함께 공유하려 했다. 그는 드러커의 컨설팅 원칙을 기억하면서 이에 경의를 표한다. 또한 드러커의 업적을 기리고 그와 관련된 일화를 소개하는데, 이러한 것들은 지금이라도 당장 우리의 사업이나 실생활에 적용할 수 있다. 그 과정에서 우리는 조직이나 기업이 경제적, 사회적, 환경적 가치를 창출하는 데 필요한 기본적인 토대를 구축하게 해줄 도구와 기술을 배우게 될 것이다.

나는 코헨과 드러커의 열렬한 팬이다. 코헨의 저작은 드러커가 주는 엄청난 교훈과 원칙에 내가 좀 더 가까이 다가가도록 했다. 이러한 교훈과 원칙은 읽고 이해하기는 쉽지만 일상생활에서 실행하기에는 때로 무척 어려운 것이 사실이다. 이러한 원칙들 모두 수십 년 동안 전 세계 기업의 젊은 직업인들에게 영감을 불어넣어 주던 많은 사람에게 무척 소중한 것으로 판명되었다.

피터 드러커는 어떤 사람인가? 많은 사람들이 그를 '경영학을 창시한 사람'으로 알고 있다. 드러커는 제너럴일렉트릭General Electric, IBM, 인텔Intel, 프록터 앤 갬블Proctor and Gamble, 미국 걸스카우트, 구세군The Salvation Army, 미국 적십자사, 농장 노동자 조합United Farm Workers뿐만 아니라 행정부를 포함하여 사회의 모든 부문에 걸쳐 있는 광범위한 조직의 수많은 지도자들에게 직접적으로 영향을 미쳤다. 드러커는 자신의 저작을 통해 단기적 요구와 장기적 지속가능성, 수익성과 그 밖의 의무, 개별 조직의 구체적인 임무와 공익, 자유와 책임 간의 건전한 균형을 촉구했다.

이 책에는 드러커가 컨설턴트로 일하면서 사용했던 방법론에 대한 구체적인 설명과 응용이 담겨 있는데, 그것은 모두가 원하는 결과를 얻기 위해 실수를 통하여 배우는 방법(이전과는 다르게 하는 방법)에 관한 것이다. 당신이 적절한 답을 원한다면 적절한 질문을 하는 법을 배워야 한다. 드러커는 의뢰인들을 상대로 그들이 해야 할 일과 문제에 대하여 직접 물었다(이것은 그의 작업 방식으로 그는 단지 질문을 하기만 했다). 이러한 질문은 또 다른 질문을 하게 만들었고, 결국 의뢰인들이 자기가 해야 할 일을 스스로 결정하게 만들었다. 그다음 그는 그 일을 달성하는 방법에 관하여 몇 가지 선택을 제시하고, 의뢰인들이 결정하면 그것을 추진하도록 도왔다.

바로 이러한 작업 방식 때문에 그는 "과거에 성공에 이르게 했던 것들을 지금도 계속하면 결국 실패하고 만다"는 말을 하곤 했다. 드러커의 천재성을 당신의 일에 정확하게 적용하면 수많은 시간을 허비하지 않아도 되고, 수많은 좌절을 겪지 않아도 될 것이다. 이런 방식으로 성공을 위한 새로운 아이디어를 개발할 수도 있고, 당신의 의뢰인과 부하직원, 상사, 동료 관리자가 성공을 거둘 수 있도록 더 나은 조언을 할 수도 있다. 이 책을 통해 당신은 이러한 드러커의 원칙과 개념은 물론 드러커의 수많은 의뢰인과 드러커의 원칙을 실행에 옮겼던 수많은 사람의 경험을 발견할 것이다.

피터 드러커는 자신을 인간의 행동과 환경을 연구하는 '과학자'라고 생각했다. 그런 까닭에 자신의 일과 의뢰인과의 관계를 '실험실'이라고 일컬었는데, 컨설팅이 무엇이 되어야 하는가에 대하여 남들과는 다른 독특한 견해를 제시했다. 그리고 이러한 이상과 원칙은 이 책과 그의 저작에 고스란히 반영되어 있다.

드러커의 방법론은 기존의 것과는 뚜렷하게 다르다. 그것은 아주 특별하기 때문에 많은 사람이 흥미를 가지고 연구하고 이해하며 새로운 기업에 적용하려고 한다. 이 책은 독자에게 신생기업, 중소기업, 대기업, 비영리기관을 상대로 어떻게 전문적인 컨설팅을 수행할 수 있는지에 대해 배우면서 드러커의 원칙에 좀 더 깊이 다가갈 수 있는 방법을 교훈적이고도 이해하기 쉬운 방식으로 제공한다.

피터 드러커의 삶과 철학을 이해하기 위한 코헨의 노력과 이를 통해 축적한 지식 덕분에 우리는 드러커에 대해 보다 깊이 이해하게 되었을 뿐만 아니라, 드러커의 꿈이 계속 살아 숨 쉬는 가운데 그의 유산을 통해 가르침을 얻을 수 있게 되었다.

"실천이 없으면, 이루어낸 것은 아무 것도 없다." _ 피터 드러커

프란시스코 수아레스 헤르난데즈Francisco Suarez Hernandez

* 프란시스코 수아레스 헤르난데즈는 코카콜라 펩사FEMSA의 대외협력 담당 부회장이다. 멕시코에서 대기업으로 꼽히는 펩사는 라틴 아메리카 지역에서 가장 큰 음료 회사이며 코카콜라의 병을 생산하는 회사로는 세계에서 규모가 가장 크다.

현대 경영학의 아버지 '피터 드러커'와의 만남

비록 우리가 만날 때는 내가 드러커의 집을 방문했고, 이후로도 드러커와 프랜시스 헤셀바인Frances Hesselbein과 계속 연락을 주고받았지만, 드러커가 부인 도리스가 함께 사는 클레어몬트의 집에서 드러커의 컨설팅 세션이 열리지는 않았다.

드러커가 탐구를 위한 가장 중요한 도구는 적절한 질문을 하는 것이라고 강조하던 모습이 기억난다. 기업에 관한 드러커의 5가지 질문은 질문을 시작하기 위한 가장 훌륭한 출발점이다. 드러커와 함께 어떤 기업의 문제에 관한 이야기를 나누다 보면 우리는 그가 기업의 장기적, 전략적 전망과 함께 기업이 새로운 인구통계학적, 기술적, 경제적, 사회적, 정치적 추세에 어떻게 대응할 것인가에 관심이 많은 것을 알 수 있다.

드러커는 기업이 직면한 전술적인 문제에 대해 이야기하는 데는 관심이 없었다. 그는 자본주의에 대한 슘페터Schumpeter의 개념으로서 '창조적 파괴'로부터 영향을 많이 받았다. 불연속(나중에 클레이튼 크리스텐슨Clayton Christensen 교수가 파괴라고 일컬었다)에 직면한 기업들을 보았고, 기업들을 향해 그들이 다루어야 할 불연속이 어떠한 것인지 생각할 것을 촉구했다.

나는 이 책의 저자인 코헨이 예전에 썼던 《드러커의 마케팅 인사이트 Drucker on Marketing》에서 내가 개인적으로 경험했던 드러커의 모습에 대해 자세히 기술한 적이 있다. 《나의 마케팅 모험My Adventures in Marketing》이라는 책의 출간을 통해 나는 이러한 내용을 더욱 확충할 생각이다. 코헨이 이런 나의 이야기가 드러커의 인품과 가치관에 대하여 많은 것을 말해줄 것이라고 생각하듯, 확실히 드러커의 인품과 가치관은 컨설턴트에게 가장 중요한 덕목이 될 것이다. 이러한 믿음과 드러커에 대한 존경의 마음을 표하기 위해 이 책에 나의 이야기를 싣는 것에 흔쾌히 동의했다.

모든 이야기는 한 통의 전화와 함께 시작되었다. 나에게 전화를 걸어온 사람의 억양에는 오스트리아 악센트가 배어 있었다. 내가 조심스럽게 귀를 기울이니 "피터 드러커입니다"라는 말이 들렸다. 깜짝 놀란 나는 마음을 진정시키려고 애썼다. 깊은 통찰로 가득한 그의 저서를 그간 열심히 읽었고, 비록 한 번도 만난 적은 없지만 그를 대단히 존경하고 있었기 때문이다. 나한테는 피터 드러커에게서 걸려온 전화가 미국 대통령에게서 걸려온 전화보다 더 큰 의미가 있었다.

드러커는 "클레어몬트(캘리포니아 주)에 오셔서 저와 많은 이야기를 나눌 수 있겠습니까?"라고 물었다. 나는 당장 다음 날 아침 첫 비행기에 올라탔다. 그때가 바로 1980년대 후반이었다.

드러커는 현대 경영학의 아버지일 뿐만 아니라 현대 마케팅이라는 분야의 주요 개척자이기도 하다. 그는 40년이 넘는 세월 동안 관리자들에게 기업의 중심은 고객이라고 설명해왔다. 기업 활동의 모든 것은 고객의 요구를 충족시키는 것을 중심으로 돌아가야 한다는 것이다. 마케팅의 목적은 고객 가치를 창출하는 데 있기 때문이다.

나는 특히 드러커가 기업들에 제기했던 다음 4가지 질문에 영향을 많이 받았다.

- 당신 회사의 주요 사업은 무엇인가?
- 당신의 고객은 누구인가?
- 당신의 고객은 무엇에서 가치를 찾는가?
- 당신은 주요 사업에서 무엇을 만들어야 하는가?

물론 나중에 그는 "앞으로 무엇을 할 작정인가?"에서 비롯되는 다섯 번째 질문인 "당신의 계획은 무엇인가?"를 보냈다.

드러커는 프록터 앤 갬블, 인텔과 같은 기업의 CEO를 만날 때마다 이러한 질문을 했다. 그리고 CEO들은 드러커의 질문에 대답하면서 많은 통찰을 얻을 수 있었다고 말했다. 나 역시 나에게 컨설팅을 의뢰한 기업에 이와 비슷한 질문들을 한다.

드러커의 저작과 그가 했던 말에는 마케팅과 고객에 대하여 명심해야 할 것들이 많다. 나는 이들 중 일부를 그것이 의미하는 내용과 함께 자주 언급하곤 한다.

예를 들어, 드러커는 "기업의 목적은 고객을 창출하는 것이다"라고 말했다. 이 말은 당시 관리자들의 견해인 "기업의 목적은 이윤을 창출하는 것이다"와 정면으로 배치되었다. 드러커가 보기에 관리자들의 이러한 견해는 이윤을 어떻게 창출할 것인가에 대한 중요한 아이디어가 없는 공허한 이론에 불과했다. 이윤을 창출하려면 고객을 창출해야 한다. 고객을 창출하려면 기업은 고객에게 경쟁자들에 비해 높은 가치(혜택에 비용을 뺀 값)를 제공해야 한다. 이윤을 얻기 위한 유일한 원천은 고객이다.

또한 드러커는 이런 말도 했다.

"기업은 두 가지 기본적인 역할만을 해야 한다. 그것은 혁신과 마케팅이다. 이 두 가지를 제외한 모든 것은 비용이다."

그는 기업의 다른 역할들이 필요하고 그것이 사회에 기여한다는 사실을 충분히 인식하면서도 이 두 가지 역할을 가려냈다. 혁신은 기술과 고객의 취향이 변하는 데도 기업이 정체되어서는 안 된다는 것을 의미한다. 그리고 고객이 제품에 관해 배우려 하고 제품의 특징, 가격, 위치에 대하여 알려고 할 때 마케팅이 강해야 한다. 기업은 혁신과 마케팅 모두 강하지 않거나 이 두 가지 중 한 가지만 강해서는 성공할 수 없다.

드러커는 마케팅과 영업의 차이도 확실히 구분했다. "마케팅의 목적은 영업이 필요 없게 만드는 것"이라고 말하면서 관리자들을 깜짝 놀라게 했다. 고객의 요구를 제대로 이해하고 영업을 하지 않아도 고객이 구매하기 위해 줄을 서는 제품을 만드는 것이 중요하다고 생각한 것이다.

드러커는 자동차와 같은 제품을 먼저 제작하고는 그것을 누구에게 판매할 것인가, 그것에 대하여 어떻게 설명할 것인가를 나중에 결정하는 기업들을 혹평했다. 기업은 판매 대상 고객과 제품의 목표를 먼저 설정하고, 그다음 판매 대상 고객의 요구를 충족시키는 자동차를 설계해야 한다.

드러커에게 걸려온 전화를 받고 캘리포니아 주 클레어몬트에 있는 그를 만나기 위해 비행기에 몸을 싣던 날, 공항에 마중 나온 드러커는 자신이 재직하고 있는 클레어몬트대학원대학교로 나를 안내했다. 그는 경영학뿐만 아니라 미술을 가르치는 교수였고, 이 대학은 드러커에게 그가 소장한 일본 병풍과 족자를 전시할 수 있도록 개인 화랑을 제공했다.

드러커는 족자를 하나씩 꺼내어 펼쳐보였다. 미술 작품을 감상하면서 그것에 대해 이야기를 나누다 보니 시간이 금방 지나갔다. 우리는 일본인들이 미술 작품을 해석하고 평가하는 독특한 방식에 관해서도 이야기를 주고받았다. 그들은 미술 작품이 지닌 사비ㅎひ라는 고요한 정취를 좋아한다. 또한 미술 작품의 역사와 경험에서 나오는 와비ゎび라는 정취도 좋아한다. 일본인들의 미의식은 서구의 기준과는 크게 다르다. 드러커와 나는 화랑을 떠나 근처 레스토랑에서 점심을 함께했다.

그 후 드러커는 나를 집으로 초대했다. 그곳에서 드러커의 아내 도리스를 만났다. 물리학을 전공한 그녀는 90대의 나이에도 테니스를 즐길 정도로 활력이 넘쳤다. 그녀는 나를 웃는 얼굴로 맞이했다. 그들이 사는 집은 놀라울 정도로 소박했다. 드러커가 세계적으로 유명한 기업의 총수들을 이처럼 소박한 거실에서 대접했다고 생각하니 훨씬 더 놀라웠다. 아마도 드러커와 도리스는 자신을 과시할 필요성을 느끼지 못했을 것이다.

그날 저녁, 드러커는 나를 집 근처에 있는 녹음실로 안내했다. 그는 당시 내가 그랬던 것처럼 비영리기관에 관한 연구를 하고 있었다. 조용한 녹음실에서 나에게 비영리기관의 CEO들이 실적을 증진시키는 데 있어 마케팅이 어떤 방식으로 기여할 수 있는가에 대하여 물었다.

드러커는 다양한 주제에 걸쳐 질문했고, 많은 생각을 하게 만들었다. 박물관과 오케스트라에 관한 그의 질문은 내가 이러한 문화기관에 대한 연구를 더 많이 하도록 자극했다. 그는 그날 우리가 비영리기관에 관하여 했던 토론을 요약하여 1990년에 발간한 그의 저작《비영리기관의 경영Managing the Nonprofit Organization》에 수록했다.

1990년에 '비영리기관 경영을 위한 피터 드러커 재단The Peter F. Drucker Foundation for Nonprofit Management'이 설립되었을 때 나는 이 재단의 자문위원회 위원으로 초대받았다. 이 재단은 각종 비영리기관들이 기관의 발전을 모색하고 다른 비영리기관의 관리자들을 비롯한 여러 학자들을 통해 많은 것을 배울 수 있도록 지원하기 위해 설립되었다. 나는 해마다 열리는 자문위원회에 참석하여 비영리기관들이 사회 문제에 대하여 흥미진진하고도 창의적인 해결 방안을 도출할 수 있는 방법에 대하여 발표하곤 했다.

드러커와 나는 수시로 편지를 주고받았다. 그때마다 드러커가 항상 손편지를 쓰는 것에 깊은 감명을 받았다. 그는 편지를 쓰기 위해 타자기나 개인용 컴퓨터를 사용하지 않았다. 물론 다른 경우에는 그가 이러한 도구를 사용했을 수도 있다. 그러나 드러커가 나에게 개인적인 편지를 쓸 때는 결코 그런 것을 사용하는 법이 없었다.

앞서 언급한 비영리기관 경영을 위한 피터 드러커 재단은 일정 기간 동안 '리더 투 리더 인스티튜트Leader to Leader Institute'라는 명칭으로 운영되었다. 더욱 최근에는 프랜시스 헤셀바인에게 이 재단의 명칭에 그녀의 이름을 사용하게 해줄 것을 요청했다. 나는 그녀가 어쩔 수 없이 허락해준 것을 잘 안다. 드러커도 처음에는 자기 이름이 들어가는 재단을 설립하는 것을 무척 싫어했는데, 결국 설립 이후로 몇 년이 지나면 자기 이름을 뺀다는 조건을 달아 이를 허락했다. 이런 행동에서도 그의 겸손한 성품이 잘 드러난다.

나는 드러커를 만날 때마다 역사에 관한 그의 엄청난 지식과 미래를 바라보는 뛰어난 통찰력에 자극을 받곤 한다. 그가 이처럼 다양한 분야에서 방대한 지식을 어떻게 얻을 수 있었는지 도무지 상상이 되지 않는다.

끝으로 드러커처럼 모든 학문과 예술에 통달한 보기 드문 훌륭한 학자를 알게 되어 무척 기쁠 따름이다.

필립 코틀러 Philip Kotler

《나의 마케팅 모험(미발간)》에서 발췌한 글 포함)

---

* 필립 코틀러는 현재 노스웨스턴대학교 켈로그 경영대학원에서 에스씨 존슨 석좌 교수로 재직하면서 국제 마케팅을 가르치고 있다. 《마케팅 관리론Marketing Management》 《마케팅 원리Principle of Marketing》 《미래형 마케팅Kotler on Marketing: How to Create, Win, and Dominate Markets》 《마켓 3.0 Marketing 3.0: From Products to Customers to the Human Spirit》을 포함하여 마케팅 분야에서만 58권이 넘는 저서를 발간했다. 23개에 달하는 명예 학위를 받았고, 각종 상을 수상한 그는 미국 마케팅협회가 주는 '마케팅 사상 지도자 상'을 처음으로 수상하기도 했다. 또한 〈파이낸셜 타임스〉가 25개국에서 1,000명의 경영자를 대상으로 실시한 가장 영향력이 있는 비즈니스 작가 겸 기업 경영 구루에 관한 설문 조사에서 피터 드러커, 빌 게이츠, 잭 웰치에 이어 4위에 오르기도 했다.

1장

세상에서 가장
위대한
독립 컨설턴트

피터 드러커가 나의 지도교수였던 시절에도, 이후에 사제 간의 정이
두텁게 쌓였을 때도 나는 그의 원칙과 개념 혹은 그에 관한 무엇이든
이러한 내용을 주제로 글을 쓸 것이라는 생각을 전혀 해보지 않았다.
나는 그를 전통적인 의미에서 말하는 스승으로 생각하지도 않았다.
왜 그랬는지는 나도 정말 모르겠다. 아마도 내가 고집이 세거나 모든
일을 남의 도움을 받지 않고 직접 처리하려고 했기 때문일 것이다.
내가 하는 일에 있어서 약간의 명성을 얻게 된 이후 강연을 하거나
교실에서 강의할 때면 드러커의 생각을 수시로(거의 무의식적으로) 인용
하면서 그의 아이디어를 전달하곤 했다. 그러나 나는 내가 그의 제자
로서, 그리고 나중에는 그의 학문적 동반자로서 누릴 수 있는 혜택을
의도적으로 피하려고 했다.

드러커에 관한 첫 번째 저서

2007년은 피터 드러커가 세상을 떠난 지 2년이 되는 해였다. 그때 처음
드러커에게서 배운 것을 글로 명확하게 옮기는 작업을 하기 시작했다.

이처럼 깊은 내면적 성찰을 통해 나온 책이 바로 《피터 드러커, 미공개 강의 노트A Class with Drucker》였고, 나는 이러한 과정에서 엄청난 통찰을 얻을 수 있었다. 그리고 나 자신이 드러커에게서 학문적으로 커다란 은혜를 입었고, 그의 사상이 나의 사고에 엄청나게 많은 영향을 미쳤다는 사실을 처음으로 깨달았다.

언젠가 드러커는 어느 명문대학교의 교수 선발 위원회에 나를 추천하는 편지를 쓴 적이 있다. 다른 교수들과 함께 그는 이 편지에서 적어도 그들이 나에게 가르칠 수 있는 만큼이나 나를 통하여 배우게 되었다고 적었다. 이것이 전적으로 듣기에 좋은 말을 늘어놓은 것인지는 잘 모르겠다. 한편으론 교실에서 나를 보면서 인내심을 발휘하여 얻는 특별한 정보나 통찰보다는 나의 고집스러운 측면이나 그들이 가르치려고 했던 것을 내가 제대로 배우지 못하는 측면에 더 많은 의미를 둘 수도 있기 때문이다.

나는 나 자신이 뛰어난 학생이라고는 생각하지 않는다. 드러커와 함께 현업에서 일하는 경영자들을 위한 박사과정을 최초는 아니더라도 초기에 개설했던 사람은 그가 근무하는 학교의 학장 폴 알브레히트Paul Albrecht였다. 폴의 아내인 버니스Bernice와 나의 아내 누릿Nurit은 서로 죽이 잘 맞았는데, 한번은 버니스가 아내에게 다음과 같은 고자질을 한 적이 있다.

우리 집에서 열린 파티가 끝나고는 누릿이 나에게 "폴이 그러는데요, 당신은 똑똑한데 게으르대요"라고 말했다. 당장 나는 누릿이나 버니스가 폴이 실제로 했던 말을 잘못 이해하고 있는 것이 틀림없다고 대답했다. 그러고는 누릿에게 폴이 정확하게 반대로 말했을 가능성이 훨씬 더 높다고 말했다. 나는 열심히 노력하지만 머리가 아주 나쁜 편이라고 말이다.

《피터 드러커, 미공개 강의 노트》를 쓰기 시작하면서, 드러커가 나에게 준 지적 선물이 엄청나게 많다는 사실을 온몸으로 깨달았다. 이후로도 나는 《리더스 윈도우Drucker on leadership》《드러커의 마케팅 인사이트》《실용적인 드러커The Practical Drucker》를 세상에 내놓았다.

이러한 저작들은 언제나 수많은 인터뷰와 끊임없는 질문을 하게 만들었다. 이처럼 비범한 경영 천재에 대하여, 그리고 드러커 자신이 그 일을 어떻게 할 수 있었는지, 컨설팅 의뢰인들에게 실제로 어떤 의견을 말해주었는지, 그것이 어떻게 의뢰인들에게는 성공을 자신에게는 명예를 가져다주었는지에 대하여 여전히 제대로 알려지지 않았고 잘못 이해되고 있는 것들이 많았다.

이러한 질문에 대답하려면 피터 드러커가 단지 뛰어난 경영학 교수만은 아니었다는 사실을 알아야 한다. 그는 현대 경영학의 아버지로 알려져 있지만 지금까지 가장 저명한 '독립 컨설턴트'이기도 했다. 그럼에도 그가 컨설팅을 어떻게 수행했는가의 측면에서 기여한 내용에 관한 저작은 별로 없다. 또한 이와 관련해서 그가 추천한 내용과 추천하지 않는 내용에 관한 저작도 별로 없다.

드러커가 청중을 상대로 자기주장을 펼칠 때 아이디어의 거의 대부분은 자신이 직접 수행한 컨설팅에서 나왔다. 그러한 이유로 드러커는 의뢰인들과 그들의 기업이 자신의 실험실이라고 말했다. 화학 물질의 자극적인 냄새와 함께 혹은 전기 에너지에 의해 발생하는 불꽃을 배경으로 하얀 가운을 입고 일하는 드러커의 이미지를 상상해보라. 유명한 영화 〈프랑켄슈타인〉의 한 장면과도 크게 동떨어져 보이지 않는다.

　이러한 상상이 갖는 매력과 미스터리에도 불구하고 그가 컨설턴트로서 남긴 업적은 크게 주목받지 못했다. 그렇다고 해서 그의 컨설턴트로서의 이력이 이 책의 논점은 아니다. 이 책에서 다루는 논점은 드러커가 끊임없이 추구하던 응용, 즉 드러커가 했던 컨설팅 업무의 응용 측면이다.

　《컨설턴트로서 크게 성공하는 방법How to Make It Big as a Consultant》은 내가 컨설팅을 주제로 썼던 유일한 책이다. 지금까지 4판(1985, 1991, 2001, 2009년판)이 나왔는데 여러 나라의 언어로도 발간되었고, 1985년에는 〈라이브러리 저널Library Journal〉이 선정한 '올해의 최고 비스니스 도서'가 되었다. 이 책에도 드러커의 이야기가 빠지지 않는다. 실제로 최신판에서는 드러커를 수없이 많이 언급했다. 그러나 그의 원칙이나 컨설팅 방법론을 구체적으로 응용하려고는 하지 않았다. 그럼에도 드러커는 컨설턴트로서 가장 뛰어난 데가 있었다. 1999년 〈포춘Fortune〉이 '세기의 경영자'라고 일컬었던 잭 웰치Jack Welch는 자신이 성공하기까지는 드러커의 공이 컸다고 말했다.

컨설턴트로서 신속하게 행동하다

제너럴일렉트릭GE의 전설적인 CEO, 잭 웰치는 1981년 GE CEO가 되고 나서 얼마 지나지 않아 경영 컨설턴트인 드러커와 함께 마주앉았다. 드러커는 딱 두 가지 질문만 했다. 그런데 이 두 가지 질문이 GE의 미래를 바꾸어놓았다. 그 두 가지 질문은 웰치가 CEO로 있는 동안 수십

억 달러의 가치를 발휘했다. 첫 번째 질문은 "GE가 이 사업을 하지 않았더라면, 지금 당장 이 사업에 뛰어들 것인가?"였다. 대답이 "아니요"라면 그다음 드러커는 "앞으로 어떻게 할 작정인가?"를 물었다. 웰치는 GE가 시장에서 1위 혹은 2위가 아니라면, 해당 사업에 대해서는 문제를 해결하거나 매각하거나 폐쇄해야 한다고 결심했다.

이러한 행동을 통해 잭 웰치는 나중에 '중성자 잭'이라는 달갑지 않는 별명을 얻었다. 건물은 그대로 남겨두고 종업원만을 제거했기 때문이다. 그러나 웰치가 주장했듯이, 이러한 전략(드러커의 조언대로 두 가지 질문을 해보는 것)이 GE 회장으로 재임하는 동안 눈부신 성공을 이루게 된 핵심 비결이었다. 그가 회장으로 재임하는 동안 GE의 주식 가치는 4,000퍼센트나 상승했다.

드러커는 독립 컨설턴트가 되어 대기업만을 대상으로 컨설팅을 한 것은 아니었다. 그의 고객 중에는 중소기업, 비영리기관, 전 세계의 정부, 군대, 교회도 있었다. 그러나 그는 다른 컨설턴트와는 다르게 대규모 컨설팅 회사를 차리거나 직원을 두지 않았다. 그는 진정한 의미의 1인 기업 사장으로서 수요가 끊이지 않는 세계적으로 저명한 전문가임에도 모든 전화를 자기가 직접 받았다. 드러커의 집에 전화를 하면 오스트리아 악센트로 "여보세요. 드러커입니다"라는 목소리를 들을 수 있었다. 드러커는 자기 집에서 컨설팅 업무를 보았고, 고객의 전화도 직접 받았다.

드러커가 컨설팅 의뢰를 항상 수락하는 것은 아니었다. 그는 리더십에 관한 조언을 구하던 어느 기관에 권고한 내용을 전하면서, 그들은 고대의 지혜를 살펴봐야 하고 2,000년 전에 발간된 크세노폰Xenophon의 저작을 읽어야 한다고 말했다. 그는 크세노폰의 저작이야말로 리더십에 관한 최초의 체계적인 저작이고, 지금까지도 최고의 저작이라고 말했다.

또한 드러커는 수임료를 항상 받으려고 했던 것도 아니었다. 부유한 중국인 기업가로 전 세계에 여러 기업을 소유하고 있고 CIAM(지금 내가 원장으로 있다)의 공동설립자이기도 한 밍글로 샤오^{Minglo Shao}는 드러커에게 컨설팅을 받기 위해 캘리포니아 주 클레어몬트로 매년 수차례씩 달려왔다. 샤오가 수차례에 걸쳐서 컨설팅의 대가를 전하려고 했지만 드러커는 한 푼도 받지 않았다. 그는 자신이 자본주의와 기업가정신을 지금 막 받아들이기 시작하는 중국에 도움이 되길 원했고, 이러한 취지에서 자신이 샤오에게 주는 조언을 샤오가 잘 활용해주기를 바랄 뿐이었다.

내가 사용하는 컨설팅 기법이나 개념은 대부분 드러커의 아이디어에서 나온 것이다. 학창 시절에 정리한 드러커 강의 노트를 가지고 그가 가르친 내용을 상기하는 시간을 가지기 전까지는 이런 사실을 깨닫지 못했다. 지금 내가 올바른 방향으로 가고 있는 것과 그에게서 지혜, 아이디어, 사랑을 듬뿍 받은 것은 내가 피터(그는 학생들에게 자신을 '피터'로 불러달라고 했다)로부터 개인적으로 입은 소중한 은혜였다.

드러커의 사상에 기반을 두고 저렴한 학비로 MBA를 제공하기 위하여 설립한 비영리 특수대학원에서 가르치는 모든 것이 바로 이러한 은혜를 베푸는 것을 목표로 한다.

경영 컨설턴트로서의 첫걸음

애초에 드러커는 컨설턴트가 될 계획은 없었다. 그가 학생들에게 이 나라에 들어온 후 얼마 지나지 않아 컨설팅을 처음 시작했을 때의 경험을 말해주었기 때문에 이러한 사실을 잘 알고 있다. 드러커는 컨설턴트가 되기 전 신문기자로 일한 적이 있고, 은행과 보험 회사의 경제 분석가로도 일한 적이 있다. 그런 그가 (경영학이 아니라 국제공법) 박사학위를 받고 나서 1942년 2차 대전이 한창일 때 자신의 지적 재능을 발휘할 기회가 생겼다.

당시 드러커는 정부의 요청으로 '경영 컨설턴트Management Consultant'로 일하게 되었는데, 이때만 해도 경영 컨설턴트가 무엇을 의미하는지 전혀 알지 못했다고 말했다. 심지어 드러커는 스스로 사전을 뒤져봤지만 이런 단어를 찾을 수는 없었다. 그는 도서관에도 가보고 서점에도 가봤다. 드러커는 학생들에게 "지금은 '경영'이라는 서가가 있지만 당시에는 그런 서가가 없었지. 책에는 경영이라는 단어에 대한 설명은 두말할 것도 없고 아예 나오지조차 않았어"라고 말했다. 당시 드러커는 몇몇 동료에게도 물어봤지만 그들 역시 경영 컨설턴트가 무엇을 의미하는지 모르기는 마찬가지였다.

드러커는 약속 시간에 의뢰인이라고 해야 할 대령을 만나러 갔다. 자신이 정확하게 무슨 일을 하게 될 것인지를 계속 생각하면서 말이다. 그가 이런 이야기를 하는 동안 나는 심각한 표정을 한 안내원이 그에게 기다리라는 말을 전하고 아마도 무장을 한 무표정한 상사가 나타나 그를 대령에게 안내하는 장면을 떠올려보기도 했다. 대다수가 제복을 입고 다니는 나치 독일을 피해 미국에 온 지 얼마 안 되는 젊은 이민자에게는 조금 두려운 순간이었을 것이다.

그는 굳은 표정의 또 다른 부관의 안내를 받아 사무실로 들어갔다. 대령은 드러커와 관련된 서류를 힐끗 보더니 자리에 앉으라고 말했다. 그러고는 드러커에게 자기소개를 해보라고 했다. 그는 드러커의 배경이나 교육 등에 관해 길게 물어봤다. 서로 대화를 길게 나누고는 있었지만 드러커는 대령의 사무실에서 자신이 정확하게 무슨 일을 해야 할지 경영 컨설턴트로서 대령을 위해 무슨 일을 하게 될 것인지 알지 못했다. 두 사람은 아무런 목적 없이 이야기를 계속 나누고 있었다.

드러커는 대령과 함께 있는 자리가 많이 불편했다. 대령이 핵심적인, 즉 자신이 정확하게 무엇을 해야 하는지 말해주길 원했다. 그는 점점 실망하기 시작했다. 결국 더 이상 참을 수 없어 "대령님, 경영 컨설턴트가 무슨 일을 하는지 말씀해주실 수 있습니까?"라고 정중하게 물었다. 대령은 드러커를 실제로는 몇 초에 불과했지만 마치 몇 분이나 되는 것처럼 노려보고는 "젊은 친구가 무례하게 굴지 말게나"라고 대답했다.

드러커는 학생들에게 "대령이 했던 바로 이 말을 통해서 볼 때 그도 경영 컨설턴트가 무슨 일을 하는지 모르고 있었다는 말이지"라고 말했다. 그러나 당시 드러커는 이러한 과제를 맡긴 누군가는 경영 컨설턴트에게 무엇을 기대해야 하는지 알고 있을 것으로 생각했다. 그리고 영국에서 지내는 동안 아서 코난 도일Arthur Conan Doyle의 추리소설을 읽고는 여기에 등장하는 셜록 홈즈Sherlock Holmes를 통해 '컨설팅 탐정'이 무슨 일을 하는지 알게 되었다.

드러커는 이러한 지식과 대령이 경영 컨설팅에 대하여 아는 바가 없다는 가정을 바탕으로 대령에게 자기가 해야 할 일과 문제에 관하여 직접 질문하기 시작했다. 여러모로 볼 때 이것은 드러커가 컨설팅을 포함하여 자기가 하는 모든 일에 있어서 자기만의 독특한 방법론을 갖게 되는 근간을 이루었다.

그는 질문을 했고 이러한 질문이 또 다른 질문을 하게 만들었다. 결국 대령 스스로 드러커가 무엇을 해주기를 원하는지 추론하게 만들었다. 그다음 드러커는 그것을 달성하는 방법에 관해 몇 가지 선택을 제시하고, 대령이 결정하면 그것을 추진하도록 도왔다.

대령은 크게 만족하면서 안도의 숨을 내쉬었다. 그는 드러커의 제안을 전부 받아들였다. 드러커는 이렇게 하여 최초로 컨설팅 업무에 있어 성공을 거두었다. 따라서 피터 드러커는 현대 경영학의 아버지일 뿐만 아니라 적어도 대령과의 관계에서는 '현대 독립 컨설팅의 아버지'이기도 했다.

나중에 드러커는 나에게 사무실(아마도 정육면체 모양이었던 것 같다)에서 자기 옆자리에 앉았던 사람이 바로 맥킨지 앤 컴퍼니McKinsey & Company가 크게 성장하던 시기에 전무로 재직하던 마빈 바우어Marvin Bower였다고 했다. 〈뉴욕타임스〉는 맥킨지 앤 컴퍼니를 두고 전 세계에 9,000명의 컨설턴트를 둔 가장 훌륭한 컨설팅 기업이라고 했다. 드러커는 처음에 비록 컨설팅에 대하여 알지 못했더라도 처음부터 컨설팅과 직접적인 관련을 맺은 인물이다.

드러커의 특별한 조언

당신이 이상하게 생각할지도 모르지만 드러커는 기업 윤리를 믿지 않았다. 그는 자신의 의뢰인에게 윤리적으로 행동하라고 말했다. 그러나 윤리적인 행동과 비윤리적인 행동에는 문화마다 차이가 있고, 기업 윤리라는 것은 없으며 오직 윤리만이 있다는 사실을 그는 분명히 했다. 드러커는 "거래처 사람을 위해 매춘부를 소개해주는 것은 당신이 비윤리적인 사람이 되게 하지는 않는다. 그러나 이것은 당신이 매춘 알선업자가 되게 한다"라고 말했다.

언젠가 드러커는 미국에서 공장을 신설하려는 일본의 어느 대기업에 대해 말한 적이 있다. 이 회사는 미국의 여러 주에서 다양한 장소를 물색하고는 적당한 부지를 찾았다. 이번 일이 아주 의미가 있는 관계로 주지사, 주 정부의 고위 관료, 일본인 CEO가 참석하는 특별 행사를 갖기로 했다.

일본인 CEO는 영어를 상당히 잘했다. 그러나 모든 것을 정확하게 해두기 위해 일본인 2세 여성을 고용하여 통역을 맡겼다. 일본인 CEO는 점잖고도 신중한 말투로 이야기를 시작했다. 자기 회사가 미국에 공장을 신설하여 이곳 주민과 공동의 이익을 추구할 수 있게 되어서 영광으로 생각한다고 말했다. 또한 이번 일이 지역 경제와 일본과 미국의 우호 증진에 이바지하게 될 것이라는 말도 덧붙였다. 그리고는 주지사와 주 정부의 고위 관료들을 향해 고개를 끄덕이면서 "또한 우리는 주지사 님과 고위 관료들에게 보답해야 한다는 사실을 잘 알고 있습니다. 지금 계신 자리에서 퇴직하실 때쯤 그동안 우리를 위하여 이런 기회를 주시고 애써 주신 것에 대한 은혜를 회사 차원에서 잊지 않고 보답해드릴 것을 약속합니다"라고 말했다.

일본인 2세 통역은 깜짝 놀랐다. 그녀는 즉석에서 이런 발언을 생략하고 전달하기로 결정했다. 이런 사실을 금방 눈치 챌 정도로 일본인 CEO

는 영어를 잘했지만 미국 문화에 대해서는 잘 몰랐기 때문에 왜 그렇게 통역했는지 맘속으로 의아해 하며 아무 일도 없던 것처럼 하던 말을 계속했다. 그리고 나중에 두 사람만 있는 자리에서 일본인 CEO는 통역관에게 물었다.

"무엇 때문에 주지사와 고위 관료들에게 제가 예의를 지키기 위해 했던 말을 빼고 전달했습니까? 이처럼 중요한 부분을 왜 빼먹었는지 이해가 안 되네요."

그제야 일본인 2세 통역관은 일본에서는 예의나 심지어 의무에 해당하는 것도 미국에서는 비윤리적이거나 부정한 행위에 해당한다고 설명해주었고 일본인 CEO는 놀랄 수밖에 없었다.

컨설팅과 CIAM

2010년 나는 비영리 법인인 CIAM을 공동 설립하고 원장이 되었다. CIAM은 단 하나의 학위, 즉 최고경영자와 기업가정신 과정의 MBA를 수여하는 대학원이다. 그러나 우리는 최근에 학점을 인정해주는 온라인 프로그램을 개발했고, 박사과정을 개발 중에 있다. 그리고 CIAM은 모든 프로그램에서 응용을 통한 학습이라는 드러커의 원칙을 적용한다. 예를 들어, 학생들은 회계학에서 마케팅과 일반 경영에 이르기까지 이수해야 할 열두 개 코스에서 실제로 컨설팅을 하면서 이론을 응용하는 방법을 배운다. 그들은 중소기업, 비영리기관, 대기업, 정부를 상대로 네 명이 팀을 이루어 그리고 한 가지 코스에서는 혼자서 컨설팅 업무를 수행한다. 이러한 컨설팅 업무는 모두 무료로 진행된다.

우리는 곧 비주얼 및 오디오 통신 기기를 사용하여 원격 컨설팅을 시작했는데, 캐나다의 중소기업과 멕시코의 거대 기업이 이러한 방식으로 우리에게서 컨설팅을 받았다. CIAM이 2회 졸업식을 개최했을 때 이 책의 서문을 쓴 프란시스코 수아레스 박사가 로스앤젤레스 근처의 엘몬티에서 강연을 하기 위해 멕시코의 몬테레이에서 1,500마일(2,400킬로미터)을 날아왔다. 당시 수아레스 박사는 펨사의 지속가능성 담당 이사로 일하고 있었다. 펨사의 도스 에퀴스^{Dos Equis} 맥주 텔레비전 광고 중에는 '세상에서 가장 재미있는 사나이'가 등장하는데 이 남자는 광고 마지막 장면에서 경건하게 고개를 끄덕이며 이렇게 말한다.

"나는 항상 맥주를 마시지는 않는다. 그러나 맥주를 마실 때는 도스 에퀴스를 마신다. 나의 친구들이여, 갈증을 해소하라!"

당신이 이런 광고를 본 적이 있다면, 그것은 펨사 광고다.

현재 수아레스 박사는 펨사의 부회장직을 맡고 있다. 몇 달 전 CIAM 학생 네 명이 팀을 이루어 펨사를 대상으로 컨설팅 업무를 마친 적이 있다. 모든 업무는 매주 화상 회의를 통하여 이루어졌다. 네 명으로 구성된 또 다른 팀은 7,563마일(1만 2,000킬로미터)이나 떨어진 이스라엘에 있는 고객사를 상대로 이처럼 원격 컨설팅 업무를 마쳤다. 이 고객사는 2014년 전쟁이 벌어지던 동안 가자 지구로부터 로켓 공격을 받을 위험이 도사리고 있었지만 이러한 사실은 전혀 문제되지 않았다. 또 다른 팀은 레바논에 있는 고객사를 상대로 최근 화상 프레젠테이션을 마쳤다. 또한 아프리카, 중국을 비롯한 전 세계의 고객사들을 상대로도 원격 컨설팅이 계획되어 있다.

이 모든 일이 CIAM 컨설팅연구소에서 진행된다. 하버드에서 드러커처럼 법학전문 박사학위를 받고 최근에 자기가 직접 경영하는 컨설팅 회사를 설립할 때까지 맥킨지 앤 컴퍼니에서 컨설턴트로 일했던 사람이 이 연구소의 운영을 위한 조언을 해주었다. CIAM의 학생과 교수들은 모두 컨설팅에서 드러커의 사상을 체험한다.

드러커의 기법과 개념을 활용하고 마스터하는 방법

이 책은 피터 드러커의 컨설팅에 기반을 두고 있지만, 그의 사상과 방법을 확립하는 작업도 겸하고 있다. 이 책의 서문에서 언급했듯이 드러커 자신도 "과거에 성공에 이르게 했던 것들을 계속하면 당신은 결국 실패하고 말 것이다"라고 말했기 때문이다. 드러커의 재능을 정확하게 응용하면 우리는 수천 시간을 절약하고 수많은 좌절을 겪지 않아도 된다. 또한 수많은 실책을 범하지 않고서 성공을 위한 새로운 아이디어를 창출할 수 있고 이를 통하여 의뢰인, 상사와 부하직원, 동료 임원에게 성공으로 가기 위한 더 나은 조언을 해줄 수 있다.

드러커의 원칙과 개념, 이에 대한 응용, 수많은 의뢰인을 통하여 얻은 다양한 경험이 여기에 모두 담겨 있다. 이제 목표는 드러커의 사상과 드러커가 왜 그런 식으로 생각했는지를 이해하고 그의 독특한 사상을 당신이 관리자 혹은 컨설턴트로서 하는 일에 응용하는 것이다.

드러커가 학생들에게 가르치면서 입증했듯이, 나는 이 책이 이론적이라기보다는 실천적이라고 생각한다. 당신은 드러커가 생각하는 방법과 가장 성공한 독립 컨설턴트로 우뚝 서기 위하여 사용했던 도구, 수많은 의뢰인이 성공을 거두는 데 도움이 되었던 원칙과 개념을 이해하게 될 것이다.

드러커는 그의 학생이 될 수 있는 행운을 누렸던 우리에게 "실천이 없으면, 이루어낸 것은 아무 것도 없다"라고 가르쳤다. 실천 부분은 상당히 중요하고 이것은 당신에게 달려 있다. 당신은 드러커의 사상을 흡수하여 당신 자신의 문제에 응용해야 한다. 이제부터 당신이 할 수 있는 것은 무한하다. 지금부터 시작이다!

2장

드러커의 컨설팅은 무엇이 다른가?

드러커의 컨설팅은
무엇이 다른가?

드러커의 경영 컨설팅 접근 방법은 이 분야에서의 다른 권위자, 실제
로 다른 모든 경영 컨설턴트의 방법과는 크게 다르다. 이러한 차이점
에는 컨설팅 업무의 기본 구성, 제공 서비스, 의뢰인들에게 요구하는
내용, 엄격하고도 구조적인 접근을 시도하기보다는 해결 방안을 찾
기 위하여 생각을 집중하기, 의뢰인에게 답을 제공하기보다는 질문
하기, 단순히 숫자를 사용하거나 정량 분석을 하기보다는 관리자의
직관에 따라 결정하기, 역사적 배경을 분석하기 등이 포함된다.

드러커에 대한 이해가 먼저다

드러커의 컨설팅 접근 방법을 이해하고 실천하려면 그의 학력과 그가
어떻게 컨설턴트가 되었는지 아는 것은 물론, 이것이 그가 가르치고 글
을 쓰는 활동에 융합되었다는 사실을 먼저 알아야 한다. 그는 컨설턴트
가 자신의 직업이 아니라고 말해왔다. 또한 드러커는 자신이 작가도 아
니고 교육자도 아니라고 했다. 실제로 드러커는 1장의 제목인 '세상에
서 가장 위대한 독립 컨설턴트'가 과연 맞는지를 잠시 고민하고는 그것

이 본질적으로 옳다는 사실을 아주 마지못해 받아들일 것이다. 그러나 자신이 컨설턴트는 물론 교수 혹은 경영 작가는 더더욱 아니며, 단지 사회생태학자라는 사실을 나에게 한 번 더 상기시켜줄 것이다.

사회생태학자란 무엇인가?

생태학자를 사전에서 찾아보면 "유기체 간의 상호작용과 그들이 처한 환경을 조사하는 사람"이라고 나온다. 사회적이라는 단어를 찾으면 "일반적으로 사람 혹은 사회와 관계된"이라고 나온다. 이 두 가지 의미를 합치면 드러커가 자신을 '인간의 상호작용과 그들이 처한 환경을 조사하고 연구하는 사람'이라고 정의한 것을 알 수 있다.

우리는 드러커가 생각하는 자신의 직업에 단어 하나를 더 추가해야 할 필요가 있다. 그것은 '과학자'다. 그가 자신의 활동을 정의할 때 이 단어를 사용하지는 않았지만 이 단어의 의미가 확실히 함축되어 있었다. 과학자는 "생물학 혹은 물리학과 같은 어떤 학문의 전문 지식을 가지고 연구 활동에 종사하는 사람"을 말한다. 우리는 이것을 염두에 두고 드러커가 수행하는 컨설팅의 차이점을 살펴볼 것이다. 드러커는 자신을 인간의 행위와 환경을 조사하는 과학자로 생각했다.

컨설팅 기관을 설립하지 않은 이유

몇 해 전 세계적으로 유명한 '브랜드 네임'을 가진 컨설턴트 중에서 드러커만이 유일하게 자신의 활동을 지원하거나 확장하기 위한 컨설팅 기관을 설립하지 않은 사실을 의아하게 생각하는 작가가 있었다. 그렇다. 드러커 컨설팅 그룹 혹은 드러커 앤 어소시에이츠, 드러커 LLP 혹은 드러커 LTD와 같은 기관은 없었다.

9,000명의 컨설턴트를 보유한 세계에서 가장 큰 규모의 컨설팅 기업인 맥킨지 앤 컴퍼니를 1926년에 설립한 사람은 시카고대학교 회계학교수를 지낸 제임스 맥킨지James O. McKinsey다. 이 회사가 크게 성장한 것은 마빈 바우어 덕분이었다. 지난 장에서 설명했듯이 바우어는 2차 대전 중 드러커가 정육면체 사무실에서 미국 정부를 상대로 경영 컨설턴트 일을 할 때 드러커 옆자리에 앉았던 인물이다. 바우어와 드러커는 친구 사이였지만 드러커는 바우어처럼 세계적인 컨설팅 기업을 설립하지는 않았다.

드러커에게 전화를 하면 대학교에 전화할 때를 제외하고는 비서가 받지 않는다. 드러커는 컨설팅 업무를 할 때 비서를 따로 두지 않았다. 드러커는 기술적으로 현대에 해당하는 2005년까지 살았지만 자신의 웹사이트도 갖고 있지 않았다. 학생이든 의뢰인이든 드러커가 필요하면 전화번호부를 찾으면 된다. 그는 고객의 컨설팅 의뢰를 수용하기보다는 거부할 때가 더 많았다. 그러나 우리는 드러커의 본업이 컨설턴트가 아니라는 사실을 명심해야 한다. 나를 포함하여 많은 사람이 그가 세상에서 가장 위대한 독립 컨설턴트라고 생각하더라도 그는 원래 과학자였고 사회생태학자였다.

드러커는 자신을 표현하기 위해 이런 단어를 사용하지는 않았지만 자신을 과학자라고 생각했다. 자신의 실험실에서 일하면서 그림을 보여주는 듯한 생생한 서술을 하곤 했다. 여기서 실험실이란 기업을 말한다. 드러커가 하얀 가운을 입지는 않았지만 그가 쓴 글을 읽고 있는 동안 당신은 마음속으로 드러커가 하얀 가운을 입은 모습을 생각하게 될 것이다. 나는 그랬다.

이러한 생각은 많은 것을 설명한다. 드러커는 분명히 자신을 과학자라고 생각했기 때문에 다른 과학자들과 마찬가지로 결코 재산을 탐하지 않았다. 나중에는 의뢰인들에게 1일 수임료인 1만 달러를 청구하는 대신 이 돈을 자신의 재단에 기부하도록 요청했다. 그는 캘리포니아 주 클레어몬트에 있는 소박한 주택에서 살았고, 타고 다니는 자동차도 그리 비싸지 않았다. 자기 집의 잔디도 직접 깎았고, 1,000달러짜리 양복을 입지 않았으며, 비싼 시계를 차지도 않았다. 그리고 최신 유행을 따르는 구두를 신지도 않았다. 그는 정확하게 자기가 살아가는 방식대로 행동했다.

언젠가 드러커가 집에서 잔디를 깎고 있는 동안 어느 젊은 지역사회 활동가가 찾아와서는 오랫동안 잊힌 대의명분을 위한 청원서에 사인해 줄 것을 부탁했다. 그러자 드러커의 아내인 도리스가 달려와서는 그를 구했다. 그녀는 펜을 치우면서 "피터는 아무 데도 사인을 안 해요"라고 말했다. 이런 일은 2009년 클레어몬트 시장에 의해 알려졌다(그는 젊은 시절 정치 지망생이었다). 그는 드러커가 서거한 지 4년이 되던 해에 클레어몬트대학원대학교의 드러커 사무실에 인접한 도로를 '드러커웨이Drucker Way'

로 명명할 때 이런 에피소드를 전했다.

어떻게 컨설턴트가 되었는가

드러커가 어떻게 컨설턴트가 되었는지를 살펴보는 것도 가치 있는 일이다. 그는 스스로 준비를 잘하는 사람이었지만 이것이 의식적인 준비는 아니었다. 나는 이러한 사실을 추후의 장에서 설명할 것이다. 그 이유는 드러커와 같은 방식이든 혹은 솔직하게 말해서 다른 어떠한 방식이든 독립 컨설턴트의 길을 가기로 목표를 설정한 사람에 의해 그의 방법론이 성공적으로 채택될 수 있기 때문이다.

앞서 언급한 대로 드러커가 교실에서 학생들에게 했던 이야기에 따르면, 그는 2차 대전 중 경영 컨설턴트로서 과제를 수행할 때까지 경영 컨설턴트가 무엇인지도 몰랐다. 전쟁이 끝나고 드러커는 하버드, 와튼, 시카고처럼 유명한 비즈니스스쿨이 아닌 곳에서 가르치는 일을 시작했다. 먼저 베닝턴과 사라 로렌스라는 두 여자대학교에서 교수 생활을 했다. 그는 경영학이 아닌 정치학과 철학을 가르쳤다.

GM에서 일했던 경험을 바탕으로 1946년 《법인의 개념The Concept of the Corporation》이라는 저작을 출간하고 나서야 드러커는 비로소 다양한 기관을 상대로 광범위한 유료 경영 컨설팅을 시작했다. 이 책은 명작이었지만 논쟁을 일으키기도 했다. 전설에 의하면 그가 GM의 모든 것에 완전한 접근을 할 수 있었고, GM의 유명한 회장 알프레드 슬론Alfred P. Sloan이 주재하는 회의에도 참석했다고는 하지만 이러한 주장을 뒷받침할 만한 증거가 GM에는 거의 없었다. 어떤 사람은 이것이 알프레드 슬론을 비롯하여 여러 사람이 이 책을 좋아하지 않았고, 따라서 드러커의 저작을 무시했을 뿐만 아니라 심지어는 드러커가 GM의 경영을 분석하는 데 중요한 역할을 했던 증거를 인멸했기 때문이라고도 말한다. 시간이 지나 드러커가 현대 경영학의 아버지로 알려지고 나서는 GM 스스로 이런 이야기를 받아들였다. 그럼에도 드러커가 GM의 조직과 경영 방식에 크게 감동받았기 때문에 드러커의 저작에는 GM 경영진에 대한 아주 호의적인 평가가 나온다. 이 책은 틀림없이 마케팅을 위한 수단으로 작용했을 것이고, 드러커는 여러 기관으로부터 다양한 컨설팅 의뢰를 받았다.

독립 컨설턴트로 자리를 잡은 사람들도 다양한 관문을 통하여 컨설턴트의 길을 걷는다. 그들 중에는 기존의 컨설팅 기업에서 시작한 사람도 있고 여러 기업에서 관리자로 일하던 사람도 있다. 그들은 그러다가 나와서 독립한다. 더러는 직장에서 해고당하고는 수입이 필요해서 어쩔 수 없이 독립 컨설턴트가 된 사람도 있다. 또한 학계에 있다가 전공 분야 때문에 컨설턴트로 고용된 사람도 있다.

이 밖에 또 다른 범주에 속하는 사람들이 있는데 드러커가 바로 여기에 해당한다. 그들은 기관이 관심을 가질 만한 논문이나 책을 써서 그 내용에 관한 컨설팅 의뢰를 받는다. 나 역시 이러한 관문을 통해 컨설턴트가 되었다. 아마 드러커가 GM과 관계를 맺은 것도 바로 이러했을 것이다. 당시 드러커는 책을 몇 권 출간했고, 역사를 가르치고 있었다. 그리고 〈새터데이 이브닝 포스트The Saturday Evening Post〉와 같은 인기 잡지에 글을 기고하기도 했다. 《법인의 개념》이 출간되기 전에 드러커가 쓴 책 중에는 1942년에 출간된 《산업인의 미래The Future of Industrial Man》가 있었다. 당시

GM의 사장이던 도날드슨 브라운Donaldson Brow이 이 책을 읽은 뒤 저자를 살펴보고는 드러커에게 GM에서 일할 의사를 타진했을 가능성이 있다. 드러커를 스카우트하여 GM의 경영 감사 업무를 맡긴 사람이 바로 브라운이었고 드러커는 이를 계기로 《법인의 개념》을 출간할 수 있었다. 아마도 드러커가 이 책을 쓰고 나서 뉴욕대학교 경영학 교수가 되고는 컨설팅 의뢰가 엄청나게 많이 들어왔을 것이다.

드러커가 어떤 관문을 통하여 컨설턴트가 되었는가는 그의 컨설팅 서비스의 품질과는 별로 관계가 없지만, 수행해야 할 컨설팅의 수준이나 유형뿐만 아니라 자신이 어떤 서비스를 어떻게 제공할 것인가에 대한 다양한 결정에는 영향을 미칠 수 있다. 여기서 《법인의 개념》은 컨설팅을 어떻게 할 것인가에 관한 책은 아니라는 점에 주목할 필요가 있다. 이 책에서는 실제로 GM의 사업부제 구조에 관하여 많은 설명을 하고, 새로운 아이디어와 분권화, GM의 오랜 정책에 대한 재평가를 제시하고 있다.

전설에 의하면 알프레드 슬론이 이 책을 보고는 너무 화가 난 나머지 이 책이 세상에 존재하지 않는 것처럼 생각하고 전혀 언급을 하지 않았다고 한다. 그리고 자기 면전에서는 이 책에 관한 이야기를 절대로 꺼내지 못하도록 했다. 여하튼 드러커는 이처럼 특별한 관문을 지나면서 컨설팅 의뢰가 밀물처럼 들어왔고, 기업이나 그 밖의 여러 기관에서 강연도 많이 하게 되었다. 이것은 드러커의 발자취를 따르려는 사람에게는 중요한 교훈이다. 또한 드러커가 향후 60년 동안 컨설팅 활동을 할 수 있었던 발판이 되었다. 그는 '무엇을 할 것인가'에 대하여 컨설팅을 하려고 했다.

드러커의 '무엇을 할 것인가'

사회생태학자인 드러커는 어떻게 할 것인가에 관한 단계적인 가르침을 주기보다는 '무엇을 할 것인가'에 관심을 가졌다. 바로 이러한 이유 때문에 그는 자신의 컨설팅에 관해서는 책을 절대로 쓰지 않았다. 나는 이러한 사실이 놀랍지 않다. 컨설팅에 관한 책에는 컨설팅 산업에 대하여 서술하지는 않더라도 기술, 영업, 프레젠테이션, 고객 관계 등 컨설팅 업무를 수행하는 방법에 대한 자세한 설명이 들어 있다. 이것은 과학자 드러커가 취급하는 무엇을 할 것인가와 같은 수준 높은 문제를 다루지는 않는다. 내가 알기로는 정말 그렇다. 나의 저작 《컨설턴트로서 크게 성공하는 방법》은 1985년 초판이 나온 이후로 미국과 해외에서 4판까지 약 10만 부가 팔렸다. 그러나 내가 이 책에서 컨설턴트 지망생들에게 드러커가 그랬듯이 본인이 직접 전화를 받고 수임료를 어떤 재단에 기부하라고 했더라면, 아마도 초판으로 끝났거나 심지어는 발간 자체가 어려웠을 것이다.

드러커의 무엇을 할 것인가에 관한 저작에서는 자신의 사상을 어떻게 실천할 것인가에 대해서는 거의 설명하지 않는다. 이것이 나뿐만 아니라 드러커의 수많은 컨설팅 의뢰인에게는 저주가 되기도 했고 축복이 되기도 했다. 이것은 나 자신이 드러커가 자신의 결론에 어떻게 도달했는가를 밝혀내고, 이러한 정보를 드러커가 의뢰인들에게 실행에 옮길 것을 끊임없이 요구하는 행동으로 해석해야 하는 탐정과 같은 사람이 되는 것을 의미했다. 때로는 이러한 이해를 하는 데 몇 년이 걸리기도 했다.

예를 들어, 드러커가 이 세상을 떠나고 나서야 그가 마케팅과 영업은 상호보완적인 것이 아닐 뿐더러 실제로는 적대적인 것이라고 했던 말의 의미를 이해했다. 이것은 영업, 마케팅 혹은 그 밖의 문제를 위한 컨설팅에서 반드시 명심해야 할 사항이기 때문에 나중에 보다 자세히 설명하려 한다. 어쨌든 이러한 미스터리는 내가 말하는 저주에 해당되었다. 내가 그의 생각을 드디어 해독했을 때는 마치 숨어 있는 금광을 찾은 것과 같은 축복이 내려졌다. 또한 나는 아마도 이것이 정확하게 그의 의도였음을 어렴풋이 알게 되었다. 이것은 의뢰인, 독자, 학생들에게 단순히 실행에 옮기라는 대답을 들려주는 것이 아니라 그들 스스로 생각을 하게 만드는 것이었다.

언젠가 나에게 이렇게 말하는 의뢰인이 있었다.

"이것은 우리 스스로 쟁점을 더욱 자세히 살펴보고는 해결 방안을 실행에 옮기기 위한 우리 나름의 방식을 떠올리게 만들었습니다. 드러커의 질문은 훌륭한 해결 방안이 나오도록 했습니다. 그는 우리가 스스로 생각하고 토론하는 과정을 거치면서 해결 방안을 찾도록 했습니다. 하지만 여기에 익숙해지는 데는 시간이 좀 걸렸습니다. 저는 드러커가 멋진 화면이나 수치화된 보고서를 가지고 발표한 적이 한 번도 없었던 것으로 기억합니다."

의뢰인에게 있어 가장 어려운 측면

언젠가 나는 드러커가 제공하는 컨설팅 방식이 의뢰인들에게는 가장 어려운 측면이라는 말을 들은 적이 있다. 나와 이야기를 나누었던 드러커의 의뢰인 중 한 사람은 이것을 이런 식으로 표현했다.

"우리는 원하는 것을 해달라고 말하거나 구체적인 문제를 해결해줄 것을 요구할 수 있는 컨설턴트를 고용하는 데 익숙해져 있습니다. 그러면 그들은 자기 사무실로 가서는 나중에 엄청난 양의 데이터와 보고서를 가지고 돌아옵니다. 엄청나게 많은 분량으로 작성한 파워포인트 자료를 가지고 자세한 해결 방안과 의견을 제시합니다. 우리는 그들이 말하는 해결 방안을 실천하기 위해 정확하게 무엇을 해야 할 것인가에 대하여 강의를 듣습니다. 그리고 우리가 그것을 이해하지 못하면 그들은 즐거운 마음으로 더욱 자세히 설명하고 우리가 묻는 질문에 대답합니다. 반면 드러커는 이렇게 하지 않습니다. 그는 우리에게 질문을 하는 것으로 시작합니다. 그러면 우리는 그의 질문에 대답을 합니다. 그와 약속한 시간이 하루 종일이라면 그는 우리의 문제와는 상관이 없어 보이는 다양한 주제를 가지고 강의를 할 수도 있습니다. 이러한 과정에서 우리는 완전히 간과할 수도 있었던 해결 방안에 도달하기 위하여 논리적으로 생각해야 합니다."

중국인 자선사업가 밍글로 샤오는 드러커의 가르침에 바탕을 둔 세상에 별로 없는 비영리 대학원을 설립하는 일에 돈을 기부한 사람으로 바로 내가 이 대학원의 원장이라는 영예를 누리고 있다. 그는 나에게 자기가 해마다 드러커의 집에 방문했는데 그때마다 드러커는 그가 운영하는 기업이나 재단의 다양한 현안과 쟁점에 관하여 질문을 했다고 했다. 그러나 드러커는 밍글로에게 질문을 하고는 무엇을 할 것인가에 관한 일반적인 이야기를 했지만 밍글로가 설립한 피터 드러커 차이나 아카데미

Peter Drucker Academy of China를 포함하여 기업이나 재단을 어떻게 운영할 것인가에 대해서는 한 번도 말해주지 않았다고 했다. 피터 드러커 차이나 아카데미는 아마도 피터가 가르치고 내가 졸업한 드러커스쿨Drucker School at Claremont을 제외하고는 세계에서 드러커의 이름을 사용할 법적 권리를 가진 유일한 학교일 것이다. 지금까지 이 학교는 다양한 코스와 프로그램으로 홍콩을 포함하여 중국의 32개 도시에서 강의를 제공하며 6만 명의 졸업생을 배출했다.

컨설팅 수행에 관한 드러커의 방법론

드러커는 다른 컨설턴트가 하는 방식대로 자신의 컨설팅 업무를 수행하지 않았다. 또한 내가 아는 컨설턴트 중에서 그의 방식을 따르라고 권하고 싶은 사람도 거의 없다. 그의 방식을 정확하게 따르고자 한다면 경영에 관한 한 드러커와 같은 수준에 있어야 하기 때문이다. 내가 아무리 뛰어난 경영자와 경영학자를 많이 알고 있다 해도 드러커와 같은 수준에 있는 사람은 아무도 없다.

지금으로부터 거의 20년 전 〈월간 애틀랜틱The Atlantic Monthly〉의 편집자였고 드러커의 저작을 몇 권 편집했던 잭 비티Jack Beatty는 드러커가 사물을 바라보고 여기서 나오는 통찰을 실행에 옮기는 방식을 훌륭하게 조사하고는 《피터 드러커가 바라보는 세상The World According to Peter Drucker》이라는 책을 출간했다.

그는 드러커의 다양한 의뢰인들을 인터뷰하고는 드러커가 1대 1 면담을 하든 임원진이 모인 자리에서 강의를 하든 그래프를 사용하지 않았고, 자신이 수행하는 문제를 제외하고는 언뜻 보기에는 거의 모든 것에 관하여 언급했다는 사실을 알아냈다. 드러커는 장시간에 걸친 강의를 하고 나서는 완전히 새로운 관점에서 여전히 해결되지 않는 주요 쟁점으로 되돌아왔다. 그러나 의뢰인들에게는 바로 이처럼 완전히 새로운 관점이 드러커로부터 최소한의 지시를 받고서 쟁점을 해결할 수 있도록 했다. 비티에 따르면, 드러커의 방법론은 교수법의 한 가지 형태였다.

비티가 마지막으로 했던 이 말이 나에게 많은 것을 생각하게 만들었다. 나는 드러커가 어떤 학생이나 자신이 직접 지명한 사람이 던진 질문에 대답하고 나서는 1시간 동안 온갖 우여곡절이 담긴 내용을 강의하는 모습을 여러 번 보아왔다. 그것은 기껏해야 처음 제기했던 질문과는 별로 관계가 없지만 중요한 내용처럼 보였다. 그러나 그는 1시간에 걸친 독백을 마치고는 제기된 쟁점이 무엇이든 간에 갑자기 독백했던 내용을 한데 묶어서 놀랍고도 생각하지 못한 해결 방안을 내놓았다. 당신이 그의 특별한 강의 노트를 복습한다면, 어떻게 하여 이 모든 것이 조화를 이루게 되는지 이해할 수 있을 것이다. 그리고 나도 그가 컨설팅을 이런 방식으로 수행하는 모습을 쉽게 상상할 수 있다.

또한 이러한 과정이 드러커 스스로 자신의 추론에 도달하는 모든 것을 통합할 수 있도록 했을 것이라고 생각할 수 있다. 드러커는 의뢰인들에게 쟁점에 대한 완전히 다른 시각을 보여주기 위해 이러한 방식으로 처음 제기했던 문제로 되돌아올 수 있었다.

이 방법은 놀라울 정도로 효과가 있었다. 미국 심장협회American Heart Association 회장을 지낸 두들리 하프너Dudley Hafner는 비티에게 드러커가 협회로 하여금 현장 운영 전반을 구조 조정하고, 스스로를 하나의 정보 조직으로서 재정립하게 만들었다고 말했다.

두뇌는 생각하기 위해 있는 것이다
: 두뇌를 활용하라!

드러커는 기업의 현황을 분석하고 전략을 결정하기 위해 여러 해에 걸쳐서 개발된 많은 혁신적인 방법론의 활용에 대하여 잘 알고 있었지만 이러한 방법론을 거의 사용하지 않았고, 대신 모든 상황에 있어 그 자체가 갖는 장점에 근거하여 생각할 것을 강조했다. 그는 보스턴컨설팅그룹Boston Consulting Group, BCG이 개발한 캐시 카우Cash Cow, 슈팅 스타Shooting Star, 문제아Problem Children, 도그Dog로 구성된 유명한 사분면으로 이루어진 '포트폴리오 분석'이나 GE/맥킨지의 나인셀 버전을 비롯하여 그 밖의 기계적인 방법론을 사용한 경영 전략 혹은 기업 전략을 전혀 가르치지 않았다.

드러커는 BCG 매트릭스*에서(인수를 추진하는 기업이 인수 대상 기업의 자산을 관리하면서 가치를 증진시킬 것인가에 관심을 갖지 않고서) 주요 투입이 조직에 인수를 통한 성장을 가능하게 해준다는 것을 처음으로 지적한 사람 중 한 명이었다. 그렇지만 많은 기업이 규모를 그대로 유지하면서도 수익을 증가

---

* 시장성장률과 시장점유율을 토대로 각 사업의 위치 및 성과를 평가하여 전략적 판단을 내리는 데 사용되는 전략 모형이다. 이것은 시장성장률과 시장점유율이 높아 희망적인 슈팅 스타, 시장성장률은 낮지만 시장점유율이 커서 이익이 큰 캐시 카우, 시장성장률은 높지만 시장점유율은 낮은 문제아, 시장성장률도 낮고 시장점유율도 낮은 도그 등 네 개의 평면을 XY좌표로 나타낸다. BCG 매트릭스를 좀 더 세분화하여 9등분 한 것이 GE/맥킨지의 나인셀 버전이다.

시킬 수 있는 제품이나 사업에 자원을 집중함으로써 성장도 하고 수익성이 좋아질 수도 있다.

결국 인수에 기반을 두고 성장하던 거대 기업 중 대다수는 실패했고 드러커의 말이 옳았다. 이것은 드러커가 인수 혹은 규모가 큰 것 자체에 반대해서가 아니었다. 드러커는 인수를 추진하는 기업이 인수 대상 기업에 줄 것이 있고, 새로운 인수를 통한 발전을 위하여 자기의 다른 사업을 접고 자원을 동원할 수 있다면 인수에 전적으로 동의했다.

파격적인 아이디어와 드러커가 주는 경고

드러커는 파격에서 비롯되는 새로운 아이디어를 잘 인식하고 있었다. 그러나 그는 이러한 아이디어를 깊이 생각하지 않고, 다시 말해 각각의 상황을 개별적으로 생각하지 않고 일률적으로 적용하는 것을 상당히 경계했다.

드러커가 일본에서 사람들과 유대를 맺으면서 경영 방법을 배운 것은 인정받을 만한 일이었고, 일본에서 그를 찾아온 의뢰인들이 그의 방법을 당장 채택하기는 했지만 그는 '일본식 경영'이라는 시류에 금방 편승하지는 않았다. 1980년대 초반 미국에서 일본식 경영이 유행하면서 이것은 마침내 '전사적 품질경영Total Quality Management' 혁명으로 발전하여 전 세계에 들불처럼 퍼져갔다. 우리는 소유권, 분권화 특히 리더십처럼 이러한 경영 스타일이 갖는 기본적인 내용은 이미 오래 전 드러커의 입을 통해 나온 것이라는 사실을 알아야 한다. 그러나 드러커는 시류에 편승하는 모든 경영 스타일을 매우 의심스럽게 바라보았고, 이러한 것들이 개발자가 의도하던 것과는 다르게 해석되는 경우가 많다는 사실을 알고 있었다.

더글러스 맥그리거Douglas McGregor의 연구에 근거하여 그의 X이론(인간은 선천적으로 일하기를 싫어하고 책임을 회피하고 보장을 요구하려고 하는 경향이 있다는 인간관에 바탕을 둔 경영 관리 이론-옮긴이)대 Y이론(인간은 선천적으로 일을 위해 육체적으로나 정신적으로 노력하려는 소질을 지니고 있으므로 조건 여하에 따라서는 자진해서 목표 달성을 위해 헌신하고 책임감을 자각하며 문제해결을 위해 창조성을 발휘하는 능력을 지니고 있다는 인간관에 바탕을 둔 경영 관리 이론-옮긴이)의 개념, 즉 지시 경영 대 참여 경영에서 참여 경영이 유행하던 시절에 이것을 채택한 조직들이 많았다.

드러커는 종업원의 참여율이 높은 경영을 의미하는 맥그리거의 Y이론은 당시까지 거의 관행으로 자리 잡고 있던 지시적인 스타일에 대하여 단순히 대안을 제시한 것에 불과하다는 점을 지적했다. 그는 이를 채택한 사람들의 대다수가 간과하는 사항, 즉 맥그리거의 의도가 특정한 상황에서 더 나은 성과를 얻기 위한 대안의 경영 스타일을 제시하려는 데 있었다는 것을 분명히 보여주었다. 드러커는 이러한 상황이 정확하게 어떤 상황인지 밝히기 위한 연구가 진행되어야 하고, 참여 경영은 모든 상황에 적용되는 보편적인 정답이 아니며 지시적인 경영 형태는 모든 경우에 사라져야 한다고 주장했다.

드러커의 친구이자 강력한 지지자, 당당히 뛰어난 경영학자의 반열에 오른 워렌 베니스Warren Bennis조차도 Y이론에 따른 참여 경영을 모든 조직에서 모든 경영 문제에 대한 정답으로 받아들여서는 안 된다는 드러커의 경고에 주의를 기울이지 않았다. 베니스는 버펄로대학교University of Buffalo

총장 시절에 전혀 적절하지 않은 환경에서 거의 완전한 참여 경영을 수용했다. 드러커에 따르면 "결과는 대단히 흥미로웠지만 완전한 실패였다."

이것은 베니스가 경영자로서 혹은 리더십 이론가로서 저지른 몇 안 되는 실수 중 하나였다. 그때의 실수로 한 가지 얻은 것이 있다면, 결국 베니스가 리더십 이론가, 저자, 학자의 길로 되돌아갔다는 것이다. 그는 여러 권의 책을 썼고 이 세상을 떠나기 전 리더십 분야에 있어 권위자로 인정받았다. 또한 '서던캘리포니아대학교 리더십연구소Leadership Institute at the University of Southern California'를 설립했다. 그는 Y이론을 잘못 적용했던 것을 두고는 "결과적으로 나는 훌륭한 총장이 되지 못했다"는 말을 남겼다.

의사 결정에서 숫자보다는 느낌을 강조

드러커는 모든 것을 측정할 것을 주장했지만 그 결과는 다양한 정보에 입각하여 해석되어야 한다고 말했다. 숫자에 입각한 의사 결정, 즉 단순히 중요하다고 생각되는 데이터를 소프트웨어 프로그램에 입력하고 컴퓨터를 작동하여 마법처럼 답이 나오게 만드는 식으로 의사 결정을 하는 것에 반대했다. 그는 사람들이 주요 요인과 심지어는 날씨와 같은 비교적 중요하지 않게 여기는 일부 요인을 포함하여 수천 가지 사업에 관한 데이터를 수집할 수 있고, 마침내 결과를 얻는다는 점을 지적했다. 가령, 당신은 이러한 광범위한 데이터를 기반으로 소프트웨어를 설계할 수 있고 자신의 상황에 입각한 데이터를 입력하여, 예를 들면 92.5

퍼센트라는 높은 정확성을 지닌 프로젝트 결과를 예측할 수 있다고 주장할 수 있다. 이것이 의미가 있기는 하지만 특정 상황에서는 도움이 되지 않을 수도 있다.

드러커는 이렇게 하는 것이 우리의 두뇌를 활용하는 것보다 훨씬 못하다고 주장했다. 그는 모든 것을 통하여 생각하고 이용 가능한 정보와 경험, 조직의 인력과 조직 자체의 특징에 관한 지식에 근거하여 자신의 직감에 의한 의사 결정을 주문했다. 그는 한 가지 중요한 요인에 관한 지식 혹은 직감이 결정적이고 컴퓨터는 이것을 결코 집어낼 수 없을 것으로 보았다. 그는 학생과 의뢰인들에게 컴퓨터 프로그램이 92.5퍼센트 영역에서는 정확한 결과를 산출하더라도 나머지 7.5퍼센트 영역에서는 그 결과가 100퍼센트 부정확하다는 사실을 주지시켰다. 다시 말하자면, 성공과 실패가 예측 결과에 달려 있고 최종 결과가 7.5퍼센트 영역에 있다면 당신의 대답은 100퍼센트 틀렸다는 것이다.

그는 얻을 수 있는 모든 정보를 분석한 다음 경영자의 직감에 의해 결정할 것을 권장했다. 드러커가 의뢰인들에게 이렇게 말했지만 이러한 직감에 의한 결정은 두뇌를 십분 활용하는 것이었다. 두뇌는 컴퓨터보다 더 나은 장치로 의사 결정을 위해 자기 자신의 내장된 소프트웨어를 제공한다.

결과적으로 드러커는 경영학을 인문학으로 생각하면서 경영학을 가르치는 교수와 경영 컨설턴트라는 두 가지 역할을 함께 수행했다. 고대 문헌에 따르면, 시민 활동에 적극적으로 참여하기 위하여 자유인의 가치를 증진시켜주는 과목과 기술을 인문학이라고 했다. 이것의 핵심에는 공개 토론에 참여하는 것, 법정에서 자신을 방어하는 것, 배심원으로 활동하는 것과 함께 가장 중요하게는 군대에 복무하는 것이 있다.

많은 사람이 잘 알지 못하는 사실이지만 드러커는 전쟁사와 군사학에 많은 관심을 가졌다. 그는 어학, 역사학, 사회학, 심리학, 철학, 문화학, 종교학 등의 학제 간 지식을 자신의 컨설팅에 융합하려고 했다. 그러나 그는 군복무라는 아주 오래된 명령을 마음속 깊이 새겼고, 비록 이른바 '마케팅 전쟁' 혹은 '기업 전쟁'에 관해서는 결코 말하지도 가르치지도 않았지만 그가 컨설팅에서 전하는 조언이나 글에는 군사적인 사례가 많이 나온다.

드러커는 프랜시스 헤셀바인이 미육군 리더십 매뉴얼US Army Leadership Manual에 기초하여 2004년에 출간한 《성품, 전문 지식, 실천력Be Know Do》에 대한 찬사의 글에서 이렇게 적었다.

"군대는 다른 모든 기관을 합친 것보다 더 많은 지도자를 훈련시키고 배출한다. 낮은 사상률을 기록하면서 말이다."

지금까지는 드러커 컨설팅의 차이점에 대해 이야기했다. 앞으로는 드러커가 이 모든 것을 실제 컨설팅에서 어떻게 응용했는지를 살펴볼 것이다.

3장

드러커는 어떻게
컨설턴트가 되었는가?

세상에는 여러 분야에서 성공한 사람들은 모두 재능이 있고 정상에서 아무런 준비 없이 시작했을 것이라는 잘못된 믿음이 있다. 하지만 내가 떠올릴 수 있는 어떠한 분야의 그 누구에게도 이러한 믿음이 적용되지 않고, 이것은 이번 장에서 알 수 있듯이 드러커에게도 적용되지 않는다. 이러한 사실은 우리가 성공을 향해 준비한 드러커의 시간과 짐 콜린스Jim Collins의 베스트셀러에 나오는 표현을 빌려 드러커가 '좋은' 컨설턴트에서 '위대한' 컨설턴트로 넘어갈 수 있게 한 시간에 분명히 도움이 되고 이 시간을 줄일 수 있게 했던 것들에 대하여 살펴볼 수 있음을 의미한다.

그러나 우리는 아무리 준비를 잘하더라도 컨설팅 혹은 그 밖의 다른 분야에서 금방 성공하기를 기대해서는 안 된다. 우리는 드러커가 그랬던 것처럼 피할 수 없는 좌절을 겪을 수도 있고, 또한 그가 그랬던 것처럼 이를 극복하기 위한 방법을 결정할 수도 있다.

경영 컨설턴트가 되기 위한 계획

언젠가 오랫동안 잊고 지낸 사람이 쓴 글을 읽은 적이 있다. 그는 1937년에 드러커와 같은 배를 타고 영국에서 미국으로 건너왔다고 했다. 그 사람이 전하는 말에 따르면, 당시 드러커와 많은 대화를 나누었는데 드러커가 자기한테 경영 저술가와 경영 컨설턴트로서 경력을 쌓고 돈도 많이 벌 생각이라고 말했다며 이 모든 것이 처음부터 잘 짜인 드러커의 계획이었다는 것이다. 나는 이 말을 의심했다.

우선 드러커는 그럴 사람이 아니었다. 그는 본인 신상에 관한 이야기를 그런 식으로 하지 않을 뿐더러 자기가 할 예정인 것과 혹은 과거에 했던 것을 드러내놓고 말하지 않았다. 더구나 드러커는 자신의 첫 번째 저작인 《경제인의 종말The End of Economic Man》을 1937년에 쓰기 시작한 관계로 그때까지 발간되지 않은 상태였다. 드러커가 생각하기로는 이 책이 크게 실패할 수도 있었다. 때로는 책을 쓰고 나서 크게 실패하는 경우가 생기기도 하니 말이다. 내가 그랬고 드러커도 그랬다. 또한 드러커의 첫 번째 저작은 기업이나 경영과는 별로 관계가 없었다. 그리고 1장에서 살펴봤듯이 드러커는 자기 인생의 그 시점에서 경영 컨설턴트가 무엇인지도 몰랐다.

당시 드러커가 하고 싶던 것은 '가르치는 일'이었다. 이것은 드러커가 처음부터 계속 원했던 일이었다. 그가 학계의 교수가 되어 쓰고 싶은 글이 있었다면 아마도 그것은 《경제인의 종말》에 나오는 문장처럼 정치적인 글이었을 것이다. 그럼에도 우리 모두가 다양한 방식으로 그랬던 것처럼 그의 삶도 이미 그에게 컨설팅을 위한 준비를 시작하게 만들었다.

이것은 우리가 이러한 준비에 관한 생각을 하기 위해 혹은 우리가 이미 가지고 있거나 원하면 가질 수도 있는 컨설팅 자원을 체계화하기 위해 시간을 따로 갖지는 않는 것을 의미한다. 그리고 이러한 사실이 바로 이번 장을 쓰게 된 이유이기도 하다. 따라서 당신은 컨설팅에 유용하게 쓰일 만한 당신이 이미 가지고 있는 것을 인식할 수도 있고, 원한다면 성공에 도움이 되는 이러한 자원을 활용할 수도 있다.

우연히 하게 된 컨설팅 준비 과정

우연히 하게 된 컨설팅 준비 과정이란 말은 우리가 자신의 것으로 만들 수 있었지만 컨설팅 혹은 그 밖의 목적을 위해 활용할 의도를 결코 가지지 않았던 경력을 의미한다. 다시 말하자면, 이러한 경력을 우연히 갖게 되는 것이다.

'우연한 발견Serendipity'이라는 단어를 사용함으로써 18세기 영국 작가인 호레이스 월폴Horace Walpole처럼 정중한 표현을 했다. 월폴은 글을 쓰는 작업을 통하여 다양한 주제에 관한 수많은 미지의 사실을 우연히 발견했다. 그는 옛날 책을 닥치는 대로 읽으면서 몇 가지 놀라운 통찰을 얻었다. 이러한 과정을 통하여 대단한 성공을 이루어내고는 이것을 발견을 위한 공식적인 과정으로 인식하고 이를 표현하기 위해 '우연한 발견'이라는 용어를 만들어냈다.

이 용어 자체는 그가 언젠가 이 방법을 사용해서 읽었던 《세렌딥의 세 왕자The Three Princes of Serendip》라는 동화에서 나왔다. 여기에 나오는 세 왕자는 우연히도 온갖 종류의 발견을 했다. '세렌딥Serendip'이 본래 무의미한 단어는 아니다. 이것은 스리랑카의 옛 이름이고, 바로 이곳에서 왕자들의 이야기가 나왔다. 축하한다! 지금 당신도 우연한 발견을 통해 비교적 미지의 사실을 알게된 것이다.

드러커가 우연히 했던 컨설팅 준비 과정의 첫 번째 단계는 그의 부친이 어린 아들에게 집안에 찾아오는 손님을 포함한 어른들의 대화에 진지하게 참여하도록 강요한 데서 비롯되었다. 드러커는 이런 자리에 억지로 참여하면서 사춘기에도 접어들지 못했다.

드러커에 따르면 손님들 중에는 지그문트 프로이트Sigmund Freud와 같은 뛰어난 인물도 있었다고 한다. 드러커는 자신의 저작《피터 드러커 자서전Adventures of a Bystander》에서 부친이 프로이드를 "유럽에서 가장 중요한 인물"이라고 말했던 적이 있고 자신은 8살 또는 9살 때 프로이트를 만났다고 적었다. 바로 이 지점에서 드러커의 어린 시절 기억이 정확하지 않을 수도 있지만 그것은 중요하지 않다. 사춘기 이전의 소년이 성인들이 있는 자리에서 그들과 정기적으로 대화를 나누었다면 이것은 나중에 자신감, 대중 앞에서 연설하는 능력, 프로이트가 되었든 다른 어른이 되었든 여러 부류의 중요한 인물들과 대화를 나누는 능력에 영향을 미친다. 그가 기억하는 인물이 정말 프로이트였다면 이 사실은 어른으로 커가는 드러커와 그의 친구들에게 강렬한 인상을 남겼을 것이다.

당신이 너무 늦었다고 생각할 필요는 없다. 나 자신도 부모님이 나를 제대로 양육하지 못했다는 생각을 가지고 있다. 어린 시절 부친이 프로이트와 같은 유명한 인물을 당신에게 소개해줄 정도로 행운을 타고 나지 않았다고 해서 걱정할 필요는 없다. 당신의 부모님을 알지 못하지만 나의 부모님께서는 항상 "듣지 말고 보아라"라고 말씀하셨고, 나는 어른들의 대화에 끼어들어 내 의견을 말하거나 질문할 생각을 감히 하지 못했다. 나는 10대 후반 혹은 심지어 그 이후에도 프로이트와 같은 사람을 소개받지 못했고 어른들과 진지한 대화를 나눌 기회조차 얻지 못했다. 그러나 드러커는 이처럼 우연한 혜택을 얻었다.

대학 밖에서 받은 진지한 교육

드러커의 부모님은 드러커가 대학교에 진학하기를 원했다. 그러나 당시 1차 대전이 끝나고 오스트리아는 패전국의 지위에 있었다. 드러커는 비엔나에서 일자리를 찾기가 어려웠기 때문에 부모님을 설득하여 독일 함부르크로 떠났다. 그곳에서 그는 면제품 회사에 견습생으로 입사했고, 함부르크대학교 법학과 야간 강좌를 수강하며 졸업까지 마쳤다.

이것은 그가 오늘날 학생들이 일하면서 고급 학위과정을 밟는 '관리자 교육executive education'이라는 교육과정을 처음으로 경험한 것이었다. 나중에 그는 이러한 교육과정이 관리자의 육성을 위하여 중요하고 또한 학부과정보다 더 중요하며 사회화를 위해서도 매우 유용하다고 믿었다.

그는 소설이든 비소설이든 다양한 주제의 책을 닥치는 대로 엄청나게 읽기 시작했다. 이것은 그에게 미래의 컨설턴트가 되기 위한 훌륭한 준비가 되었고 다양한 분야에 대한 전반적인 지식을 얻게 했다. 또한 이것은 그에게 역사에 대한 관심을 불러일으켰는데 그에 따르면 이러한 관심을 통하여 얻을 수 있는 것은 "역사는 현재와 미래에 적용될 수 있고 적용되어야 한다"는 사실이었다.

언젠가 드러커의 미망인 도리스는 드러커가 읽는 경영 서적이 무엇인지를 묻는 질문에 "아무 것도 없어요. 그는 그냥 훑어보기만 해요"라고 대답했다고 한다. 도리스에 따르면 드러커는 주로 신문과 역사책을 읽었다. 드러커의 독자들은 그가 자신의 생각과 결론을 뒷받침하거나 이러한 생각과 결론에 도달하기 위해 다양한 분야에서 벌어지는 역사적인 사건들을 기록한 그의 글들을 통해 그 결과물을 확인할 수 있다.

드러커는 교실에서 자신의 관점을 설명하기 위해 역사를 활용하는 능력을 지니고 있었다. 그가 기억하는 내용이 항상 100퍼센트 정확하지는 않더라도 100퍼센트 흥미로웠다. 그는 견습생 생활이 끝나갈 무렵 적어도 신문기자와 같은 비정규직 일자리를 찾을 수 있었다. 이는 아마도 법학 교육만큼이나 그의 엄청난 독서량 때문이었을 것이다.

드러커는 견습생 생활을 마치고 신문기자 생활을 계속하면서 프랑크푸르트대학교 박사과정에 입학했다. 우리는 드러커의 지도학생 시절에 교실에서 그가 자신은 변호사가 되려는 생각을 전혀 해본 적이 없다고 말했기 때문에 왜 국제법 학위를 받으려고 했는지 물어본 적이 있다. 그는 주저하지 않고 "이유는 간단해. 박사학위를 가장 빨리 받을 수 있기 때문이지"라고 대답했다. 드러커는 결코 뽐내면서 말하지 않았다. 그는 박사학위를 받고 나서 교수 자리를 얻기 위해 쾰른대학교에 있는 숙부에게 편지를 썼다. 그러나 긍정적인 답신을 받기도 전에 1933년 독일에서는 히틀러가 권력을 잡았다.

히틀러, 모든 것을 포기하게 만들다

드러커는 당장 영국으로 떠났다. 드러커가 친가와 외가로부터 유대인 혈통을 물려받았지만 두 집안 모두 개종을 하여 드러커를 기독교도로 키웠다. 이는 1850년대 중반 유대인 해방 이후로 오스트리아에서는 매우 흔한 일이었다. 드러커는 오스트리아 군대에는 유대인 장교들이 많고 그들 중 일부는 계급이 상당히 높았다는 말을 가끔 했다. 실제로 1860년대 오스트리아 군대의 육군 참모총장 알프레드 폰 헤니크슈타인 Alfred von Henikstein 장군은 기독교 세례를 받은 유대인이었다.

드러커가 당장 영국으로 떠나기로 했던 결정은 컨설턴트가 되기 위한 준비 과정과 상황을 분석하고 결론을 이끌어내며 주저함 없이 행동하는 드러커의 능력을 분석하는 데 중요한 의미를 갖는다. 독일에서 거주하는 유대인들 (기독교로 개종하든 그렇지 않든) 대다수가 나치 독일을 드러커처럼 당장 떠나지는 않았다. 드러커는 반유대인법이 시행되기 이전에 그리고 심지어는 힌덴부르크Hindenburg 대통령이 사망하고 히틀러가 정권을 넘겨받기도 전에 독일을 떠났다. 그는 최선의 타이밍에 독일을 떠난 것이다.

당장 이민을 생각하는 유대인들은 살던 곳을 떠나 미지의 세계에서 새로운 언어와 직장에서 비롯되는 시련보다 훨씬 더 큰 시련에 부딪혀야 했다. 떠나는 것이 점점 더 어려워졌고, 마침내 불가능해졌다. 드러커는 상황을 현실적으로 바라보면서 앞으로의 결과를 예상했다(그리고 자신이 개발한 기법을 활용했는데, 이 기법은 컨설턴트에게 아주 유용하기 때문에 나중에 설명하겠다). 그는 어려운 결정을 하고는 당장 히틀러로부터 가능한 한 멀리 그리고 신속하게 떠났다. 히틀러가 오스트리아 출신이기 때문에 괜찮을 것이라는 요행을 바라지 않았다. 오스트리아조차도 안전하지 않다고 생각했다.

영국에서의 활동과 첫 번째 저작

영국으로 간 드러커는 편한 생활을 할 수 없었다. 특히 대공황 시기에 게르만 출신 외국인으로서 말이다. 쾰른대학교가 되었든 실제로는 어느 학교가 되었든 교수가 되려고 했던 그의 꿈은 적어도 당분간은 사라져버리고 말았다. 그는 당시 영어가 완벽하지 않아서 변호사가 될 수는 없었을 것이다.

드러커는 보험회사에 취직했지만 어떤 능력을 인정받아서 그렇게 되었는지는 잘 모른다. 이후에는 민간 은행에서 선임 이코노미스트로 일한 적도 있다. 이 두 가지 직업 모두 박사학위를 소지한 드러커가 그때까지 자신이 보여준 능력을 바탕으로 독일과 오스트리아에서 얻을 수 있는 직업에 비하면 크게 못 미치는 것이라고 생각할 수 있다. 그러나 그는 아직 자신의 직업이라고 주장하는 사회생태학자 겸 과학자는 두말할 것도 없고, 세계적으로 명성을 지닌 경영학자 피터 드러커가 아니었다. 경력이 거의 없는데다가 오스트리아 악센트가 강하게 남아 있는 24세의 외국인일 뿐이었다. 이 악센트는 그가 결코 완전히 떨쳐버리지 못할 정도로 강했다.

그러나 드러커는 신문기자 출신이었다. 또한 독일어로 책을 출간할 수 있을 만큼 자기에게 작문 실력이 있는 것이라면 결국에는 영어로 책을 출간할 수 있을 정도로 자신의 작문 실력을 꾸준히 연마할 수 있을 것이라고 생각했다. 왜 아니겠는가? 실제로 그렇게 한 사람들이 있었다. 아마 당신도 때로는 스스로 이런 질문을 해봤을 것이다. 그는 '받아들일 수 있다면 만들어낼 수 있다'라고 생각했다. 드러커는 이에 더하여 자신이 다른 사람과는 다르게 무엇을 가지고 있는지를 찬찬히 살펴보았다. 그는 좋은 교육을 받았을 뿐만 아니라 파시즘Fascism(절대 권력을 쥔 독재자가 이끄는 정치 체제 - 옮긴이)을 직접 체험했다.

이후로 그는 4년에 걸쳐서 이 모든 것을 종합했고, 전체주의의 기원에 관한 첫 번째 책을 쓰면서 영어 작문의 섬세한 면까지 힘들게 공부했다. 또한 자신의 직접적인 경험을 통해 얻은 또 다른 통찰을 바탕으로 전체주의 국가를 분석했다.

1937년에 히틀러의 행동을 통하여 전쟁이 가까워지고 있음을 직감한 드러커는 다가오는 폭풍으로부터 최대한 멀리 피하기로 또다시 결심했다. 히틀러를 피해 영국으로 함께 왔던 드러커와 도리스는 이번에는 짐을 챙겨 미국으로 이민을 떠났다. 그는 프랑크푸르트대학교에서 도리스를 처음 만났는데, 그녀도 기독교로 개종한 유대인 집안의 딸이었다. 도리스의 어머니는 딸의 남편이 될 사람, 즉 앞으로 '현대 경영학의 아버지'가 될 사람을 무사태평한 오스트리아인으로 여기고는 마음에 들어 하지 않았지만 두 사람은 영국에서 결혼했다.

드러커의 저작은 미국에 온 지 거의 2년이 다 되어서야 2차 대전 직전에 발간되었다. 당시는 미국과 영국이 히틀러와의 조정을 통해 전쟁을 피할 수 있는지에 대한 답을 얻으려고 하던 때였다. 윈스턴 처칠Winston

^{Churchill}을 포함하여 여러 사람이 드러커의 저작을 읽고는 즐거운 마음으로 추천을 했다. 이후 머지않아 처칠이 총리가 된 것은 드러커로서는 전적으로 우연한 행운이었다. 하지만 나는 처칠이 공항에서 책을 구매하는 사람은 아니라는 쪽에 내기를 걸겠다. 아마도 누군가(출판사 혹은 드러커 자신)가 처칠에게 드러커의 원고를 보냈을 것이고, 처칠이 즐거운 마음으로 추천의 글을 썼을 것이다.

당시는 1차 대전이 끝난 지 불과 20년이 조금 더 지났을 때였다. 많은 사람들이 전쟁에 염증을 느끼고 평화를 갈구하고 있었다. 히틀러는 체코슬로바키아를 병합한 것은 유럽에서의 마지막 영토를 늘리는 작업이 될 것이라고 약속했다. 지식인들은 히틀러가 바라는 것은 오로지 독일인을 위한 정의라고 확신했고, 영국은 당장 전쟁에 대비해야 한다고 외치면서 경각심을 일으키려고 하는 처칠의 생각에는 강력하게 반대했다. 드러커는 이러한 실수를 범하지 않았고, 지식인들과는 다른 생각에서 글을 썼다. 따라서 처칠은 드러커와 그의 저작을 진심으로 반겼다.

그러나 베스트셀러의 출간이 드러커에게 당시 살고 있던 미국에서 괜찮은 대학교의 교수 자리를 보장해주지는 않았다. 드러커가 할 수 있는 최선의 선택은 두 개의 여자대학교에서 학부과정을 가르치는 것이었다. 처음에는 뉴욕에 있는 사라 로렌스 칼리지에서 시간강사로 경제학을 가르쳤고, 나중에는 버몬트에 있는 베닝턴 칼리지에서 전임강사로 철학을 가르쳤다. 드러커는 영어 작문 능력을 끊임없이 연마하고는 젊은 교수로서 일류 대학원의 교수보다 훨씬 낮은 수입을 보충하기 위하여 미국에서 인기 있는 잡지에 다양한 주제의 글을 기고했다.

2차 대전과 마빈 바우어가 미친 영향

1장에서 드러커가 전시에 경영 컨설턴트로 동원된 이야기를 했다. 마빈 바우어와 드러커가 2차 대전 당시 미국 정부의 부름을 받고 정육면체 사무실에서 함께 일한 적이 있다고 말이다. 두 사람은 금방 친구가 됐다. 오늘날 마빈 바우어는 '현대 경영 컨설팅의 아버지'로 알려져 있고, 당신은 그가 드러커의 컨설팅에 미친 영향을 금방 알아챌 수 있을 것이다.

나중에 바우어는 맥킨지 앤 컴퍼니의 전무가 되었다. 앞서 밝혔듯이, 세계적으로 유명한 컨설팅 기업인 맥킨지 앤 컴퍼니를 설립한 사람은 시카고대학교 회계학 교수 제임스 맥킨지다(여기서 혹시라도 있을 수 있는 편견을 인정하기 위해 내가 시카고대학교에서 MBA를 받았다는 사실을 말하겠다). 마빈 바우어는 2차 대전이 끝난 1950년에 맥킨지 앤 컴퍼니의 전무가 되었다. 그는 맥킨지가 추구하는 원칙을 만들어냈고, 이것을 전쟁이 일어나기 오래 전부터 존재하던 맥킨지 문화의 한 부분이 되도록 했다. 이러한 원칙에는 의뢰인의 이익을 맥킨지의 매출보다 우위에 두고, 의뢰인의 개인적인 문제를 거론하지 않고, 의뢰인에게는 최종적인 결과가 어찌되든 항상 진실만을 말해주고, 의뢰인의 요구와는 상관없이 정말 필요한 컨설팅 업무만을 수행한다는 것이 포함되어 있었다.

바우어가 재임하는 동안 맥킨지의 매출은 크게 증가했고, 미국과 해외에서 영업소를 확장했다. 몇 년 뒤 바우어가 퇴임하고 나서 매출이 감소했지만 이것은 바우어가 확립한 맥킨지 문화가 50년 넘게 지속되었다는 사실을 말해준다. 맥킨지는 일시적인 매출 감소에서 회복하고는 세계에서 가장 권위 있는 컨설팅 회사라는 명성을 얻었다. 오늘날 맥킨지 앤 컴퍼니는 9,000명이 넘는 컨설턴트들을 보유하고 있고, 바로 이들이 세계 60개국의 100개가 넘는 영업소에서 활동하고 있다.

바우어와 드러커는 사무실에서 가까운 자리에 있었기 때문에 두 사람의 관계가 깊은 우정으로 발전할 수 있었다. 이는 쉽게 알 수 있는 일이다. 두 사람 모두 법학 교육을 받았기 때문에 직업적인 배경에 있어서 어느 정도의 공통점이 있었다. 그러나 바우어는 1933년 맥킨지에 처음 입사하여 군대에 동원되기 전까지 몇 년에 걸쳐 컨설턴트 생활을 했지만, 이에 반해 드러커는 전시 중 컨설팅 업무를 처음 시작할 때 경영 컨설턴트가 무엇인지도 모르는 상태였다. 더구나 바우어는 로스쿨 중에서도 하버드 로스쿨이라는 미국에서 가장 권위 있는 로스쿨을 졸업했고, 그다음에는 하버드 비즈니스스쿨이라는 미국에서 가장 권위 있는 비즈니스스쿨을 졸업했다. 게다가 나이가 드러커보다 6살 위였다. 아마도 바우어가 두 사람의 관계를 주도했을 것이고, 드러커는 컨설팅에 관하여 바우어의 아이디어에서 크게 영향을 받았을 것이다. 이러한 사실을 뒷받침해주는 증거들이 더러 있다.

몇 년이 지나 드러커의 컨설팅 경력도 조금씩 쌓여가고 있었다. 언젠가 드러커는 대기업이 어떻게 리더십의 최근 동향에 관한 강연을 의뢰하기 위해 자신을 찾게 되었는지를 설명한 적이 있다. 당시 드러커는 한 시간 강연에 2만 달러를 받고 있었다. 그러나 그는 리더십의 최근 동향, 특히 서번트 리더십^{Servant Leadership}(타인을 위한 봉사에 초점을 두고 종업원과 고객의 커뮤니티를 우선으로 그들의 욕구를 만족시키기 위해 헌신하는 리더십을 의미한다. 1977년 AT&T에서 경영 관련 교육과 연구를 담당했던 로버트 그린리프가 저술한 《서번트 리더십》에서 처음으로 제시되었다 - 옮긴이)이라는 주제를 생각하고는 이것은 완전히 불필요한 것이고, 이른바 리더십의 최근 동향에 관한 강연 자체도 쓸데없는 시간 낭비라고 생각했다. 그는 바우어의 생각에 따라 "지금으로부터 2,000년 전 고대 사람들에게 알려지지 않았던 리더십에 관한 새로운 것은 없다"라는 말을 전하면서 강연 의뢰를 거절했다. 그러고는 깜짝 놀란 의뢰인에게 2,000년 전에 발간된 크세노폰의 저작을 읽으라고 권했다. 드러커의 이와 같은 행동은 바우어가 맥킨지에 주입했고 드러커에게도 전수했던 원칙을 따른 것이다.

1963년에도 마빈 바우어는 선풍을 일으켰다. 당시에는 많은 컨설턴트들이 주식 상장 이후로 퇴직할 때 자기 주식을 회사에 되팔아서 몇 배 혹은 몇 십 배의 이익을 남기는 방식으로 큰돈을 벌어들이고 있었다. 하지만 바우어는 어느 누가 하지도 들어보지도 않았던 방식을 들고나왔다. 자기 주식을 맥킨지에 장부 가격으로 되팔고는 이 과정에서 수백 만 달러의 이익을 포기한 것이다. 어떤 작가에 따르면, 바우어는 자신의 행위를 통하여 맥킨지에서 성공하기를 바라는 모든 사람에게 그가 기대하는 대의를 위하여 헌신하는 모습을 몸소 보여주었다. 그는 맥킨지에서 일한다는 것은 개인의 이익보다는 회사의 대의에 더 높은 가치를 둔다는 특별 수칙을 따르는 것을 의미한다는 메시지를 전했다.

드러커는 세계적인 명성을 얻고 부와 성공을 누렸지만 여전히 캘리포니아 주 클레어몬트의 소박한 주택에서 살았다. 비싼 옷을 입지 않았고, 고급 자동차를 소유하지도 않았다. 바우어와 마찬가지로 자신이 과학자, 사회생태학자로서 세계적인 명성을 얻기는 했지만 개인의 이익보다는 그의 학생, 그의 직업, 그의 의뢰인 그리고 사회의 이익을 우선시하는 특별 수칙을 따르고 있다는 메시지를 전했다. 비록 그가 한 시간짜리 기조연설을 하는 데 2만 달러를 받았지만 이 돈은 자신이 설립한 재단에 기부금으로 들어갔다.

바우어의 영향을 보여주는 마지막 증거로서, 드러커는 세상을 떠나기 2년이 채 남지 않은 94세에도 여전히 최고의 명성을 누리고 있었다. 그는 톰 피터스Tom Peters, 짐 콜린스, 찰스 핸디Charles Handy, 필 코틀러Phil Kotler, 로자베스 모스 캔터Rosabeth Moss Kanter, 테오도르 레빗Theodore Leavitt 등 경영 부문에서 세계적인 베스트셀러 저자들과도 잘 알고 지냈다. 드러커의 가까운 친구이자 베스트셀러 저자, 서던캘리포니아대학교 교수를 지낸 워렌 베니스는 클레어몬트에 있는 드러커의 집에서 불과 몇 마일 떨어진 곳에 살았다.

이러한 저자들 모두 여러 권의 책을 썼고, 그중 베스트셀러도 많았다. 하나같이 세계적으로 유명한 사람들이었다. 그들 중 누구라도 드러커의 전기를 쓰기 위해 드러커와 함께 시간을 보낼 기회를 잡을 수도 있었을 것이다. 드러커 또한 나이가 들면서 글을 계속 쓰는 것이 힘들어지자 몇 권의 책에 대해서는 자기가 재직하던 클레어먼트대학원대학교의 동료 교수인 조지프 마셔리엘로Joseph A. Maciariello와 공동으로 집필하기도 했다.

드러커는 자신의 전기를 쓰고 싶어 하는 많은 사람을 뒤로 하고 이 작업을 비교적 알려지지 않은 새로운 작가인 엘리자베스 하스 에더샤임Elizabeth Haas Edersheim에게 맡겼다. 그때까지 그녀는 단 한 권의 책을 썼는데, 그것이 바로《맥킨지의 모든 것McKinsey's Marvin Bower》이라는 제목의 마빈 바우어 전기였다. 드러커가 에더샤임에게 연락을 취했고, 그녀가 책의 소재를 얻기 위해 정기적으로 드러커의 집을 방문했다. 그러나 에더샤임은 드러커의 집을 방문하기 위해 몇 블록 혹은 몇 마일을 운전한 것이 아니었다. 그녀는 16개월에 걸쳐 진행된 드러커와의 면담을 위해 뉴욕에서 날아와야 했다. 이러한 노력의 결실로 나온 책이 드러커의 사후에 출간된 《피터 드러커의 마지막 통찰The Definitive Drucker》이다. 이 책은 드러커의 전기가 아니라 오랜 경력이 끝날 무렵의 드러커가 경영에 관하여 과거의 발달 과정과 미래를 어떻게 바라보는가에 관한 책이다.

이 모든 것의 기원은 드러커가 2차 대전 중 바우어와 함께 미군의 경영 컨설턴트로 일하던 시절로 거슬러 올라갈 수 있다. 분명히 말하지만 컨설팅의 실행에 관한 드러커의 아이디어 가운데 적어도 일부는 바우어에게서 영향을 받은 것이었다.

결정적인 기회

그 사이 드러커는 또 한 권의 책을 썼는데, 1942년 미국에서 출간된 《산업인의 미래》라는 책이었다. 드러커는 이 책과 그 밖의 글들을 통하여 당시 미국에서 널리 알려진 기업 중 하나인 GM의 사장 도날드슨 브라운으로부터 커다란 관심을 받았다.

전하는 이야기에 따르면, 브라운이 드러커에게 관심을 가진 것은 권위에 관한 두 사람의 공동 관심사 때문이었다. 1943년 드러커가 2년 임기의 GM 감사로 일하게 된 데는 분명히 브라운의 영향력이 작용했을 것이다. 드러커는 이렇게 일한 경험을 바탕으로 1946년 《법인의 개념》을 출간할 수 있었고, 이 책은 큰 인기를 끌며 짧은 시간에 비즈니스 부문 베스트셀러가 되었다.

다른 많은 경우를 보면 대학 교수가 베스트셀러를 내놓으면 강연이나 또 다른 출간 의뢰가 쇄도하고, 물론 컨설팅 의뢰도 마찬가지다. 이는 커다란 유혹이 아닐 수 없다. 책을 쓰는 것이나 강연을 하는 것은 충분한 돈벌이 수단이 된다. 전직 대학 교수가 이와 같은 활동에 몰두하기 위해 교육이나 연구 활동을 포기하는 경우도 심심찮게 발생한다. 드러커가 말했듯이 가장 위대한 이론물리학자 알버트 아인슈타인^{Albert Einstein} 조차도 드러커의 표현대로 '유명 직업인'이 되기 위해 다른 모든 것을 포기했다. 하지만 드러커는 그렇게 하지 않았다. 대신 그는 새롭게 얻은 명성을 뉴욕대학교 경영학과 교수 자리를 얻는 데 이용했다. 그러나 그는 저술, 강연은 물론 컨설팅 활동도 쉬지 않고 계속했다.

《법인의 개념》은 대기업 혹은 GM이 잘못하고 있는 모든 것을 알리고자 하는 의도에서 나온 책은 아니었다. 오히려 드러커는 다른 기업들이 GM의 경영 방식을 배워야 할 만큼 가치 있는 것으로 보았다. 그러나 그는 분권화처럼 이미 전위적으로 여겨지는 경영 방식을 위하여 GM에서 훨씬 더 개선할 수 있는 아이디어를 제시했다. 이는 드러커와 GM의 전설적인 CEO 알프레드 슬론과의 관계를 어렵게 했다. 2장에서 설명했다시피 슬론은 드러커의 권고에 너무 화가 난 나머지 이 책을 무시하고 마치 존재하지 않는 것처럼 취급했다고 전해진다.

슬론이 지나치게 민감한 사람이었을까? 아니면 드러커가 지나치게 공격적인 사람이었을까? 아무도 모르는 일이다. 우리가 알 수 있는 것은 드러커가 자신의 멘토인 마빈 바우어의 권고에 따라 이후로는 의뢰인의 활동에 관해서는 책을 전혀 저술하지 않거나 혹은 적어도 이에 대해서는 언급하지 않았을 것이라는 점이다. 아마도 드러커는 이러한 점 때문에 컨설턴트로서 크게 비난받는 일이 많지는 않았을 것이다.

4장

최고의 컨설팅 서비스를 확립하다

드러커가 지금까지도 보기 드문 최고의 컨설팅 서비스를 확립한 사람이라는 사실에 의문을 품는 사람은 아무도 없을 것이다. 그에게서 컨설팅 서비스를 받으려는 사람들은 많았고, 그는 광고를 하지 않고도 거의 매주 컨설팅 의뢰를 받았다. 때로는 자신의 컨설팅 서비스가 꼭 필요하지 않거나 다른 컨설턴트가 더 잘할 수 있는 경우, 너무 바빠서 새로운 일을 맡을 수 없는 경우에는 고객의 의뢰를 거절하기도 했다. 그가 돈이 필요해서 혹은 영업상의 목적으로 컨설팅 의뢰를 받는 경우는 없었던 것으로 기억한다.

드러커가 컨설팅 서비스를 확립하는 과정에서 이룬 업적을 이해하는 것의 가치가 단지 일반적인 관심사로 그쳐서는 안 된다. 이것을 이해하면 거의 누구든지 다른 컨설팅의 영역에서 그의 사상을 목적에 맞게 조정하고, 컨설턴트가 제공하는 서비스를 활용하거나 조직을 경영하고 과제를 달성하는 것에 있어 드러커가 주는 충고 역시 조정할 수 있다. 드러커가 의뢰인들을 위해 높은 가치와 성과를 어떻게 달성할 수 있었는지 이해하려면 먼저 그가 왜, 그리고 어떻게 컨설턴트가 되었는지를 살펴볼 필요가 있다.

왜 컨설턴트가 되었는가?

미국 남북 전쟁에서 율리시스 그랜트Ulysses Grant 장군의 후임으로 서부 전선의 사령관이 된 윌리엄 테쿰세 셔면William Tecumseh Sherman 장군은 이런 말을 한 적이 있다.

"장군이 되는 데 필요한 기질을 특별히 타고난 사람들이 있다는 소리를 들었다. 그러나 나는 그런 사람을 단 한 사람도 만난 적이 없다."

이 말은 경영 컨설턴트와 그들이 경영 컨설턴트가 된 이유에도 똑같이 적용된다.

얼마 전 유명 비즈니스스쿨의 학장이 장래희망에 대한 조사 결과를 발표한 적이 있는데, 이에 따르면 자기 학교 학생들의 대다수가 경영 컨설턴트가 되고자 한다고 했다.

경영 컨설턴트가 되는 것은 확실히 특별한 매력이 있다. 더구나 하나의 직업으로서 독립 컨설턴트는 더욱 매력적인 생활 수단이다. 독립 컨설턴트가 되면 다른 직업에서는 쉽게 얻을 수 없는 장점이 있다. 근무 시간을 생각해보라. 당신은 하루 중에서 일을 가장 잘할 수 있는 시간대가 있을 것이다. 대부분의 사람들이 그렇다. 어떤 사람은 아침 일찍 일을 더 잘할 수 있고, 또 어떤 사람은 밤늦게 일을 더 잘할 수 있다. 그리고 운이 좋은 몇 안 되는 사람들은 24시간 내내 일을 잘할 수도 있다. 드러커도 가장 생산적이고 의뢰인을 위하여 최선의 성과를 낼 수 있는 시간대에 따라 일을 하곤 했다.

선호하는 것에 초점을 맞추다

드러커에 대해 알게 되고 그가 어떻게 개인의 선호와 지식 노동이 갖는 장점에 특별한 관심을 갖게 되었는가를 이해하면서, 나는 그가 컨설턴트로서 일을 가장 생산적으로 할 수 있는 최적의 시간대를 확인할 것을 제안한 것이라는 확신을 가졌다.

드러커는 다른 선호도 마찬가지로 중요하다고 주장했다. 그는 모든 관리자에게 그들의 직장 상사가 정보를 받을 때 선호하는 방법을 확인할 것을 주문했다. 그는 의뢰인과 함께 일을 할 때마다 가능한 한 자신의 이러한 주문에 따라 행동하려고 했다. 의뢰인의 일부는 드러커가 주는 권고를 글을 통해 받기를 원했고, 또 다른 일부는 말을 통해 전달받기를 원했다.

또한 드러커는 신입 직원들에게는 이러한 선호를 확인하는 것이 아주 중요하다고 했다. 새로운 직장에서 일을 할 때 이러한 선호를 가능한 한 빨리 살펴보고 확인해야 한다는 것이다. 실제로 일을 하고 나서 얻은 결과가 이 한 가지 요인에 의해 크게 좌우되기 때문이다. 물론 이것은 새로운 직장에서 일하는 컨설턴트에게도 적용된다. 안타깝게도 직장 상사나 의뢰인은 이러한 정보를 거의 알려 주지 않는다. 때로는 당신이 이에 관하여 질문을 하더라도 자신이 어떠한 방식을 선호하는지조차도 잘 모른다. 이것은 오직 관찰과 경험을 통해서만 알 수 있다.

내가 드러커의 지도학생 시절에 얻은 관찰과 경험을 말하자면, 비록 드러커가 사람들과 직접 만나서 편하게 대화를 나누기도 하고 때로는 대화를 주도하기도 했지만 그는 글을 통해 대화 나누는 것을 선호하는 사람이었다. 물론 그는 이 두 가지를 모두 능숙하게 할 수 있는 몇 안 되는 운이 좋은 사람이었다.

그가 하루 중에서 일하기를 선호하는 시간대는 또 다른 문제다. 나는 그가 밤늦은 시간보다는 낮 시간에 일하는 것을 선호한다고 생각한다. 독립 컨설턴트에게는 이것이 전혀 문제되지 않는다. 특정 컨설팅 업무에서 특별한 조건이 부과되는 경우를 제외하고는 당신이 일을 가장 잘할 수 있는 시간대를 당신 스스로 선택할 수 있기 때문이다. 의뢰인과의 상호작용이 요구되지 않는다면 당신은 원하는 때에 일을 중단하고 쉴 수도 있다.

나는 가끔 드러커에게 전화하여 한 시간 이상의 대화를 나누기도 했는데, 이럴 때는 상당히 미안한 생각이 들었다. 나의 간단한 질문에 걸맞은 대답을 듣고 난 뒤 스승의 소중한 시간을 뺏고 싶지 않았기 때문이다. 하지만 내가 드러커에게 이런 말을 하면 그는 의뢰인과 함께 고민하는 문제나 혹은 그때 쓰고 있는 책에 대해 말해주면서 잠시 일상에서 벗어나 머리를 식히는 중이라고 했다. 자기에게 휴식이 정말 필요했는데 마침 내가 전화를 해줘서 고맙다는 것이다. 결론은 드러커가 휴식을 취하거나 경영, 전쟁 전략, 교육(우리는 이 세 가지를 비롯한 그 밖의 주제에 관하여 여러 번에 걸쳐 의견을 주고받았다)에 관한 의견을 주고받는 시간은 드러커가 기쁨을 전해주어야 할 갑의 지위에 있는 누군가가 아니라 순전히 독립 컨설턴트인 드러커 자신이 결정하는 것이라는 사실이다. 물론 여기서 그의 아내 도리스는 예외다.

물론 컨설턴트로서 드러커에게 만기일, 데드라인, 의뢰인과의 미팅, 컨설팅 서비스를 위하여 그 밖에 해야 할 일이 있는 것은 두말할 필요가 없다. 내가 혹은 다른 사람이 사전 약속도 없이 전화를 하여 그가 하는 일을 방해했을 때 그는 스스로 이러한 것들을 염두에 두었을 것이라고 확신한다. 그러나 다른 직업에서는 이처럼 많은 자유를 허용하지 않는다. 독립 컨설턴트가 되면 당신이 사장이고 일을 하는 방식에 관해서는 거의 모든 것을 당신 자신이 결정한다.

언젠가 나는 드러커가 아닌 어떤 컨설턴트가 의뢰인과 나누는 대화를 우연히 엿들은 적이 있다.

"우리는 이것을 우리 방식대로 하게 될 것입니다. 그렇지 않으면 우리는 그것을 전혀 할 수 없습니다."

이 말이 나는 조금 귀에 거슬렸다. 경영 컨설턴트로 성공하고 싶다면 의사와 마찬가지로 환자를 대하는 태도가 좋아야 한다.

드러커는 컨설팅 의뢰가 들어온다고 해서 모두 맡지는 않았다. 여기에는 여러 가지 이유가 있었다. 지금 나는 그의 일정이 꽉 차 있어서 혹은 건강이 안 좋아서 과제를 맡을 수 없었다는 말을 하려는 것이 아니다. 이런 상황은 우리 모두가 수시로 겪는 일이다. 지난 장에서 말했듯이, 나는 그가 의뢰인이 원하는 것을 이미 입수할 수 있고 의뢰인에게 이것을 알려주기만 하면 된다고 생각한 경우 컨설팅 의뢰를 거절하는 모습을 본 적이 있다. 따라서 드러커는 의뢰인이 알아야 할 것을 그들에게 말해주기만 했다. 때로는 자기가 쓴 책이든 그렇지 않든, 의뢰인이 그러한 정보를 찾아볼 수 있도록 관련 서적을 소개하기도 했다. 이 모든 것이 다른 관리자가 아니라 드러커 자신이 내린 결정이었다. 그의 아내 도리스가 관련되는 경우를 제외하고는 말이다.

스스로 삶을 지배하면서 살아가는 것의 의미

당신이 드러커와 같은 독립 컨설턴트라면 해야 할 과제와 하지 말아야할 과제를 스스로 결정할 수 있다. 그냥 컨설턴트가 아니라 독립 컨설턴트이기 때문이다. 당신이 사장이라는 뜻이다! 그리고 이 말은 중요한의미를 갖는다. 이것의 장점을 살펴보기 위해 먼저 자신에게 이런 질문들을 해보라.

"당신은 싫어하는 상사를 위해 일하고 있지는 않은가?"

"당신은 같이 있고 싶지 않은 사람과 함께 일하고 있지는 않은가?"

결정은 독립 컨설턴트인 당신에게 달려 있다. 당신은 누구를 위해 일할 것인가와 일하지 않을 것인가, 누구와 함께 일할 것인가와 일하지않을 것인가를 당신 스스로 결정한다. 당신이 누구를 위해 일하든 그렇지 않든, 누구와 함께 일하든 그렇지 않든 이 모든 것이 당신에게 달려있다.

이처럼 당신이 자신의 직업 활동을 지배하는 것은 여러모로 중요한가치를 지닌다. 당신이 일이 지나치게 많은 것을 받아들이지 않는다면스트레스를 덜 받게 된다. 나는 언젠가 자신의 일과 직업 활동에서 균형을 지배할 수 있는 사람이 다른 사람 혹은 다른 일로부터 지배를 받는 사람보다 훨씬 더 건강하게 오래 산다는 글을 본 적이 있다. 드러커는 96회 생일을 불과 2주 앞두고 세상을 떠났다. 나는 독립 컨설턴트라는 그의 직업이 이러한 사실과 관련이 있는지는 잘 모르겠지만 그가 장수하면서 오랫동안 일을 한 것은 엄연한 사실이다.

보수에 대한 권한

독립 컨설턴트는 수입까지도 여러 가지 방식으로 자신이 지배한다. 현재 당신의 수입에 불만이 있는가? 적게 받고 있다고 생각하는가? 불경기 때문에 당신이 받는 수임료를 동결했는가? 혹은 수임료를 인하할 것이라고 말했는가? 독립 컨설턴트인 당신은 수임료를 스스로 결정한다. 당신은 자신의 가치가 어느 정도 되는지 그리고 이러한 관점에서 얼마나 벌 것인지를 스스로 결정한다.

당신의 가치가 지금 당장 상승하거나 당신의 사업이 갑자기 확장되면 당신은 수임료 인상을 즉시 결정할 수 있다. 당신이 돈을 더 많이 받아야 한다고 생각하면 임금 심의위원회의 결정을 기다릴 필요가 없다. 당신이 돈을 적게 받고 있다는 생각이 들면 당신에게는 언제라도 당장 이를 시정할 권한이 있다.

드러커는 자신이 원하는 경우에는 고객에게 아무런 보상을 요구하지 않고 무료로 컨설팅 서비스를 제공했다. 많은 컨설턴트들이 이렇게 드러커처럼 할 수 있는 지위에 오르고 싶어 한다.

일하는 장소에 대한 권한

당신은 재택근무를 하고 싶은가? 독립 컨설턴트가 되면 주차, 운전, 사무실 유지비용을 걱정하지 않고 재택근무를 하면서 고소득을 올릴 수 있다. 실제로 당신 집에 사무실을 두면 세금 공제 혜택도 받을 수 있다.

드러커가 확실히 그랬다. 드러커는 의뢰인을 방문하거나 강의할 때를 제외하고는 주로 재택근무를 했다. 번듯한 주소, 응접실과 비싼 가죽 소파를 갖춘 사무실을 생각하는 사람이라면 이러한 사실을 새겨들어야 할 것이다. 드러커가 컴퓨터 시대 이전에도 비서를 두지 않고 자기가 직접 전화를 받았다는 사실은 아직도 믿기가 어렵다. 그리고 이러한 것을 권하는 것은 아니지만 나는 드러커가 컨설팅 업무에 컴퓨터를 사용한 적이 있다고도 생각하지 않는다.

사업에 따르는 위험의 최소화

마지막으로 당신은 전일제 컨설턴트가 되는 데 따르는 위험을 걱정하는가? 그렇다. 거기에는 당연히 위험이 따른다. 드러커조차도 의뢰인들에게 사업에 따르는 위험을 다루는 방법을 가르쳤다. 이에 대해서는 나중에 다시 설명하겠다.

실제로 당신은 드러커가 했던 방식을 따라하면 위험을 최소화할 수 있다. 당신의 시간, 경력, 금전적인 투자에 위험을 발생시킬 필요는 없지 않는가? 당신은 시간제 컨설턴트가 되어 편하게 입문할 수 있다. 이 것은 드러커가 했던 방식이고, 다른 사람들도 마찬가지로 이렇게 시작했다. 그들은 전일제 근무를 마치고 밤이나 주말에 시간을 내어 일을 했다. 당신은 컨설턴트로서 준비가 되어 있거나 이미 성공할 때까지 전일제 일자리를 그만 둘 필요가 없다. 이것은 드러커가 의도하지는 않았더라도 분명 그가 했던 방식이다.

목표의 중요성과 또 다른 우연의 발견

독립 컨설턴트가 되는 이유를 분석하면서 목표의 중요성을 간과해서는 안 된다. 드러커는 컨설턴트로서 큰돈을 벌었다. 그렇지만 부자와 유명인의 삶을 추구하지는 않았다. 그리고 일정한 때가 되어 거액의 컨설팅 수임료를 자기 호주머니에 넣지 않고 자기가 지원하는 재단에 헌납했다. 앞서 밝혔듯이, 그는 마음이 내키면 수임료를 받지 않고 컨설팅을 하기도 했는데 이러한 행동은 드러커가 컨설팅을 하는 주요 목표가 큰돈을 버는 것은 아니라는 것을 여실히 보여준다.

컨설턴트가 되는 데는 부유한 삶을 추구하는 것 말고도 다양한 이유가 있다. 노년에 드러커는 모든 근로자는 일자리를 찾기가 아주 힘든 불경기처럼 돈이 절실하게 필요한 시기를 제외하고는 자원 활동가라고 말했다. 그 이유는 자기가 지금 하고 있는 일이 싫다면 다른 일을 쉽게 찾을 수 있기 때문이라는 것이다.

나는 이 말을 전적으로 믿는다. 우리 학교 재단의 이사 중 한 분에게 대학원 일로 해외 출장을 부탁하면서 대화를 나눈 적이 있다. 그 일은 상대방 학교 학부과정과 우리 학교 MBA과정 간의 상호 교류를 도모하는 것이었다. 관리자와 교수의 자녀들이 무료로 우리 프로그램에 등록할 수 있도록 하는 이 일에 그는 아무런 대가를 바라지 않았다. 곧 수고비를 지급할 것이라는 나의 말에 공군 대령 출신으로 훈장까지 받은 그는 "신경 쓰지 마시게. 나는 돈이 필요치 않아요. 일에서 흥미와 보람을 느끼면 그걸로 충분해요"라고 말했다. 따라서 드러커가 했던 말이 옳았다는 생각이 든다. 나는 결국 그에게 수고비를 전하며 "신경 쓰지 마시게"라고 했던 말에 대한 감사의 마음을 전했다. 내가 신경을 많이 썼기 때문이었다.

시간제 컨설팅

그러나 자원 활동가로서든 그렇지 않든, 컨설턴트가 된 사람들은 다른 곳에서 소득을 보충하기 위해 독립 컨설턴트가 된다. 이 말은 어떤 의미에서 보면 드러커에게도 해당되었다. 그는 뉴욕에 있는 사라 로렌스 칼리지의 시간강사로 일하면서 프리랜스 작가로 돈을 벌었다. 정치와 사회에 관한 그의 글들이 《산업인의 미래》라는 책의 출간으로 이어졌고, 이 책이 드러커에게 1942년 버몬트에 있는 베닝턴 칼리지에서 처음으로 전임강사가 되어 정치학과 철학을 가르치고 그다음 해에 GM의 최고 수뇌부에 대한 경영 감사 업무를 맡을 기회를 가져다주었다. 이것은 2년짜리 컨설팅 과제였고, 이를 통해 《법인의 개념》이 출간됐다. 그 후 컨설팅 의뢰는 계속 들어왔고, 1950년 뉴욕대학교 경영학 교수가 되기에 이르렀다. 이로부터 독립 컨설팅이 작가와 시간강사 혹은 전임강사의 소득을 어떻게 보충해주는지를 알 수 있다.

학생들의 시간제 컨설팅

학생들이 훌륭한 시간제 컨설턴트가 아니라고 생각한다면 그것은 옳지 않다. CIAM 학생들은 매 코스마다 네 명이 팀을 이루어 크고 작은 기업을 상대로 컨설팅 과제를 수행해야 하고, 하나의 코스에서는 혼자서 이러한 과제를 수행해야 한다. 그들은 주로 자기가 배운 이론을 응용하기 위하여 이러한 과제를 수행한다. 학생들은 그들의 컨설팅 서비스에 만족스러워하는 의뢰인에게서 시대에 뒤떨어진 감사장을 받기도 한다.

우리의 의뢰인들은 6개월 뒤에 무료로 추가 컨설팅 서비스를 받을 자격이 부여된다. 최근에 우리는 아주 특이한 의뢰인을 상대로 추가 컨설팅 서비스를 마쳤다. 이 의뢰인은 오래된 컨설팅 회사로, 대학원 학위를 소지한 10여 명의 컨설턴트를 보유한 규모는 작지만 성공한 국제 컨설팅 회사였다. 이 회사의 사장은 나에게 "당신 학교의 MBA 학생들은 우수한 컨설턴트들입니다. 제가 이 학생들을 유급으로 고용할 수 있겠습니까?"라고 말했다. 나는 고맙지만 거절하겠다고 말했다. 이해관계에서 충돌이 일어날 가능성이 아주 크다고 생각했기 때문이다. 그러나 그와 나는 우리 학교의 MBA 졸업생들을 유급으로 고용할 수 있고, 우리는 한 푼도 받지 않는다는 선에서 합의를 봤다.

언제 전일제 컨설턴트로 옮겨갈 것인가

시간제 컨설턴트로 일하면서 전일제 근무를 통해 버는 소득만큼 혹은 이보다 더 많은 소득을 벌게 되면, 완전히 다른 두 가지 선택을 할 수 있다. 우선 컨설팅이 주는 매력 때문에 시간제 독립 컨설턴트에서 학계가 되었든 다른 어떤 곳이 되었든 예전의 직업을 버리고 전일제 컨설턴트가 되고 싶은 마음이 생긴다. 아니면 소득을 보조하는 수단으로 컨설팅을 계속한다. 드러커는 후자를 선택했다. 그는 널리 알려진 일류의 컨설팅 서비스를 제공했지만 컨설팅 업무가 얼마나 증가하든(실제로 아주 많이 증가했다) 혹은 자신이 제공하는 컨설팅 서비스에 대한 명성이 얼마나 대단하든 컨설팅 서비스는 자신이 일컫는 사회생태학자라는 직업에서 한 부분을 차지할 뿐이었다.

또 한 사람의 컨설턴트 이야기

드러커를 만나기 전에 겪었던 이야기를 하려고 한다. 나는 아내가 태어난 나라 이스라엘에서 일하기 위해 잠시 공군을 떠난 적이 있다. 그 후 다시 돌아와서는 캘리포니아 주 시에라 마드레에 있는 시에라 엔지니어링 컴퍼니Sierra Engineering Company라는 작은 회사에서 연구개발을 책임지는 일을 맡았다. 그러나 내가 이스라엘에 있는 동안 공군을 떠나 이스라엘로 가기 전 관계를 맺었던 어떤 제품에 관해 논문을 썼는데 이것이 미국 학술지에 발표되었다. 그 제품은 항공기 승무원을 위한 방탄복이었다. 내가 모르는 사이 이 논문이 로스앤젤레스에 위치한 가렛 에어리서치Garrett AiResearch라는 항공 우주 회사 부사장의 관심을 끌었다. 에어리서치는 터보차저와 터보프로펠러 엔진을 포함하여 국방 관련 제품을 만드는 회사였다. 이 회사는 합병과 인수 그리고 다시 합병의 과정을 거쳐 1999년에 하니웰Honeywell이라는 이름을 얻었다.

내가 그를 만나기 몇 년 전, 회사 이름이 여전히 가렛 에어리서치일 때 그는 2차 대전, 한국 전쟁, 베트남 전쟁에서 쓰던 미국 육군의 스틸 헬멧을 티타늄 헬멧으로 교체하는 프로그램을 맡고 있었다. 티타늄은 가볍고 강하고 보호 능력이 더 우수하다. 그러나 물론 더 비싸다. 그는 부사장으로 승진했지만 이렇게 승진하는 과정에서 자기가 좋아하는 프로젝트는 버려진 상태로 있었다. 그가 생각하기에 이 프로젝트는 여전히 가능성이 있다고 믿었는데도 말이다.

그러다가 그는 〈오드넌스Ordnance〉에 실린 나의 논문을 읽고는 그 프로젝트를 계속할 것인지 혹은 버릴 것인지를 조사하여 판단해주기에 적합한 사람을 찾았다고 생각했다. 〈오드넌스〉의 편집자에게 이스라엘에 있는 내 주소를 얻은 다음 편지를 써서 내가 관심이 있는지를 물었다. 하지만 불행하게도 나는 그의 편지가 도착하기 몇 달 전 이스라엘을 떠나 하필이면 그의 회사가 있는 바로 그곳 로스앤젤레스로 돌아왔다. 그러나 이 이야기는 이렇게 금방 끝나지는 않는다.

부사장이 보낸 편지는 이스라엘의 다른 도시에서 살고 있는 나의 처남 주소로 전송되었다. 그 시절에는 외국 주소로 편지를 다시 전송해주지 않았다. 나의 처남은 히브리어를 할 줄 알았고, 당시에는 모두가 아주 가벼운 항공 봉투만을 사용하여 외국으로 편지를 보내던 시절이었다. 그가 보낸 편지처럼 무게가 많이 나가는 종이 우편물은 배편으로 6~7주가 걸려서 도착했다. 처남이 에어리서치의 부사장이 그랬던 것처럼 우편물을 나에게 항공으로 보낼 수도 있었지만 그 당시 요금이 상당히 비쌌다. 1970년대 초반 이스라엘은 여전히 개발도상국이었고, 처남은 그처럼 비싼 요금을 감당할 수 없었다. 따라서 그는 그 편지를 보관한 채 조만간 나와 아내가 미국에서 돌아오기를 기다렸다.

나는 예상하지 못한 상황을 맞이하여 아내를 미국에 두고 혼자 이스라엘로 돌아오게 되었다. 1973년 시리아와 이집트가 이스라엘에 기습 공격을 감행했는데, 오늘날 이것은 제4차 중동 전쟁Yom Kippur War으로 알려져 있다. 이스라엘에서 살 때 나는 이스라엘 법에 따라 군복무를 마쳤다. 그리고 군대 경험이 있기 때문에 이스라엘 공군 소령에 임관되었다. 이스라엘로 돌아온 것은 바로 전쟁 때문이었다. 휴전 협정이 있고 나서 며칠 동안의 휴가가 주어져 처남 집에 한번 가보기로 했는데 거기서 몇 달 전에 작성된 그 편지를 받았다.

미국으로 돌아와 편지를 보낸 사람에게 연락을 했더니 그는 내게 컨설턴트가 되어 몇 가지 연구를 진행해줄 것을 부탁했다. 바로 이것이 나의 첫 번째 컨설팅 업무였다. 내가 이 일을 하게 된 동기는 (항공기 승무원용 구명 장비에 대한 연구개발 이사로 일하면서 받는) 소득을 보충하는 것과 더불어 컨설팅 그리고 이에 관련된 모든 것에 대한 나의 호기심을 충족시켜주었기 때문이다.

나의 첫 번째 컨설팅 업무는 드러커가 GM을 상대로 자신의 첫 프로젝트에서 했던 것만큼 광범위한 프로젝트는 아니었다. 그리고 겨우 몇 개월짜리 프로젝트였다. 당시 지금 미국 육군이 사용하고 있는 신제품 케블라 헬멧이 개발 중이었고, 내가 살펴봤던 티타늄 헬멧보다 그것이 더 가볍고 보호 능력이 우수하며 무엇보다 가격이 더 싸다는 것을 나는 확인했다. 따라서 나는 프로젝트를 그만 두는 것이 좋겠다고 말했고 실제로 그만 두게 되었다.

하지만 그 프로젝트는 컨설팅에 대한 나의 관심을 확실히 자극했고, 나는 경험이 아주 많지는 않더라도 전혀 없지는 않은 컨설턴트가 되었다. 또한 그 프로젝트를 통하여 아직도 여전히 이스라엘 처남 집에 도착하고 있는 내 우편물들이 요금을 내가 부담하더라도 미국에 있는 나에게 항공우편으로 돌아와야 한다는 생각을 하게 되었다.

그 프로젝트는 오늘날 독립 컨설턴트가 되려는 모든 이들에게도 교훈이 되었다. 드러커가 우연히 컨설턴트가 된 것이나 내가 그렇게 된 것은 분명한 이유가 있었다. 그것은 책을 쓰거나 잡지에 글을 기고하는 것이 컨설팅 서비스의 마케팅을 위한 간접적이지만 강력한 수단으로 작용했다는 점이었다.

무엇이 뛰어난 컨설턴트를 만드는가?

단순히 컨설턴트가 되는 것과 뛰어난 컨설턴트가 되는 것은 서로 다르다. 드러커를 30년 이상 관찰하고 미국에서 크게 존경받는 여러 컨설턴트들과 많은 대화를 나누고 나서 이러한 차이를 발생시키는 7가지 영역을 확인했다. 이러한 영역에 관한 설명은 나의 저작인《컨설턴트로서 크게 성공하는 방법》에 잘 나와 있다. 드러커는 이러한 7가지 영역을 모두 갖춘 사람이었다.

1. 컨설팅과 관련된 모든 사람과 소통하는 능력

이것은 '무엇을 말하는가'가 아니라 그것을 '어떻게 말하는가'에 달려 있다. 의학 지식이 풍부하지만 환자를 대하는 태도가 나쁜 의사는 환자가 자기보다 경험이나 능력이 훨씬 더 부족한 의사에게 가버리는 경우를 자주 겪는다. 따라서 진실한 자세로 의뢰인들을 즐거운 마음으로 대하면 그들에게 당신이 하는 말과 행동에 대한 믿음을 줄 수 있다. 이것은 당신의 전문 지식만큼이나 중요한 문제로 작용할 수 있다. 드러커는 누구에게든(특히 의뢰인) 예의를 갖추고 정중하게 대하려고 했다. 그리고 상대방의 생각에 동의하지 않거나 심지어는 컨설팅 의뢰를 거절할 때도 항상 정중하게 행동하려 했다.

2. 문제를 정확하게 진단하는 능력

계속 의사에 비유하자면, 의사는 환자를 치료하는 데 도움이 되는 온갖 종류의 약을 처방한다. 그러나 의사가 진단을 잘못하면 약은 다음과 같은 결과를 낳는다.

- 환자에게 도움이 되지 않는다. 그리고 컨설팅의 맥락에서 보자면 시간, 돈, 자원을 낭비하는 것이 된다.
- 환자의 상태가 더 나빠진다. 드러커는 경영의 의사들을 위하여 히포크라테스가 의사들에게 주는 가르침을 강조한다.
  "무엇보다도 해를 입히지 말라."

당신이 컨설팅을 하면서 문제를 정확하게 진단하는 능력은 대단히 중요하다. 이러한 능력을 갖추지 않으면 당신의 행동은 조직에 도움이 되기는커녕 해가 된다. 적절한 약을 처방하는 것, 즉 정확한 조언을 하는 것은 뛰어난 컨설턴트가 되기 위한 가장 중요한 기준이다. 나는 본인이 조사하고 해결해야 할 핵심적인 쟁점을 잊어버리고 자기만의 정교한 방법론을 사용하면서 즐거움에 빠져드는 컨설턴트들을 많이 보아왔다. 그들은 자신의 전문성을 훌륭하게 보여주었지만 결과적으로는 정확한 처방을 하지 못해 의뢰인과 자기 자신을 어려움에 빠뜨리고 만다.

3. 효과가 있는 해결 방안을 찾는 능력

당신은 문제를 정확하게 진단하고 나서 상황을 해결하기 위한 적절한 조치를 권고해야 한다. 드러커가 문제를 다루던 방법은 이 책의 도처에서 찾아볼 수 있을 것이다. 드러커가 구사했던 가장 혁신적인 전략은 의뢰인들이 잠재적인 해법을 스스로 발견할 수 있도록 그들에게 질문을 하는 것이었다. 이처럼 독특한 방법론은 드러커와 정량 분석을 강조하던 다른 컨설턴트와의 차이점을 부각시켰다. 이러한 사실에 대해서는 나중에 다시 설명할 예정이다.

4. 기술적인 전문성과 지식

아마도 당신은 이것이 훌륭한 컨설턴트가 되기 위한 가장 중요한 능력이라고 생각할지도 모른다. 그렇다. 어떤 분야에서도 기술적인 전문성은 중요하다. 전문성은 당신이 쌓아온 교육, 경험, 개인적 역량에서 나온다. 그것은 다양한 영역 중에서 어느 한 가지 영역에 해당되고, 다양한 방식으로 개발된다.

고든 리디G. Gordon Liddy는 워터게이트 사건Watergate Break-in(1972년 6월 미국 대통령 선거를 앞두고 닉슨 대통령의 측근이 닉슨의 재선을 위하여 워싱턴의 워터게이트 빌딩에 있는 민주당 본부에 침입하여 도청하려고 했던 사건 – 옮긴이)에 연루되어 널리 알려진 인물인데, 교도소에서 출소한 이후 보안 컨설턴트로 일하면서 고액의 연봉을 벌어들였다. 물론 이것이 어쩌면 워터게이트 사건과 관련하여 널리 알려진 것을 제외하고는 그가 교도소에 간 것과는 아무런 관계가 없다. 그럼에도 나는 연봉을 많이 받을 능력을 가지고 등장할 수만 있다면 교도소에서 몇 년을 기꺼이 보낼 마음이 있는 지나칠 정도로 야심에 찬 컨설턴트를 몇 사람 알고 있다. 그러나 여기서 내가 하고 싶은 말은 조금은 어두운 과거를 가진 사람이라고 해서 컨설턴트로서 자신의 기술적인 전문성과 지식을 활용하여 최고의 수임료를 받지 말라는 법은 없다는 것이다.

더구나 드러커는 문제를 해결하기 위하여 자신의 지식, 경험을 동원하기보다는 자신의 무지를 동원한다고 주장했다. 이 말은 그가 문제를 해결하기 위하여 사용하는 방법론이 그만큼 중요하다는 사실을 확인시켜준다.

이러한 방법론은 매우 정교할 필요가 없으며 정교한 것은 원하는 결과를 얻기 위한 겉치레에 불과했다.

5. 뛰어난 커뮤니케이션 능력

보스턴컨설팅그룹의 찰스 가빈Charles Garvin은 1960년대 초반부터 비즈니스 전략 분야에서 광범위한 컨설팅을 해온 사람이다. 그는 30년에 걸친 경험을 통하여 훌륭한 컨설턴트가 되기 위한 세 가지 중요한 요소를 확인했다. 이것이 당신을 놀라게 할 수도 있겠지만 그는 첫 번째로 뛰어난 커뮤니케이션 능력을 꼽았다. 두 번째로는 분석 능력을 꼽았고, 세 번째로는 압박을 받는 상황에서 일하는 능력을 꼽았다.

마지막 요소를 강조하기 위해 나하고 절친한 어떤 친구의 사례를 들어보겠다. 한때 그는 세계에서 가장 규모가 크고 권위 있는 맥킨지 앤 컴퍼니에서 핵심적인 컨설턴트로 근무했다. 그는 밤늦도록 일했고, 주말에도 일에 매진했으며, 의뢰인을 만나기 위하여 미국 전역을 누비고 다녔다. 그러다가 일에 대한 압박을 너무 많이 받은 나머지 공항으로 가는 길에 감정을 억누르지 못하고 차를 도로변에 세우고는 엉엉 울고 말았다. 그러고는 몸과 마음을 추스르고 가던 길을 계속 갔다. 이 정도라면 우스갯소리로 들리지는 않을 것이다.

6. 뛰어난 마케팅과 영업 능력

당신이 관심을 갖는 기술적 영역과는 무관하게(이것이 사업에서 기능적 영역이 되었든 혹은 완전히 다른 영역이 되었든 상관없이) 당신은 훌륭한 마케터와 영업맨이 되는 법을 배워야 한다. 이 두 가지는 같지 않다. 마케팅이 더 높은 전략 수준을 요구한다면, 영업은 전술적인 측면에 해당한다. 마케팅이 적절한 제품을 적절한 시장에 판매하는 것과 관련이 있다면, 영업은 다른 사람이 당신이 가진 것을 구매하도록 설득하는 것과 관련이 있다. 컨설턴트는 무형의 상품을 판매할 뿐만 아니라 자기 자신을 판매해야 한다. 드러커는 마케팅을 완벽하게 하면 영업은 불필요하다고 말했다.

7. 관리 능력

마지막으로 말하지만 그래도 중요한 것은 조직 혹은 업무를 관리하고 프로젝트를 감독하는 능력이다. 내가 생각하기에 뛰어난 컨설턴트는 훌륭한 관리자가 되어야 한다. 다른 능력과 마찬가지로 관리 능력도 배워서 습득할 수 있다. 그러나 이 능력은 결코 자동적으로 얻어지지 않는다. 바로 이런 이유 때문에 드러커가 교육을 강조하는 것이다. 드러커는 이론이 아무리 훌륭하더라도 노력을 바탕으로 실천하지 않는 한 아무 것도 한 것이 없는 셈이라고 믿었다. CIAM은 이러한 실천을 위한 시스템의 일환으로 이아텝IATEP™, Immediately Applied Theory for Enhanced Performance이라는 것을 구축했다. 이것은 실천을 강화하기 위해 이론을 즉시 응용하는 것을 의미하는데 이에 대해서는 나중에 더욱 자세히 설명할 것이다.

지금까지 했던 이야기를 요약하자면, 드러커는 일을 적절하게 했을 뿐만 아니라 적절한 일을 함으로써 대단히 훌륭한 컨설팅 서비스를 제공했다. 드러커는 관리자이면서 리더였다. 확실히 그에게는 어느 정도 행운이 따랐다. 그러나 그는 이러한 행운을 놓치지 않았다.

5장

컨설팅 서비스에 대한 마케팅 전략

컨설팅 서비스에 대한
마케팅 전략

드러커는 어떠한 기업이라도 마케팅은 두 가지 필수적인 기능 중 하나라고 가르쳤다. 그는 비영리기관과 그 밖의 기관들을 자세히 관찰하면서 이러한 자신의 생각을 모든 기관에 전했다. 드러커가 생각하기에 마케팅은 어떠한 기관이 되었든 기관의 모든 곳에 스며들어야 한다고 보았다. 드러커가 마케팅의 역할을 여러 해에 걸쳐서 어느 정도까지 확장하여 생각했는지 보여주기 위해 트루먼 대통령의 예를 들어보겠다.

언젠가 트루먼 대통령은 미국 해병대가 대중에게 자기 부대를 지나치게 홍보하는 것을 두고 꾸짖은 적이 있다. 이로부터 순식간에 50년이 지나 미국의 모든 군대 조직이 자신을 홍보하기 시작했고, 이들 중에서 해병대가 홍보 활동을 가장 성공적으로 수행한 것으로 칭찬받았다. 이제는 전투 지원 부서가 그들의 고객으로서 훈련과 같은 상품을 소비하는 전투병 사용자라는 표현을 드러내놓고 한다.

이번 장에서는 드러커가 마케팅의 중요성을 강조하기 위하여 의뢰인들에게 어떤 조언을 했는지 살펴볼 것이다. 그러나 드러커가 의뢰인들에게 마케팅의 중요성과 이것을 제대로 하는 방법에 관하여 조언했지만 드러커 자신이 의뢰인들에게 조언한 대로 자신의 컨설팅 서비스에 대한 마케팅을 했는지에 대해서는 의문이 남는다. 실제로 드러커는 자신의 컨설팅 서비스에 대한 마케팅을 하기라도 했는가? 그렇다면 어떻게 했는가? 이번 장에서는 이 두 가지 질문에 대한 답을 내놓겠다.

'드러커의 마케팅' 기본 원리

우선 드러커는 모든 기업은 두 가지 필수적인 기능을 가지고 있다고 했다. 그것은 혁신과 마케팅이다. 어떠한 기업(그리고 그는 이것을 조직이라고 해석한다)이라도 이 두 가지 기능이 제대로 발휘될 수 있도록 해야 한다. 전술적 수준에서 혁신은 제품과 서비스의 성공을 위한 중요한 요소이기 때문에 이것을 마케팅의 요소라고 말하는 사람도 있다. 전략적 수준에서는 혁신이 경쟁사를 상대로 하는 포지셔닝Positioning(어떤 제품이 소비자의 마음에 인식되고 있는 모습으로 마케팅 전략에서는 상품의 특성 및 경쟁 상품과의 관계, 자사의 기업 이미지 등 각종 요소를 평가·분석하여 그 상품을 시장에서 특정한 위치에 설정하는 작업을 말한다 – 옮긴이)에서 고객을 확보하기 위한 중요하고도 차별적인 혜택을 의미하기도 한다.

나는 중소기업과 신생기업을 위한 컨설팅에 특화된 조직과 밀접한 관계를 맺은 적이 제법 많다. 실제로 지금 내가 원장으로 있는 MBA 대학원의 한 가지 중요한 차별적인 혜택은 매 코스마다 학생들이 네 명씩 팀을 이루거나 단독으로 무료 컨설팅을 반드시 해야 한다는 것이다. 이것은 학생들에게 강의실에서 배운 이론을 실제 의뢰인들을 상대로 응용하는 능력을 배양할 기회를 주기 위한 것이다.

학생들의 의뢰인들은 대다수가 중소기업이나 신생기업이다. 세상에는 단순히 창업만 하면 저절로 고객이 생길 것이라고 생각하는 기업가들이 너무도 많다. 그들에게 "당신이 제공하는 것은 시장에 이미 자리를 잡고 있는 경쟁자들이 제공하는 것과 어떠한 차별적인 혜택이 있습니까?"라고 질문하면, 그들은 주로 무표정한 눈으로 바라본다. 마치 그들은 "저는 고객에게 저희 제품이나 서비스를 구매할 기회를 제공하고 있습니다. 그것으로 충분하지 않습니까?"라는 말을 하는 것처럼 보인다. 그들이 생각하기로는 이러한 제품이나 서비스를 제공한다는 단순한 사실 자체만으로도 충분하다는 것이다. 이러한 생각에 따르면 고객은 저절로 생기게 되어 있다.

그들은 고객 혹은 미래의 고객은 단순히 공급자가 존재하기 때문이 아니라 다른 이유 때문에 제품이나 서비스를 구매한다는 사실을 잊고 있다. 대체로 시장에서는 다른 경쟁자가 이미 자리를 잡고서 같은 제품이나 서비스를 공급하고 있다. 최첨단의 혁신 제품이나 서비스라고 하더라도 미래의 고객은 자신이 힘들게 번 돈을 여전히 다른 곳에 지출한다. 그들에게 현재의 공급자가 생산한 상품이 아니라 예전에 전혀 구매해본 적이 없는 상품을 구매하도록 설득하는 것은 저절로 되는 일이 아니고, 대단한 노력 없이는 불가능하다. 새로운 공급자는 미래의 고객에게 자신이 다른 공급자가 가지고 있지 않은 것을 가지고 있다는 사실을 알려야 한다. 가격도 지금 구매하는 제품 대신 그것을 구매할 만한 가치를 느낄 수 있도록 정해져야 한다.

19세기의 시인이자 수필가인 랄프 왈도 에머슨^{Ralph Waldo Emerson}은 이처럼 기본적인 요건의 필요성을 다음과 같이 멋지게 요약했다.

"더 좋은 쥐덫을 만든다면 세상 사람들이 당신에게 쇄도할 것이다."

에머슨은 분명히 이런 말을 하고 싶었을 것이다.

"어떤 사람이 시장에서 판매하기에 좋은 옥수수, 목재, 나무, 판자, 돼지를 갖고 있거나 어느 누구보다도 더 나은 의자, 칼, 도가니, 교회 오르간을 만들 수 있다면 그 사람의 집이 숲속에 있을지라도 사람들의 발길이 끊이지 않아서 그곳에 이르는 길이 넓게, 단단하게 잘 다져져 있을 것이다."

오늘날에는 잘못 인용된 것이 계속 잘못 인용되고 있다. 원래 문장은 "어떤 사람이 주변 사람보다 더 나은 책을 쓰고, 설교를 더 잘하고, 혹은 더 나은 쥐덫을 만든다면"이었다.

비록 에머슨이 마케팅 없는 혁신만으로는 새로운 쥐덫에 엄청난 가치를 더하더라도 이러한 현상이 일어나지 않을 것이라는 생각을 덧붙이지는 않았지만 이는 마케팅의 필요성을 생각하게 만든다.

그렇다면 '드러커의 마케팅Drucker Marketing'은 어떠했으며, 그것의 부가가치는 얼마나 되는가? 드러커의 마케팅은 몇 가지 주요 원칙과 이로 인한 필연적인 결과로 구성되어 있다. 그 주요 원칙과 이로 인한 필연적인 결과는 다음과 같다.

- 마케팅은 기업의 다른 모든 기능보다 가장 으뜸가는 기능이다.
- 영업과 마케팅의 중요한 차이를 설명하자면, 이론적으로는 완벽한 마케팅은 영업을 필요 없게 만든다.
- 마케팅과 영업이라는 두 가지 서로 다른 노력이 상호보완적이지 않

고 실제로는 적대적일 가능성이 있다.

- 우리가 제공한 것에 대한 고객의 욕구와 평가라고 추측하기보다는 고객 그리고 그들이 가치를 두는 것에 집중한다.
- 마케팅이 조직의 모든 부서에 널리 퍼져 있는 주제가 되도록 한다.

기업의 가장 으뜸가는 기능

드러커는 마케팅이란 단순히 기업의 기능이 아니라 기업의 가장 으뜸가는 기능이어야 한다고 믿었다. 이 말은 드러커가 기업의 다른 기능(재무, 회계, 엔지니어링, 생산 등)도 중요하며 상황에 따라서는 이들이 기업에 훨씬 더 중요하게 작용한다는 사실을 몰랐다는 의미가 아니다.

다만 드러커의 분석에 의하면 마케팅이 기업의 유일하게 가장 중요한 기능이며 그 이유는 기업이 마케팅에 성공하지 못하면 다른 기능을 아무리 효율적 혹은 효과적으로 수행하더라도 지속가능하지 않고 결국 망하게 되기 때문이다.

영업과 마케팅의 중요한 차이

드러커는 영업과 마케팅은 서로 다른 목표를 가진 뚜렷하게 다른 기능이라는 사실을 처음으로 인식했던 경영학자 중 한 사람이었다. 마케팅은 고객과 고객이 원하는 것을 확보하는 데 집중한다. 따라서 마케터는 고객이 무엇을 원하는지 확인하고 그것을 개발, 생산하여 미래의 고객이 원할 때를 대비하여 비축할 수 있어야 한다. 이것이 마케팅의 목표다. 즉, 미래의 고객이 원하는 것을 확보할 수 있도록 고객에게 집중하는 것이다. 영업은 이미 비축되어 있는 제품이나 서비스에 집중하고, 이렇게 비축된 것을 고객이 구매하도록 설득하는 것을 의미한다.

이러한 차이는 아주 중요하기 때문에 드러커는 학술지에 게재하기 위해 논문을 썼다. 이것은 드러커가 다른 때 혹은 다른 주제를 가지고 했던 것을 내가 연구를 통하여 확인하지 못한 부분이었다(나 같은 실무자가 학술지를 읽는 경우는 별로 없다). 학술지에 나오는 논문들은 수량 분석에 크게 의존하고, 거의 전적으로 학자들만이 읽는 다른 학술지와 학생들이 읽는(혹은 경우에 따라서는 읽지 않는) 교과서에서만 인용되는 경향이 있다.

이에 반해, 실무자들은 학술지에 나오는 논문이 담고 있는 정보를 직접 응용하기 위해 〈하버드비즈니스리뷰Harvard Business Review〉 혹은 지금 당신이 손에 쥐고 있는 책과 같은 전문 서적을 읽는다. 드러커는 이번처럼 예외적인 경우를 제외하고는 학술지에 게재하기 위한 논문을 거의 쓰지 않았다. 이러한 이유로 학계에 있는 사람들 중에는 드러커가 하는 일이나 그가 쓰는 글들을 얕보는 이도 있었다.

드러커를 읽지 않다

〈로스앤젤레스 타임스Los Angeles Times〉가 드러커의 80회 생일을 맞이하여 미국에서 이름이 널리 알려진 경영서 저자들에게 '피터 드러커에게서 무엇을 배웠는가'에 대한 글을 요청한 적이 있다. 드러커는 톰 피터스와 하버드대학교의 로자베스 모스 캔터를 포함하여 최고의 저자들에게 많은 찬사를 받았다. 톰 피터스의 공저서 《초우량 기업의 조건In Search of Excellence》은 돌풍을 일으켰고, 사업을 제대로 하여 성공한 미국 기업들이 이 책을 자세히 검토하기에 이르렀다. 그리고 로자베스 모스 캔터는 여러 저서로도 널리 알려져 있을 뿐만 아니라 〈하버드비즈니스리뷰〉의 에디터로 활동한 것으로도 유명하다.

이들 중 한 명은 학자들의 연구에 기초를 두고 베스트셀러를 써서 널리 알려진 학계 인물이었는데 그는 미국 전역에 걸쳐서 일본식 경영을 몇 년 동안 유행시킨 장본인이었다. 그랬던 그가 드러커가 '과학적' 저널에 싣기 위한 글을 쓰지 않아 자신이 드러커를 읽지 않았기 때문에 〈로스엔젤레스 타임스〉의 이러한 요청에 응할 수 없다는 취지의 답신을 보냈다. 이렇듯 드러커는 단 한 번 학술지에 게재하기 위한 글을 썼다.

그는 영업과 마케팅의 중요한 차이를 강조하기 위하여 1950년대뿐만 아니라 자신이 교수 생활을 시작할 무렵부터 이 세상을 떠난 지 10년이 지난 지금까지도 마케팅 분야에서 최고의 학술지 중 하나로 인정받는 〈저널 오브 마케팅The Journal of Marketing〉에 이 분야에 종사하는 사람들 사이에서 해설 기사Think Piece(보통 기자의 기명 기사로 정치·경제·외교 문제에 대한 분석·해설적 내용으로 되어 있다 - 옮긴이)로 통하는 글을 썼다.

드러커는 이 논문에서 기업 CEO들이 영업 담당 전무를 마케팅 담당 전무로 명칭을 변경하는 추세가 유행하는 것을 두고 자기만의 통렬한 유머를 구사했다. 그들이 하는 일은 변하지 않았는데도 말이다. 그들에게는 이것이 문제를 해결하는 방식이었다. 이에 관하여 드러커는 이렇게 적었다.

"당신이 장의사를 두고 장의사라고 부르지 않고 장례업자라고 부른다고 해서 그 사람이 하는 일은 조금도 바뀌지 않는다. 그는 여전히 무덤을 파고 고인의 시신을 묻는 일을 한다."

완벽한 마케팅은 영업이 필요 없다

드러커는 이론적으로만 이야기했지만 그가 전하는 논점은 쉽게 이해된다. 마케팅은 미래의 고객이 원하는 완벽한 제품과 서비스를 확보하기 위한 활동이다. 그러므로 당신이 그것을 확보하고 있고 이러한 사실이 알려진다면 영업에서 중요한 단계라 할 당신이 그것을 그들에게 보여주기 위한 발표를 하거나 그들이 구매하도록 설득하는 힘든 작업을 하지 않더라도 행복한 소비자들이 말을 퍼뜨려줄 것이다.

당신이 어떤 질병을 고쳐주는 약을 개발했다고 하자. 당신이 겨누고 있는 시장에서 소비자가 부작용 없이 복용하기 쉽고 적당한 가격에 구매할 수 있다면 당신은 이 약을 가장 효과적으로 개발한 것이다. 처음에는 약간의 광고와 홍보를 해야 할 수도 있다. 그러나 일단 시장에 나오기만 하면 영업은 거의 필요하지 않을 것이다. 이것이 불가능하다고 생각하는가? 허쉬컴퍼니The Hershey Company는 70년 동안 이 회사가 만든 유명한 캔디바에 대한 광고를 한 번도 하지 않았다. 이 회사의 광고 담당 이사에 따르면 그럴 필요가 없다는 것이다.

"이것은 미국인들에게 일종의 기본 식품을 의미하는 브랜드입니다.

이것은 여러 세대를 거쳐서 내려온 것입니다. 우리는 어린 시절에 이것을 즐겨 먹었던 추억을 떠올릴 수 있습니다.”

허쉬컴퍼니 사람들은 그들이 바라던 제품, 판매자에게 도달할 수 있는 제품을 확보한 것이다. 마케팅만으로 영업을 하지 않아도 되는 상황을 만든 것이다. 이곳에서 영업은 전혀 필요가 없다!

마케팅과 영업이 적대적일 가능성

드러커는 ‘마케팅과 영업의 연관성의 한계’에 대해서도 마케팅 분야에서 널리 인정받는 전문가들과 크게 다른 생각을 가졌다. 마케팅 교과서를 펼쳐보면 영업이 광고, 판매 촉진, 유통, 홍보와 함께 마케팅을 보조하는 하위 기능으로 묘사되어 있을 것이다. 대부분의 교과서에서는 영업을 판매 촉진을 위한 변수 중 하나로 분류한다. 그러나 드러커는 영업의 기능은 마케팅과 상호보완적이지 않고 적대적일 수도 있다고 주장했다.

정말 그렇다. 나는 영업과 마케팅이 어떻게 적대적일 수 있는가에 대하여 몇 년 동안 고민했지만 드러커에게는 어떻게 이처럼 상당히 혁신적인 생각을 하게 되었는지 한 번도 물어보지 않았다. 어느 날 나는 갑작스러운 깨달음을 얻고서 드러커가 했던 말을 정확하게 이해할 수 있었다.

마케팅이 완벽하지 않았음을 가정하고 이제부터 한번 끝까지 가보자. 실제로 잘못된 시장에서 제품을 팔았을 수도 있다. 가격이나 디자인에서 다른 문제가 발생했을 수도 있다. 그러나 당신에게는 뛰어난 영업사원이 있다. 그들은 독특하고 유능할 뿐만 아니라 엄청나게 노력하고 자기만의 영업 노하우를 발휘한다. 바로 이러한 영업 귀재들이 불가능한 것을 성취할 수 있다. 다시 말하자면, 잘못된 시장에서 이처럼 잘못된 제품을 판매하여 적당한 수익을 창출할 수 있다.

이것으로 영업이 마케팅의 보완적인 기능을 가지고 적대적일 가능성이 전혀 없다는 것을 입증하는가? 반드시 그렇지는 않다. 영업사원이 기울였던 엄청난 노력을 생각해보라. 표적 시장Target Market(기업이 세분된 여러 고객 집단 중에서 욕구를 충족시켜 주고자 하는 특정 집단을 말한다 – 옮긴이)이 정확했거나 디자인이 더 좋았거나 가격이 적절했다면 훨씬 더 많은 제품이 팔렸을 수도 있다. 창출된 수익과 함께 마케팅을 정확하게 하여 여건이 더 좋아졌다면 이러한 수익이 얼마나 더 많아졌을 것인가를 생각해보라. 더구나 이처럼 뛰어난 영업사원이 적당히 성공한 것은 사실을 호도할 수도 있다. 그들이 비참하게 실패했더라면 상황이 훨씬 더 좋아질 수도 있지 않는가? 그렇다면 이처럼 잘못된 제품, 가격, 시장을 버리고 훨씬 더 나은 새로운 시장을 찾아 그곳에서 영업을 할 수 있다.

이제 당신은 드러커의 생각을 이해할 수 있겠는가? 이러한 영업사원이 얼마 안 되는 수익을 창출하는 상황에서는 영업이 훌륭한 마케팅에 보완적이지 않고, 더욱 중요하게는 기업의 수익과 최선의 이익에 적대적일 수 있다.

고객이 가치를 두는 것에 집중하는 것

우리가 아무리 똑똑한 사람이라고 하더라도 고객이 원하고 가치를 두는 것을 결정하지는 못한다. 때로는 그것이 우리가 전혀 가능하리라고 생각하지 못했던 추가적인 매출을 발생시킬 수 있다. 내 친구 조 코스먼Joe Cossman은 스프링클러의 대체 상품으로 구멍이 있고 쉽게 구부릴 수 있는 호스를 가지고 정원 시장에 뛰어들어 엄청나게 많이 팔았다. 이것이 출시되자 집에 잔디나 정원이 있는 사람들은 거의 적어도 한 개씩은 구매했다. 이것은 지난 몇 년 동안에 출시된 초경량 확장 호스보다 더 많은 인기를 누렸다.

마케팅의 귀재 코스먼은 자기 제품을 주문한 도매업체들을 모두 추적했다. 그는 이에 대한 분석을 마치고 농기구 가게와 사료 가게에서 자기 제품을 많이 주문했다는 사실을 알아냈다. 일반 가정이 사료 가게의 단골손님은 아니기 때문에 그는 사료 가게에 연락하여 이처럼 예상치도 않은 관심을 끌게 된 이유를 물었다. 그곳에 따르면 구멍이 있는 정원용 호스가 무더운 여름날에 닭장의 온도를 낮춰주는 훌륭하고도 저렴한 에어컨 역할을 하기 때문에 닭을 키우는 농부들이 많이 구매했다는 것이다.

이로 인해 코스먼은 예상치 못했던 추가적인 시장을 발견했다. 드러커는 이러한 사실에 놀라워하지 않았다. 이것은 흔히 일어나는 일이었다. 그를 놀라게 한 것은 마케터들이 기본적인 것조차도 너무나 자주 잘못 이해한다는 사실이었다. 그는 공급자가 미래의 고객이 원하는 것에 대하여 잘못된 가정을 하는 데서 문제가 출발한다고 보았다. 그럼에도 제품과 서비스를 결정하는 것은 공급자가 아니라 항상 고객이었다.

뒤퐁Dupont이 개발한 케블라kevlar의 예를 한번 들어보자. 뒤퐁은 1970년대 초반에 케블라를 출시했는데, 이것은 고강력 섬유로 강철에 비해 5배의 인장 강도를 갖는다. 공학자들은 이 제품이 강력 타이어에 들어 있는 철심을 훌륭하게 대체해줄 것으로 생각했다. 물론 그랬다. 하지만 이것은 파편으로부터 보호하기 위한 방탄복 소재로 훨씬 더 훌륭했고, 둔기 외상으로부터 보호하기 위하여 강성을 주입할 시에는 군용 헬멧의 기본 소재로도 사용될 수 있었다. 이러한 이유로 결국 미군이 2차 대전 당시 사용하던 스틸 헬멧은 사라지고 원래 자동차용 타이어로 개발된 고강력 섬유인 케블라 헬멧으로 대체되었다.

또한 드러커는 일부 마케터들이 누군가가 제품을 처음 의도했던 용도와는 다르게 사용하는 것을 보면 싫어한다는 사실을 알고는 놀라움을 금치 못했다. 독일의 발명가 알프레드 아인호른Alfred Einhorn은 자기가 발명한 마취제인 노보카인Novocain을 치과의사들이 사용하는 것을 보고는 너무나 괴로운 나머지 독일 전역을 돌아다니면서 치과의사들에게 자기가 발명한 마취제는 당신들이 아니라 일반 의사를 위한 것이니 당장 사용을 중단하라고 소리 지르며 화를 냈다고 한다.

메이시 백화점은 과거에 백화점마다 가전제품 판매량이 차지하는 비중이 얼마 되지 않았기 때문에 이것의 판매를 중단하려고 했다. 따라서 옛날의 백화점들은 주로 의류 판매에 몰두하고 있었다. 이러한 혁신자들은 코스먼과는 다르게 그들이 변칙적이라고 여기는 현상을 중단시키면서 제품을 판매하려고 했다. 의도하지도 예상하지도 않았던 판매량의 증가를 잘 활용하는 것이 그들 자신과 고객에게 최선의 이익이 되는 데도 말이다. 이러한 판매량 증가는 궁극적으로는 그들이 처음 생각했던 것보다 시장이 훨씬 더 크다는 사실을 입증했다.

드러커는 새로운 제품이나 서비스를 도입하려는 마케터들에게 이것을 처음 설계하여 도입할 때 전혀 생각지 않던 용도나 시장을 발견할 수도 있다는 가정을 하고 출발할 것을 권고했다.

마케팅이 조직 전체에 퍼져 있는 주제가 되도록 하는 것

몇 년 전 나는 아내와 함께 터키를 여행했다. 세계적으로 유명한 터키의 특산물인 카펫을 구매하기 위해 우리는 호텔 직원에게 도움을 청했는데, 그는 회사 몇 개를 추천하면서 거리의 가게 혹은 수백 명의 상인이 터키 카펫을 진열해놓은 그랜드 바자Grand Bazaar(이스탄불 최대 규모의 재래식 시장이다. 터키어로 '카팔르 차르쉬'라고도 하는데 이는 '지붕이 있는 시장'이라는 뜻이다 – 옮긴이)보다는 이들 중 한 개 업체에서 구매하는 것이 좋을 것이라고 말했다. 다만 제품 가격에는 큰 차이가 있었다. 거리의 가게에서 가장 비싼 카펫의 가격은 약 2,000달러였다. 호텔 직원은 최고급 카펫은 이보다 적어도 두 배 가격에 팔린다고 했다. 우리는 아마도 호텔 측에서 카펫 회사로부터 수수료를 받고 추천하는 일을 할 수도 있을 것이라고 생각했지만, 그럼에도 이는 호텔의 평판이 달려 있는 문제고 호텔 직원의 말이 카펫을 구매하는 데 있어 가장 좋은 정보라 여겨졌다.

또한 호텔 직원은 카펫 회사가 우리에게 공장 투어를 제공할 것이라는 말도 했다. 공장 투어는 해볼 만한 가치가 있다고 생각했다. 따라서 호텔 측은 우리의 뜻을 카펫 회사에 전달했고, 우리를 카펫 공장으로 데려가기 위한 리무진이 도착했다. 실제로 마케팅은 회사의 외판원(이 경우에는 호텔)으로부터 시작된다. 그러나 마케팅은 리무진 속에서도 계속되었다.

운전수는 영어를 완벽하게 구사했다. 그는 우리가 카펫 제조의 전체 공정을 보게 될 것이라고 설명했다. 실크 카펫의 경우에는 애벌레를 보는 것부터 시작된다고 했다. 운전수는 공장으로 가는 동안 카펫의 품질이 제품마다 크게 다르다고 설명하면서 자기 회사는 고객이 고급 카펫과 터키 거리의 가게에서 팔리는 싸구려 카펫의 차이를 구분할 수 있도록 교육시키고 싶어 한다고도 했다. 그는 공정이 시작되는 곳으로 우리를 데려갔다. 그곳의 젊은 관리자는 우리가 어떤 작업이 왜 진행되는지를 이해할 수 있도록 각 단계마다 공정을 중단시켰다. 그는 영어가 완벽하지는 않지만 우리가 그의 말을 이해하는 데는 어려움이 없었다. 그리고 그는 우리가 묻는 질문에도 대답할 수 있었다. 우리는 이렇게 공장 투어를 하면서 원재료를 가지고 카펫을 짜는 과정 전체를 살펴보았다.

공장 투어를 하면서 영어를 못하는 사람을 만나기도 했지만 그럴 때마다 관리자가 나서서 각각의 기능을 설명하고, 그것이 우수한 제품을 생산하기 위하여 왜 중요하고 필요한지를 설명했다. 우리를 안내했던 관리자는 필요할 때마다 통역 역할도 했다. 우리는 일부 회사들이 생산비를 절약하기 위해 특정 단계를 생략하기도 하지만 그렇게 하면 결국에는 손해를 보게 된다는 설명도 들었다. 미국에서 교육받은 품질 관리 엔지니어는 그들이 어떻게 품질을 관리하고, 각각의 제품을 검사하며 일부 제품에 대해서는 폐기하는 이유를 설명했다. 그들 모두 카펫을 생산하는 과정에서 자기가 맡은 역할을 즐거운 마음으로 설명했다.

리무진 운전수는 이곳에서 카펫을 저장하는 또 다른 시설로 우리를 안내했다. 그곳에서 우리는 또 한 번의 투어를 하면서 다양한 유형의 카펫에 대하여 그것을 짜는 방법과 색을 입히는 방법에 관한 자세한 설명을 들었다. 공장 투어가 끝날 무렵에는 대형 진열실에 가서 영업사원을 소개받았다. 그는 우리에게 견본을 보여주면서 우리가 원하는 카펫의 사이즈, 재료, 디자인, 색상에 관해 물었다. 그는 이러한 정보를 받아 적었다. 순수 실크 제품이 가장 비쌌고, 모직 제품이 가장 쌌다. 그리고 적당한 가격대의 혼방 제품이 중간에 있었다. 우리는 중간 사이즈의 카펫을 하나만 구매하기로 하고 최대 지불 금액을 4,000달러로 잡았다. 우리가 평소에는 이처럼 많은 현금을 가지고 다니지는 않았지만 호텔을 떠나기 전 가격을 조사하고는 그만한 현금을 미리 준비하고 있었다. 영업사원이 우리를 안락의자로 안내했다. 그리고 그와 우리가 담소를 나누는 동안 친절해 보이는 직원이 차와 가벼운 간식을 준비해왔다.

몇 분이 지나 일꾼 두 사람이 우리가 요청했던 종류의 카펫을 가져왔다. 대략 열 종류가 되었다. 우리는 실크 제품 두 개가 마음에 들었는데 그중 어느 것을 골라야 할지 몰랐다. 가격은 각각 6,500달러였다. 우리 두 사람은 전 세계를 돌아다니며 물건을 사면서 다양한 경험을 해봤지만 지금은 우리가 값을 깎아야 한다는 것을 알았다. 우리는 대략 5,000달러라면 하나를 살 수 있을 것 같았다. 이 가격은 우리가 지출하기로 했던 것보다는 더 많은 금액이었지만 아마도 우리가 할 수 있는 최선의 선택이라고 생각했다. 우리는 영업사원에게 우리가 마음에 들어 하는 카펫들을 말했다. 그는 일꾼들에게 무엇인가를 말했고 그들은 다른 카펫들을 도로 가져갔다.

나는 웃으면서 하나에 4,000달러에 하자고 제안하면서 흥정을 시작했다. 그는 웃는 표정으로 고개를 흔들고는 6,500달러에서 500달러까지 깎아줄 수 있으니 6,000달러에 하자고 했다. 서로 몇 차례 옥신각신하고 나서 가격이 5,500달러까지 내려왔다. 그때 나에게 좋은 생각이 떠올랐다. 나는 아내에게 히브리어(아내는 이스라엘 사람이다)로 내 생각을 말하고는 우리가 여유가 되는지를 물어봤다. 아내는 내 생각에 찬성하고 여유가 된다고 말했다.

나는 영업사원에게 이렇게 물었다.

"우리가 카펫 두 개를 모두 산다면 얼마면 될까요?"

그는 잠시 생각하더니 "1만 달러입니다"라고 대답했다. 나는 "지금 바로 카펫 두 개에 7,500달러를 드리겠습니다"라고 말했다. 그러자 그는 "제가 그렇게 할 수는 없습니다. 하지만 손님께서 카펫 두 개를 그 가격에 사시겠다면 지배인님께 한번 여쭤봐야겠습니다. 지금 자리에 계신지 확인해보겠습니다"라고 대답했다. 몇 분이 지나 잘 차려 입은 중년의 남자가 그 방으로 들어왔다. 그가 "코헨 씨, 카펫 두 개 대금을 어떤 식으로 지불하시겠습니까?"라고 물었다.

"우선 현금으로 4,000달러를 드리고, 신용카드로 3,500달러를 드리겠습니다."

우리는 이렇게 흥정을 마치고 차를 마시면서 담소를 나누었다. 운전수는 호텔로 돌아오는 길에 우리가 카펫을 구입했는지 물어보고는 그 회사의 명성과 제품의 품질에 대해 또다시 이야기하려고 했다. 여기서 얻는 교훈은 호텔에서 시작된 마케팅은 처음부터 끝날 때까지 다양한 형태로 계속되어야 한다는 것이다.

과연 우리가 거래를 잘했는가? 아마도 그럴 것이지만 다른 사람이 우리보다 더 잘했을 수도 있다. 우리가 간 곳은 중동 지역이었다. 그러나 우리가 결코 4,000달러까지는 지출하려고 하지 않았다는 사실을 생각해야 한다. 우리는 이보다 두 배 가까이 되는 돈을 지출했다. 우리는 호텔에서 카펫 가격이 거리의 가게나 그랜드 바자에서 부르는 가격보다 훨씬 더 높을 것이라는 이야기를 들었기 때문에 마음의 준비가 되어 있었다. 하지만 회사의 평판이나 제품의 품질에 절대적인 확신 없이는 4,000달러조차도 지출하지 않았을 것이다. 우리가 휴가지에 있었다 해도 때로는 생각보다 더 많은 돈을 지출했을 수도 있다. 그러나 4,000달러는 큰돈이다. 특히 거리의 가게나 그랜드 바자에서 부르는 가격이 이보다 훨씬 더 낮은 상황에서는 말이다. 이 회사에서는 모든 부서가 나서서 마케팅을 했고, 이것은 그렇게 하지 않았을 때보다 매출 증대에 큰 도움이 되었다.

드러커는 자기가 처방한 약을 복용했는가?

드러커는 젊은 시절 글재주를 바탕으로 신문기자로 활동했다. 처음에는 독일어로, 나중에는 영어로 글쓰기 능력을 개발했다. 드러커가 컨설팅을 하면서 과연 '드러커의 마케팅' 방법을 활용했는지를 생각하려면 먼저 드러커가 원래 기사나 책 쓰는 일을 하고, GM을 상대로 컨설팅을 하고 나서 다시 기사나 책 쓰는 일을 하는 것을 통하여 컨설턴트가 되었다는 사실을 염두에 두어야 한다. 따라서 그는 컨설턴트로 자리를 잡기 위해 자신이 제공하는 서비스에 대한 영업 활동을 하지는 않았다. 의뢰인들은 그의 글을 읽고서 찾아왔다. 그리고 이것은 컨설턴트가 되는 최적의 관문이 되었다.

나도 드러커와 비슷한 방식으로 컨설턴트가 되었다. 확실히 이 방식은 마케팅이 영업을 포함한 기업의 다른 기능보다 으뜸가는 기능이라는 드러커의 마케팅 기본 원리에 적합하다. 더구나 이 방식은 드러커가 미래의 고객이 원하고 가치를 두는 상품을 가지고 있다는 사실을 거의 저절로 확인시켜준다. 그 상품을 고객이 원하지 않고 가치를 두지 않는다면 드러커는 책을 쓰거나 잡지에 기고하지 않았을 것이다. 게다가 책을 쓰거나 〈하버드비즈니스리뷰〉에 논문을 게재하는 것에서 강의 테이프, 비디오 제작, 세미나나 워크숍에 참석하는 것에 이르기까지 드러커가 하는 일의 모든 부분이 드러커의 마케팅을 위한 노력과 연관되어 있다.

그러나 오해해서는 안된다. 내가 하는 말은 드러커가 컨설턴트로서 자리를 잡는 과정에서 의도적으로 어떠한 마케팅 전략을 따른 것은 아니지만 그럼에도 결과가 그렇게 되었다는 것을 의미한다. 더구나 의도하든 의도하지 않았든 드러커는 자신의 컨설팅 사업을 통해 '허쉬 신드롬Hershey Syndrome'을 낳았다. 그는 더 이상 의뢰인을 얻기 위해 글을 쓸 필요가 없었다. 나는 그가 현역에서 은퇴한 지 꽤 오래되고 나이가 90대가 되었을 때도 컨설팅 의뢰가 들어왔을 것이라고 확신한다. 허쉬처럼 말이다.

"이것은 미국인에게 일종의 기본 식품을 의미하는 브랜드입니다. 이것은 여러 세대를 거쳐서 내려온 것입니다. 우리는 어린 시절에 이것을 즐겨 먹었던 추억을 떠올릴 수 있습니다."

마지막에 나오는 단어 몇 개가 조금은 과장되었기는 하지만 당신은 내가 하는 말의 의미를 이해할 것이다.

나는 드러커가 하는 컨설팅 업무가 드러커의 마케팅이 갖는 마케팅 원리를 확인시켜줄 것이라고 생각한다. 그는 마케팅에서 자신이 권하는 것을 설명하기 위하여 '드러커의 마케팅'이라는 용어를 직접 사용한 적은 없었다.

6장

드러커가 생각하는 윤리와 진실성의 기반

드러커가 생각하는
윤리와 진실성의
기반

드러커는 윤리와 진실성을 모든 기업과 개인의 행위에 따르는 기반
으로 보았다. 그러나 문화마다 차이가 있고, 이러한 기반을 통하여
행위를 하는 데도 어려운 문제가 많다는 것을 인식했다. 따라서 그는
자신의 재능을 총동원하여 모든 형태의 윤리와 진실성을 조사했다.
그는 이 한 가지 주제만을 가지고도 어렵지 않게 책 한 권을 써냈다.
모든 종류의 기관에서 자신을 찾아온 의뢰인들에게 드러커는 많은
오류를 범할 수 있음에도 자신의 진실성을 유지하기 위한 단 하나의
지령을 준수하면 좋은 형태를 유지할 수 있다고 말했다. 또한 의뢰인
들에게 '기업 윤리'라는 것은 없지만 진실성 없이는 성공할 수 없다고
말했다.

개인의 삶과 기업의 활동에서 윤리와 진실성 사이에 뚜렷하게 나타
나는 갈등을 해결하기 위해 드러커의 지령을 준수하는 의뢰인들은
드러커의 권고라고 말로만 하는 의뢰인들보다 성공할 가능성이 더
높다. 드러커는 강의나 자신의 저작을 통하여 도덕과 법에 나오는 윤
리와 진실성의 차이를 뚜렷하게 구분한 논평으로 인정을 받았다. 고
객을 즐겁게 하기 위해 매춘부를 부르는 것이 윤리적인가 비윤리적
인가는 잘못된 질문이다. 드러커에 따르면, 이것은 윤리에 관한 질문

이 아니라 미학에 관한 질문이다. 다시 말하자면, "나는 면도를 하면서 거울에 비치는 나 자신을 바라볼 때 매춘 알선업자로 보이기를 원하는가?"라고 질문해야 한다.

드러커의 거짓말

2014년, 드러커의 아내 도리스가 103세를 일기로 세상을 떠났다. 나는 그녀가 살아생전에 이런 말 하는 모습을 자주 보았다.

"나는 강한 가치관과 높은 윤리관을 가진 똑똑하고 재력이 있는 남편을 가진 축복받은 사람이다."

드러커는 자신의 이야기와 경험을 토대로 자기가 집중적인 학습, 분석, 사색을 통해 배운 것을 학생, 독자, 청중, 컨설팅 의뢰인에게 가르쳤다. 그러나 때로는 자신의 결론을 보여주기 위하여 사용했던 사례 때문에 비난의 대상이 되기도 했다. 그는 자신의 생각을 표현하는 과정에서 때로는 사실을 잘못 진술하기도 했다. 그렇다. 그리고 이에 대하여 문제가 제기될 때 드러커는 비난을 회피하지 않았다. 그의 반응은 항상 이랬다.

"저는 역사가가 아닙니다. 다만 제 생각을 밝히려고 했을 뿐입니다."

나는 드러커가 자신의 결론 혹은 자신이 추천하는 경영을 위한 해결 방안에 동의하지 않는 사람들로부터 비난의 대상이 되었다는 이야기를 들었다. 예를 들어, 그들은 목표 관리Management by Objectives(측정 가능한 특정 성과 목표를 상급자와 하급자가 함께 합의하여 설정하고, 이러한 목표에서 달성해야 할 책임 부문을 명시하며, 이후의 진척 상황을 정기적으로 점검한 후 진도에 따라 보상하는 경영 시스템 – 옮긴이)가 관리자를 평가하기 위한 더욱 공정하고 정확한 수단이며, 관리자가 조직의 현재 목표에 집중할 수 있도록 해준다는 드러커의 주장에 정면으로 반대했다.

게다가 드러커를 비난하는 사람들은 그의 상당히 현실적인 해결 방안이 정말 과학적인 연구에 기반을 둔 것인지에 대해서도 의문을 제기했다. 그러나 나는 드러커가 윤리나 진실성이 결여된 것으로 비난받았다는 이야기는 들어본 적이 없다. 그는 때로 자신이 제시하는 사례의 정확성에 대해 무관심했을 수도 있지만 진실성에 대해서는 결코 그렇게 하지 않았다. 그는 거짓말을 하거나 속임수를 쓰거나 남의 생각을 도용하지 않았고, 그렇게 하는 사람을 너그럽게 봐주지도 않았다. 그는 내가 만났던 사람 중에서 컨설팅이든 사업과 관련된 거래든 개인 생활이든 가장 윤리적으로 행동하는 사람이었다.

나는 그의 윤리관이 컨설팅 사업에 중요한 역할을 했고, 다른 사람에게도 모범 사례로 인식되어야 한다고 믿는다. 고대 사람들이 리더십에 관한 지혜를 가지고 있었고 이러한 지혜에 관한 책이 지금부터 2,000년 전에 출간되었다는 드러커의 훈계가 담긴 수천 달러의 가치를 지닌 강연 계약을 거부할 사람이 그다지 많지는 않을 것이다.

드러커의 윤리와 사람들이 흔히 말하는 윤리

그러나 드러커의 윤리는 사람들이 흔히 말하는 '윤리'와 항상 같지는 않다. 드러커는 기업 윤리를 믿지 않았고, 세상에는 기업 윤리라는 것이 없으며 오직 윤리만이 있다고 힘주어 말했다. 어떤 컨설턴트가 윤리와 관련하여 드러커의 생각을 따르겠다고 한다면 나는 기꺼이 그렇게 하라고 말할 것이고, 그의 생각과 그 이면에 있는 것을 이해하는 것이 중요하다는 말도 해줄 것이다. 이러한 이해가 있어야만 드러커의 윤리관을 우리 자신의 컨설팅 업무와 의뢰인을 다루는 일에 대한 지침으로 활용할 수 있을 것이다.

윤리적인 결정이 생각보다 더 복잡할 수 있다

윤리적으로 어려운 문제는 많고 이것은 중요한 의미를 지닌다. 의뢰인들은 컨설팅에 대한 수수료를 지급한다. 그렇다고 해서 그들이 당신이 제출하는 보고서나 당신의 의견에서 결론을 생략하거나 덜 강조하거나 왜곡하라고 말할 권리가 있는가? 제품, 서비스, 사업의 미래에 대한 긍정적인 생각들 간의 차이가 어느 지점에서 컨설턴트가 거짓을 말하게 할 정도로 사실과 달라지기 시작하는가? 법에 있어서도 광고주가 '세계에서 가장 좋은 햄버거'라고 주장하는 것을 허용하지 않는다. 비록 대다수가 이러한 진술이 기껏해야 입증할 수 없는 목표이자 사실이라고 생각하더라도 말이다.

그러나 윤리적으로나 법적으로나 한계는 있다. 언제 누군가의 감정을 자극하지 않기 위해 하는 선의의 거짓말이 도저히 받아들일 수 없는 뻔뻔스러운 거짓말이 되는가? 이 문제는 컨설턴트가 수시로 직면하는 문제고 늘 수박 겉핥기식으로 다루어지는 문제다.

우리는 무엇에 대하여 이야기하고 있는가?

진실성, 윤리, 도덕, 준법, 명예의 개념은 서로 긴밀하게 연관되어 있지만 같은 것은 아니다. 드러커는 진실성에 대한 요구에 관하여 이야기했고, 기업 윤리에 관한 문제도 제기했다. 여기서 다루는 개념들과 그 밖의 연관된 개념들을 구분하는 것은 중요한 작업이다. 나는 여기서 이러한 개념들을 지나칠 정도로 단순화했지만 이것이 드러커의 견해를 이해하는 데 필요하다고 생각한다.

윤리는 가치에 관한 규약이다. 진실성은 가치에 관한 이러한 규약을 준수하는 것이다. 도덕은 이러한 준수의 바탕을 의미한다. 드러커는 명예를 진실성과 정직을 보여주는 것으로 정의하면서 명예로운 사람은 '자신이 정한 원칙을 지키는 사람'이라고 했다.

드러커의 저작은 드러커가 이러한 개념들에 관하여 많은 생각을 했음을 보여준다. 이러한 개념에 대한 이해가 특히 어려웠던 이유는 각각의 개념에 대한 고유의 해석이 무엇이 올바른 것인지 그렇지 않은 것인지를 결정하기 때문이었다. 드러커는 17세기 물리학자이자 수학자, 철학자인 블레즈 파스칼Blaise Pascal이 했던 "피레네 산맥의 이쪽 면에서 진실인 것은 저쪽 면에서는 거짓이다"라는 말의 의미를 정확하게 이해했다. 그는 어느 한 집단의 문화에서 인정하는 것 혹은 윤리적 행위를 위해 요구하는 것이 다른 집단의 문화에서는 전혀 그렇지 않고 심지어는 비윤리적 행위로 간주될 수 있다는 사실도 인식했다.

드러커가 교실에서 자주 언급했던 일본 기업이 월급이 적은 공직자가 재임 중에 했던 행위를 통하여 혜택을 입은 경우 그 사람이 퇴직하고 나서 보답하는 관행이 하나의 사례가 될 수 있다. 미국에서는 이러한 관행이 비윤리적이고 부정한 행위에 해당한다. 그러나 일본에서는 이것이 윤리적이고도 적절한 행위로 간주된다. 나는 드러커가 교실에서 했던 이 이야기를 이러한 문제를 보여주기 위한 사례로서 수시로 언급했고 이 책의 1장에서도 말한 바 있다.

드러커는 이 이야기에 나오는 일본인 CEO의 행위가 일본에서는 윤리적 의무로 간주되고 전혀 비윤리적이거나 불법이 아닌 이유를 설명했다. 그는 우리에게 "일본에서는 공직자들이 받는 월급이 얼마 안 됩니다. 퇴직금으로는 노후 생활이 아주 힘들죠. 따라서 그들이 퇴직할 때는 그들이 재임 중에 했던 행위를 통해 혜택을 받은 기업이 그들을 금전적으로나 아니면 다른 방법으로 도우려고 합니다. 그들이 퇴직금으로는 생활하기가 힘들기 때문에 이것은 적절하고도 윤리적인 행위로 인식됩니다"라며 일본인 CEO의 행위가 올바르다는 결론을 내렸다. 다만 미국에서는 이러한 행위가 비윤리적이고 심지어는 불법으로 간주되기 때문에 미국의 기준을 따라야 한다고 했다.

그런데도 드러커는 이른바 '상황 윤리Situational Ethics'라는 것에는 동의하지 않았고, 이에 대해서 경고의 말을 남겼다. 다시 말하자면, 사람은 개인 생활에서 이렇게 행동하고 직장 생활에서는 저렇게 행동해서는 안 된다는 것이다. 또한 개인이나 조직의 윤리적 행위에는 사회적 책임이 따라야 한다고 믿었다. 그는 여기에서도 좋은 일을 하려고 했지만 고객,

조직, 사회에 해를 끼치는 기업의 예를 들었다. 그는 특정한 상황에서는 기업의 사회적 책임이라고 여겨지는 것을 해서는 안 되며 그것이 비윤리적인 행위로 인식될 수도 있음을 경고했다.

윤리와 진실성에 대한 드러커의 입장이 논쟁의 대상이 될 수도 있다. 하지만 우리는 드러커의 입장이 그가 의뢰인들을 다루고 자신의 경영 개념을 컨설팅에 응용하는 데 있어 생각의 근간을 이루기 때문에 이를 이해할 필요가 있다.

법과 윤리의 차이

드러커는 중요한 차이를 인식했다. 즉, 법은 윤리 혹은 진실성과는 별로 관계가 없다는 것이다. 그는 법과 윤리가 같지 않다는 사실을 분명히 하면서 두 가지 사례를 제시했다.

1860년대는 미국의 노예제도가 합법적이었다. 게다가 1850년대 후반 대법원은 드레드스콧판결Dred Scott Decision에서 미국 흑인은 자유주(州)로 이주하더라도 미국 시민이 될 수 없다고 했다. 이 법에 따르면, 미국 독립선언Declaration of Independence은 흑인에게는 해당되지 않았고, 미국 헌법도 그들에게 아무런 보호가 되지 못했다. 따라서 당신이 법과 윤리가 같은 것이라고 주장한다면, 당시 미국 흑인에게 헌법상의 권리를 부여하기 위해 법을 뒤집으려고 했던 사람은 법을 위반했을 뿐만 아니라 비윤리적인 행위를 했다고 말하게 되는 것이다. 하지만 분명한 사실은 비윤리적인 측면은 법에 있었을 뿐 이를 위반하는 사람에게는 있지 않았다.

드러커가 제시한 두 번째 사례는 히틀러 치하의 독일과 관련이 있다. 히틀러 치하의 독일은 독일 거주 유대인에게 독일 시민의 권리를 부여하지 않고 각종 제약을 가하는 뉘른베르크 법Nuremberg Laws을 통과시켰다. 독일 시민으로서 당신이 이 법을 회피 혹은 위반하거나 이 법을 위반하는 유대인을 신고하지 않으면 당신은 법을 위반했기 때문에 교도소에 가거나 이보다 더 나쁜 상황에 처해진다.

이러한 위반 행위로는 유대인과 결혼하거나 이러한 결혼식을 집전하거나 유대인이 하는 일을 돕거나 학교 교육에서 직업 활동에 이르기까지 그 밖의 다른 방식으로 제약을 가하는 법을 위반한 사실을 신고하지 않는 것까지도 포함된다. 이것이 독일의 법이었다. 분명한 사실은 이 법을 위반하는 것이 비윤리적인 행위는 아니라는 것이다. 다시 말하지만, 비윤리적인 측면은 법에 있었다. 그럼에도 우리는 좋은 법이든 나쁜 법이든 법을 지키지 않으면 처벌받을 수 있다. 그렇지만 이것은 윤리와는 아무런 관계가 없다.

강요와 뇌물에 관한 드러커의 생각

드러커는 뇌물에 있어 이를 제공할 것을 강요당한 피해자의 입장에서 보면 바람직하지 않다는 점을 지적했다. 그러나 최근 미국에서는 의회가 1977년 해외부정거래방지법Foreign Corrupt Practices Act을 제정하면서 해외에서 뇌물을 제공하는 행위를 불법으로 규정했다. 이 법이 제정되자마자 미국의 록히드Lockheed사가 뇌물 제공 혐의로 기소되었다. 록히드사의 임원들이 전일본공수全日本空輸가 L-1011 제트 여객기를 구매하도록 협력하는 조건으로 그 대가를 요구하는 일본 공직자들에게 뇌물을 제공했기 때문이다. 결과적으로 록히드사 회장 다니엘 허튼Daniel Haughton과 부회장 칼 코치안Carl Kotchian은 1976년 초에 명예롭지 못한 사임을 해야 했다. 그렇지만 이들은 L-1011 판매를 통해 개인적으로는 한 푼도 챙기지 않았다.

이 두 사람은 왜 그와 같이 어리석은 행동을 했는가? 1972~1973년에 미국 정부가 군용기와 미사일 주문을 크게 줄이면서 록히드사의 종업원 2만 5,000명이 해고의 위협에 직면해 있었다. 또한 외국의 L-1011 엔진 공급업체가 경영이 어려워지면서 납품을 지체하자 항공사들이 L-1011 주문을 취소하기에 이르렀다.

대규모 L-1011 판매 계약을 성사시키지 못하면 록히드사 종업원들 중 상당수가 일자리를 잃게 될 상황이었다. 이 두 사람은 뇌물을 제공하면서 금전적으로나 그 밖의 다른 측면에서 아무런 대가를 받지 않았다. 그들이 뇌물을 제공한 것은 오직 종업원들을 해고하지 말아야 한다는 일념에서 비롯된 것이었고, 이것은 사회적 책임을 수행한 것이라고 말할 수도 있다. 더구나 주식시장 애널리스트들은 록히드사가 뇌물을 제공하는 대신 L-1011을 포기했더라면 회사의 수익, 주식 가격, 상여금, 이 두 사람에게 지급하는 스톡옵션은 크게 증가했을 것이라고 말한다. L-1011이 엔진이 제때 들어오지 않아서 이제는 더 이상 수익을 창출하지 않는 실패한 기종이라는 것은 모두 알고 있는 사실이었다. 실제로 L-1011 프로젝트는 이번 판매와 그 밖의 판매에도 불구하고 전혀 돈벌이가 되지 않았다.

드러커는 다음과 같은 점을 분명히 했다. 그는 뇌물을 제공하는 것은 어리석은 행위라고 생각했다. 경영자들은 L-1011 프로젝트를 폐기했어야 했다. 그러나 이 두 사람의 행위가 법을 위반하는가? 혹은 기업 윤리에 위배되는가? 드러커는 그들이 뇌물을 제공하면서 아무런 혜택을 받지 않았고 모든 것을 잃었다는 점에 주목했다. 그들은 피해자였다. 법에서는 강도 혹은 다른 범죄의 피해자들을 처벌하지 않는다. 그런데 왜 뇌물 제공의 피해자를 처벌하려고 하는가?

대부분의 국가가 뇌물 제공을 범죄 행위로 규정한다. 그럼에도 뇌물을 주고받는 일이 반복적으로 일어나고 일부 국가에서는 관행이 되기도 한다. 많은 사람이 드러커가 앞에서 예로 들었던 일본인 CEO가 재임 중에 자기 회사를 도왔던 공직자들에게 회사가 보답할 것이라고 약속한 것 혹은 적어도 공감하게 한 것은 일종의 뇌물이라고 생각한다. 그러나 일본인들은 이를 다르게 이해한다. 사례금 제공을 사업을 위한 관행으로 간주하는 국가에서는 제정된 법을 미국처럼 이러한 문화를 갖고 있지 않는 국가에서나 적용되는 겉치레에 불과한 것으로 생각하고 무시해버린다. 서구 국가의 어느 주요 항공기 수출업체에서 일하는 마케팅 임원은 나에게 자기 회사는 사업을 위하여 일상적으로 뇌물을 제공한다고 말했는데, 일례로 뇌물을 받은 공직자가 퇴직했을 때는 두 배를 지급해야 한다고 전했다.

또한 드러커는 범인에게 보호를 조건으로 뇌물 제공을 강요당하는 일반 시민은 위협을 받는 상황에서 무기력한 피해자라는 점을 지적했다. 개인적으로나 기업의 일원으로서 뇌물 제공을 강요당하는 것은 확실히 바람직하지 않은 일이다. 그러나 이것은 뇌물 제공을 강요당하는 개인의 입장에서 윤리적인 문제는 확실히 아니다. 드러커는 기업이라고 해서 다르게 판단되어야 한다고 생각하지 않았고, 개인이 했더라면 비도덕적이거나 불법적이지 않는 행위가 기업 조직의 맥락에서 했을 경우 비도덕적이거나 불법적인 행위가 된다고 주장하는 이처럼 '새로운 기업 윤리'에 대해서는 단호하게 반대했다. 이러한 행위가 어리석은 것일 수 있고, 불법적일 것일 수 있고, 잘못된 것일 수 있다. 그러나 이러한 행위가 반드시 '기업 윤리'인 것은 아니다.

윤리적 접근 방식에 관한 드러커의 분석

앞서 드러커가 윤리를 진지하게 검토했다는 이야기를 했다. 그는 일반적인 윤리 원칙을 보여주는 사례를 분석하면서 행동과 양심의 문제에서 옳고 그름의 결정을 살펴보았다. 이것은 '비용 편익 윤리' 혹은 '더 많은 이익을 위한 윤리'로 불릴 수 있다. 본질적으로 이것은 CEO, 왕, 대통령과 같은 권력자가 자신의 행동을 통하여 타인에게 혜택을 준다면 그들은 더 높은 의무를 지닌다는 것을 의미한다. 따라서 거짓말을 하는 것은 잘못이지만 국가나 기업, 조직의 이익을 위해 때로는 거짓말을 해야 한다는 것이다. 이러한 접근 방식은 '결의론Casuistry(사회적 관습이나 교회, 성경의 율법에 비추어 도덕 문제를 해결하려는 중세 스콜라 철학의 윤리학 이론-옮긴이)'에 이르게 한다. 드러커는 이것을 '사회적 책임의 윤리'라고 일컬었는데, 이는 드러커가 '기업 윤리'라는 용어를 싫어하는 것과도 관계가 있다.

2015년 배우 톰 행크스Tom Hanks를 일약 스타로 만든 할리우드 영화 〈스파이 브릿지Bridge of Spies〉가 개봉했다. 이 영화에서는 소련에서 붙잡힌 미국인 U-2 항공기 조종사 프랜시스 게리 파워스의 석방을 위해 미국에 억류되어 있는 소련 스파이 루돌프 아벨과의 교환을 전제로 하는 협상 과정을 다룬다. 파워스가 소련 상공에서 격추되어 생포되었다는 사실이 알려지기 전까지 아이젠하워 대통령은 파워스가 스파이 임무를 띠고 있었다는 사실에 대해 공식 석상에서 거짓말을 했다. 나는 이 상황에서 아이젠하워 대통령이 윤리적으로 문제가 있다고 생각하지 않는다. 그는 더 많은 이익을 위해, 더 높은 책임을 위해 거짓말을 한 것이다.

이와 마찬가지로 결의론의 관점에서 보자면 록히드사 임원들이 일본 공직자들에게 뇌물을 준 것은 자신의 이익을 챙기기 위한 행위가 아니라 종업원들을 보살피기 위한 행위였기 때문에 일종의 의무이자 더 높은 책임을 이행한 것이다. 이것은 상당히 고결한 행동으로 보이지만 드러커는 이것이 기업의 리더가 다른 누군가를 위해 하는 비윤리적인 행동을 정당화하려는 목적으로 쉽게 사용될 수 있기 때문에 기업 윤리로 인식하기에는 매우 위험한 생각이라고 주장했다. 드러커는 이 문제에 대해 조사를 계속했다.

사려의 윤리

사려는 조심스럽고 신중하게 생각하는 것을 의미한다. 이것으로 윤리적인 접근을 설명하기에는 상당히 독특한 철학이지만 틀림없이 도움이 되는 측면이 있다. 내가 공군 장성이 되던 시절에는 신임 장성을 위한 특별과정을 이수해야 했다. 우리는 이 과정을 이수하면서 군과 민간의 지도자에게서 강의와 충고를 들었다. 내가 이번 주제에 관한 이야기를 국방장관 혹은 선배 장성에게서 들었는지는 정확하게 기억하지 못하지만, 누군가가 우리에게 상당히 훌륭한 충고를 해준 것만은 분명하다. 그는 "⟨더 에어포스 타임스The Air Force Times⟩의 1면에 나올 만한 당신이 원치 않는 행동이라면 절대로 하지 말라"고 말했다. 이 말은 분명히 그의 수강생들에게서 윤리적 행동을 위한 강력한 동기가 되었다.

드러커도 이와 비슷한 사례를 제시했다. 그것은 해리 트루먼Harry Truman 대통령이 2차 대전 초기 상원의원으로 활동하던 시절에 자신이 속한 위원회에 출석한 어느 육군 장성 증인에게 했던 다음과 같은 충고였다.

"장군은 상원위원회에 출석하여 설명해야 할 필요가 있는 것이라면 절대로 하지 말아야 한다. 장군이 상원위원회에서 설명할 수 있는 것이라고는 아무것도 없다."

이런 식의 접근은 문제를 회피하기 위한 상당히 훌륭한 충고가 될 수 있다. 그러나 이것은 윤리적 의사 결정을 위한 훌륭한 기반이 되지는 못한다. 우선 이것은 당신에게 무엇이 올바른 행동인가에 대해서는 아무런 말도 해주지 않는다. 또한 조직의 리더는 위험하고도 특히 일이 잘못되면 설명하기 어려운 결정을 내려야 한다. 현역 복무 중인 공군 장성이라면 누구라도 ⟨더 에어포스 타임스⟩의 1면에 자기 이름이 나올 만한 논란이 되는 행동을 하는 것을 원치 않을 것이다. 더구나 상원위원회에 출석하여 추궁을 당하는 것이라면 더욱더 원치 않을 것이다. 그럼에도 이러한 결정이 정확한 결정일 수 있고, 이처럼 원치 않는 결과에 이르게 할 수도 있다.

수익의 윤리

드러커는 자신이 '수익의 윤리The Ethics of Profit'라고 일컫는 것에 관하여 성찰했다. 이것은 당신이 생각해보지 않았던 주제일 것이다. 드러커는 수익을 제한하는 것에 대해서는 아무 것도 말하지 않았다. 추후 우리는 수익 극대화에 관한 드러커의 견해를 살펴볼 것이다. 이와는 훨씬 더 대조적으로 드러커는 기업이 적어도 자본비용에 해당하는 금액의 수익을 창출하지 않으면 이는 곧 사회적 자원을 낭비하는 것을 의미하기 때문에 사회적으로 무책임하고 확실히 비윤리적인 것으로 보았다.

드러커는 수익을 정당화하는 유일한 논리적 근거는 비용이라고 믿었다. 그는 기업의 리더들에게 다음과 같이 말했다.

"당신이 자본비용을 충당하고 혁신을 지원할 수 있는 만큼의 충분한 수익을 벌어들이고 있는지를 확인하라. 그렇지 않다면 앞으로 어떻게 할 작정인가?"

드러커는 일종의 윤리적 측정 지표로서 수익은 동기로 작용하는 도덕적 기반이 매우 취약하며 진정한 비용과 같을 때, 특히 일자리를 유지하면서 새로운 일자리를 창출하기 위한 유일한 수단일 때만 정당화될 수 있다고 말했다.

나는 2008년 어느 정유 회사의 CEO가 휘발유 가격이 상승(이후로는 크게 하락했다)할 당시에 의회조사위원회의 질문에 다음과 같이 대답한 것이 무척 흥미로웠다.

"수익이라는 것은 없다. 모든 달러는 탐사 및 연구개발과 함께 이 사업을 운영하는 데 쓰인다."

그 CEO가 정말 이렇게 대답했다면, 드러커는 확실히 이 말에 동의했을 것이다. 비록 정유 부문에 종사하지 않는 사람들이 이해하거나 인정하기가 아주 어렵더라도 말이다(이 말은 분명히 위원회를 만족시키지 않았고, 트루먼 대통령이 장군들에게 전하는 충고를 확인시켜줄 뿐이다).

유교 윤리

드러커는 유교 윤리를 '모든 윤리 중에서 가장 성공적이고도 가장 오래가는 윤리'라고 생각했다. 유교 윤리에 따르면 원칙은 모든 사람에게 똑같이 적용된다. 하지만 상호의존에 바탕을 둔 5가지 기본적인 관계에 따라 다르게 적용되는 일반 원칙이 있다. 이러한 5가지 관계는 나이가 많은 사람과 적은 사람, 부모와 자식, 남편과 부인, 형제, 친구를 말한다. 각각의 관계에서 올바른 행동은 서로에게 최대한 도움이 되도록 다르게 나타난다.

유교 윤리는 부모와 자식, 직장 상사와 부하직원에게 동등한 의무를 요구한다. 즉 모두가 서로 동등한 의무를 갖는다. 드러커는 이것이 미국을 포함한 많은 국가에서 어느 한쪽이 의무를 갖고 다른 한쪽이 권리 혹은 자격을 갖는 기업 윤리로 간주되는 것과는 양립될 수 없다고 보았다. 비록 확실히 그가 자신이 '상호의존의 윤리The Ethics of Interdependence'라고 일컫는 유교 윤리가 훌륭하다고는 생각했지만 이것이 집단이 아닌 개인 간의 쟁점을 다루기 때문에 기업 윤리에는 적용될 수 없다. 유교 윤리에 따르면 오직 법만이 집단의 권리와 의견 차이의 문제를 다룰 수 있다.

드러커의 결론

드러커는 오늘날 우리가 알고 있는 기업 윤리라는 것은 없다고 결론지었다. 기업 윤리라는 것을 성문화하려면 그것은 나쁜 행실이 아니라 올바른 행실에 집중하는 유교 윤리에 바탕을 두어야 한다고 생각했다. 드러커가 믿는 핵심은 컨설턴트라면 다음과 같은 내용을 윤리에 관한 자신의 철학으로 받아들여야 한다는 것이다.

1. 개인의 책임에 대한 윤리는 히포크라테스가 주는 가르침에서 나온다.

"무엇보다도 해를 입히지 말라."

비록 드러커를 비롯한 많은 사람이 히포크라테스 선서에 나오는 이러한 선서를 했다고 전해지지만 그것은 사실이 아니다. 위키피디아의 사이트 (http://en.wikipedia.org/wiki/Primum_non_nocere)를 참조하라.

2. 거울 테스트: 매일 아침마다 거울을 볼 때 내 얼굴이 어떤 종류의 사람으로 비치기를 원하는가?

7장

드러커의 컨설팅 모델은 질문을 하는 것이다

드러커의 컨설팅 모델은 질문을 하는 것이기 때문에 그의 컨설팅 방법은 다른 컨설턴트들의 방법과는 커다란 차이가 있다. 드러커는 인정받는 천재임에 틀림없다. 다수의 컨설턴트들이 '매우 똑똑한 사람' '자기 생각을 능숙하게 전달하는 사람' '카리스마가 있는 사람' '혁신하는 사람' '타고난 영업맨'이라는 평판을 듣는다. 그러나 드러커는 다른 말이 필요 없는 천재다. 아마도 이러한 사실은 컨설팅의 기능을 특정한 방식으로 수행하기 위한 드러커의 접근 방식에서 그 차이가 드러나지만 이보다 더 중요한 것이 있다.

1인 기업으로 성공한 컨설턴트들은 공동 경영자가 되거나 제휴자를 찾거나 직원을 고용한다. 간단히 말해, 그들은 사업을 확장한다. 많은 사람이 드러커의 컨설팅 사업을 바라보면서 그가 사업을 확장하지 않는 사실에 주목한다.

이번 장에서 규모가 큰 컨설팅 기업을 살펴보는 것은 드러커의 컨설팅, 특히 그의 컨설팅 방법론에 관하여 내가 하는 말 의미를 이해하는 데 도움이 될 것이다.

3대 컨설팅 기업은 어떻게 성장해왔는가?

거대 컨설팅 기업은 대다수가 1인 컨설팅 기업에서 출발했다. 세계에서 가장 권위 있고 규모가 큰 맥킨지 앤 컴퍼니는 연간 매출 규모가 78억 달러에 달하고 직원 수가 1만 7,000명에 달한다. 그럼에도 이 회사는 시카고대학교 회계학 교수 제임스 맥킨지가 1926년에 회계의 원칙을 일반 경영에 적용해보려는 생각으로 설립한 1인 기업으로 출발했다.

이와 비슷한 또 다른 기업이 있다. 보스턴컨설팅그룹은 성경책 판매원 출신의 브루스 헨더슨Bruce Henderson이 1963년에 설립한 기업으로 첫 달 매출액이 500달러에 불과했다. 2014년 이 회사는 매출이 45.5억 달에 달했고, 전체 직원 9,700명 중에서 컨설턴트가 6,200명에 이른다.

빌 베인Bill Bain은 여섯 명의 동료들과 함께 1973년 베인 앤 컴퍼니Bain & Company를 설립했다. 그는 보스턴컨설팅그룹의 부회장 출신으로 베인 앤 컴퍼니를 설립하기 위해 사직했다는 점에서 앞선 두 명의 설립자와는 조금은 다른 점이 있었다. 그는 컨설턴트가 되기 전에는 밴더빌트대학교의 개발부장으로 있었다. 오늘날 그의 회사는 세계 33개 국가에서 51개 영업소를 운영하고 있으며, 앞에서 말한 다른 두 개 컨설팅 기업과 함께 3대 컨설팅 기업 중 하나로 자리 잡고 있다.

어떤 이들은 드러커가 생전에 드러커 앤 어소시에이츠 혹은 드러커컨설팅그룹과 같은 것을 쉽게 출범시켰을 것이고, 자신의 재능과 명망을 십분 활용하여 수입을 몇 천배나 늘렸을 수도 있었을 것이라고 말한다. 그는 많은 돈을 벌었지만 앞에서 말한 세 명의 컨설턴트 수준에는 비할 바가 못 되었다. 그는 자신의 1인 기업을 결코 확장하지 않았다. 제임스 맥킨지는 컨설팅 회사의 발전을 위해 총력을 기울이고자 시카고대학교 교수 생활을 접었고, 브루스 헨더슨은 성경책 판매를 오래 전부터 중단했다. 빌 베인 역시 자신의 컨설팅 회사를 출범시키기 위해 보스턴컨설팅그룹에서 나왔지만 드러커는 거의 세상을 떠날 때까지 경영학 교수 생활을 계속했다.

그렇다. 드러커는 평생 동안 일이 끊이지 않았고 수임료를 많이 받는 경영 컨설턴트로 살았다. 그러나 그는 자신을 과학자, 특히 사회생태학자로 정의했다. 1인 컨설팅 기업을 고수하며 자신의 컨설팅 모델에서 특별한 차이가 생기도록 했다. 오늘날 3대 컨설팅 기업의 컨설턴트조차도 이러한 차이를 유익하게 활용할 수 있다. 1인 독립 컨설턴트는 대형 컨설팅 기업의 단독 의뢰인을 위한 프로젝트에 배정된 컨설턴트들로 구성된 팀이 이루어내는 성과를 똑같이 이루어낼 수는 없다. 따라서 드러커는 이러한 사실 하나만으로도 그들과는 크게 다른 접근 방식을 찾아야 했다.

나는 물질적이든 정신적이든 더욱 최적화된 모델은 때때로 일부 제약에서 나오는 우연한 결과라는 사실을 깨달았다. 웨스트포인트West Point 4학년 생도 시절에 나는 2차 대전 당시 독일 공군 루프트바페Luftwaffe 소장 출신으로 미국에 와서는 벨연구소Bell Labs에서 근무하던 발터 도른베르거Walter Dornberger의 강연에 참석한 적이 있다. 그는 2차 대전 당시 페네뮌데Peenemünde에 있던 독일 로켓의 비밀 연구소에서 베르너 폰 브라운Werner von Braun의 직속 상사로서 V-2로켓의 실질적인 발명자였다. 강연 도중에 어느 생도가 미사일의 크기에 관하여 질문했는데 도른베르거는 이렇게 대답했다.

"선택의 여지가 없었습니다. 우리는 미사일을 발사장으로 옮기려면 어느 길로 가야 하는지를 알고 있었기 때문에 크기를 두고 엄청난 노력을 기울였습니다. 우선 연합군의 공습을 피하기 위해 중세 독일의 마을 몇 군데를 지나야 했습니다. 그리고 좁고 굽은 길을 지나야 했기 때문에 미사일의 사이즈를 여기에 맞춰야 했습니다. 결국 이것이 수송뿐만 아니라 저장, 추진체, 그 밖의 요소에 큰 도움이 되었습니다. 처음에는 부차적인 문제로 여겨지던 것이었지만 그것을 해결하기 위해 노력한 것은 그만한 가치가 있었습니다."

그 강연이 1958년 혹은 1959년 가을의 웨스트포인트에서 있었다는 사실을 제외하고는 정확한 날짜를 기억하지 못한다. 도른베르거 장군이 V-2로켓의 크기를 설명한 것이 특히 기억에 많이 남았지만 어떤 군대가 새로운 중거리 탄도탄Intermediate Range Ballistic Missiles, IRBM에 대한 임무를 맡아야 하는지 묻는 질문에 그가 대답한 것도 기억에 많이 남았다. 육군, 해군, 공군이 모두 이러한 임무를 위해 서로 경쟁하고 있었다.

도른베르거 장군은 군사용 로켓 개발 임무를 부여받기 전에는 육군의 야전 포병대에서 근무했다. 웨스트포인트는 미국 육군사관학교지만 해군사관학교와 마찬가지로 공군 장교도 여러 명 배출했다. 그 이유는 당시 공군사관학교에서 아직 1회 졸업생을 배출하지 않았기 때문이었다. 따라서 도른베르거가 질문을 받고서 이렇게 대답한 것도 놀라운 일이 아니었다.

"우주 공간에는 대양이 없기 때문에 해군이 맡아서는 안 됩니다."

이 대답은 청중을 큰 소리로 웃게 만들었다. 그다음 그는 이야기를 계속 이어갔다.

"하지만 대륙도 없기 때문에 육군이 맡아서도 안 됩니다. 결국 이것은 분명히 공군이 맡아야 할 임무입니다."

우리 중 공군 임관을 원하는 생도들은 기분이 한껏 들떠 있었다.

드러커의 컨설팅 모델이 남다른 이유

대다수의 컨설턴트들은 혼자서 혹은 적어도 주로 촉매제의 역할을 하는 의뢰인과 함께 의뢰인의 문제를 해결하려고 한다. 그러나 드러커는 컨설팅을 수행하면서 의뢰인과는 단순한 대화와 기본적인 상호작용을 훨씬 뛰어넘는 그 이상의 것을 한다. 컨설턴트가 수임료를 받는 이유가 바로 여기에 있다는 데는 많은 사람이 동의할 것이다. 이에 대해서는 옛날부터 전해져 오는 두 가지 농담이 있다. 당신이 일정 기간 동안 컨설턴트가 되었든 의뢰인이 되었든 컨설턴트의 세계를 잘 안다면 이 두 가지 농담 중 하나 혹은 모두를 들어봤을 것이다. 그러나 당신이 이처럼 사소한 것들을 잊어버릴 경우에 바로 그들이 나타나는 것이다.

첫 번째 농담은 컨설턴트의 정의에서 나오는데 이것을 변형한 것도 많다. 어느 한 가지 버전에 따르면 컨설턴트는 당신에게 몇 시 몇 분인지를 말해주기 위하여 당신의 시계를 빌리고는 당신에게 이러한 특권에 대하여 요금을 부과하는 사람이라고 한다.

두 번째 농담에서의 컨설턴트는 의뢰인을 등쳐먹고는 주역을 맡는다. 의뢰인은 조직 내의 문제를 지니고 있다. 그러나 그것이 무엇인지 어디에 있는지 모른다. 의뢰인은 컨설턴트를 고용하여 회사 조직도를 건네고는 빈 책상으로 안내한다. 몇 분이 지나자 컨설턴트가 그 책상에서 일어난다. 그는 의뢰인에게 조직도를 보여주면서 검정색 매직펜으로 어느한 자리에다 'X'라고 눈에 띄게 표시하고는 바로 그 자리를 없앨 것을 지시한다. 이와 동시에 그는 의뢰인에게 1,000달러짜리 청구서를 건넨다. 의뢰인이 깜짝 놀라서 이렇게 말한다.

"당신은 회사 조직도만을 보고는 5분도 안 되어서 어느 한 자리에 'X'라고 표시하고 1,000달러를 청구했습니다. 가격 명세표를 보여주세요."

컨설턴트는 종이에 몇 줄을 휘갈겨 쓰고는 의뢰인에게 건넨다. 거기에는 이런 내용이 적혀 있다.

회사 조직도의 어느 한 자리에다 'X'라고 표시하기	1달러
어느 곳에 'X'라고 표시해야 하는지에 대한 컨설팅	999달러
합계	1,000달러

이 두 가지 작은 훈계에서의 핵심은 컨설팅 수행 모델에서 컨설턴트와 그의 전문 지식이 문제를 해결하고 이 과정에서 의뢰인을 기본적으로 방관자라고 가정한다는 것이다. 드러커의 컨설팅 수행 모델은 이러한 가정을 하지 않는다. 이 두 가지 훈계에서는 의뢰인이 컨설턴트에게 자신의 문제를 구두로 혹은 많은 경우 글로 설명하고, 컨설턴트가 수행해야 할 일을 전달한다. 그러면 컨설턴트가 의뢰인의 문제를 독립적으로 해결한다. 이것이 단순히 의뢰인의 시계를 보고 몇 시 몇 분인지를 말해주는 것이든 그 밖의 다른 것을 살펴보고 분석하는 것이든 상관없이 말이다.

진정한 전문가는 의뢰인이다

나는 네 명으로 이루어진 컨설팅 팀이 어느 일류대학교를 위한 전략을 발표하는 자리에 참석하도록 요청받은 적이 있다. 발표자들은 다양한 학과와 프로그램에 자원을 할당하기 위하여 GE/맥킨지의 나인셀 매트릭스를 변형한 모델을 사용했다. 확실히 그들은 노련했다. 데이터를 모으고 분석하고 그것을 매트릭스의 여러 셀에 배치했다. 그리고 어떠한 자원이 요구되고 이러한 자원을 어떻게 할당할 것인가를 포함하여 데이터에 대한 해석에 근거한 분석을 통하여 결론을 이끌어냈다.

확실히 믿음이 가는 발표였다. 비록 내가 그들의 분석, 결론, 권고의 기반이 되는 데이터에 대한 해석에서 허점을 지적하기는 했지만 그들이 사용한 기본 프로세스를 가지고 문제 삼지는 않았다. 그리고 그날의 발표는 컨설팅 과정에 관한 드러커의 모델이 갖는 장점 중 한 가지를 떠올리게 했다.

데이터를 제공하거나 해석하는 사람은 컨설턴트가 아니라 의뢰인이다. 바로 의뢰인이 상황을 가장 잘 알고 이해한다. 그리고 드러커가 질문을 통하여 지침을 제공하고 나면, 의뢰인이 정확한 데이터를 제공한다. 드러커가 의뢰인의 두뇌를 움직이게 만드는 질문을 했기 때문에 의뢰인이 이렇게 할 수 있는 것이다. 이러한 질문은 촉매제 역할을 하여 사실과 함께 상황의 미묘한 차이를 아무리 똑똑하고 부지런하더라도 결국은 아웃사이더로서 스스로 이해해야 하는 컨설턴트보다 더 잘 이해하는 사람에게서 훨씬 더 나은 분석과 해결 방안이 나오도록 한다. 이것은 단순히 의뢰인의 두뇌에 적절한 질문을 하는가의 문제다. 그러나 드러커의 질문이 훨씬 더 강력한 힘을 갖도록 하는 데는 또 다른 무언가가 있다. 그 답을 얻기 위하여 먼저 우리 자신의 두뇌를 사용하는 것에 대해 살펴보기로 하자.

당신의 두뇌에 질문하라

몇 년 전 나는 자기 자신에게 말을 하는 것이 문제를 해결하는 데 있어 상당히 유용하다고 주장하는 논문을 읽은 적이 있다. 저자는 당신이 개별적인 실체가 되어 자기 자신에게 말을 하고 당신의 두뇌에 질문을 하면 유효한 답을 얻을 수 있는 경우가 많다고 주장했다. 실제로 당신의 두뇌는 당신이 묻는 어떠한 질문에도 대답을 하거나 적어도 대답을 하기 위해 애를 쓴다.

나는 이 방법을 직접 시도해봤는데 이것이 아주 쉽게 효과를 나타내고, 우리가 일상적으로 직면하는 다양한 문제에 대한 답을 때로는 즉각적이고도 상당히 효과적으로 아주 빈번하게 제공하는 데 놀라움을 금치 못했다.

이제 당신은 자기 자신을 괴롭히는 고민거리나 문제에 사로잡혀 있을 때 이 방법을 무작정 실천하는 것에 대해 생각해볼 수도 있다. 그러나 바로 이것이 내가 이 방법을 통해 권장하려는 것은 아니다. 내가 제안하는 것은 답을 얻기 위해 당신의 두뇌와 실제로 대화를 하라는 것이다. 예를 들어, A를 채택할 것인가 혹은 B를 채택할 것인가를 두고 정신을 집중하는 대신 그냥 단순히 당신의 두뇌에게 "여보게, 내가 A를 채택하는 것이 좋겠나? 아니면 B를 채택하는 것이 좋겠나?"라고 물어보라. 놀랍게도 당신은 당신의 두뇌가 실현 가능한 최선의 방안을 가지고 대답하는 것을 자주 확인할 수 있을 것이다.

이상한 방법이 왜 효과가 있는가?

심리학자들은 이러한 현상이 나타나는 한 가지 이유는 두뇌가 이미 문제해결에 필요한 모든 사실을 기억 속에 저장해두고 있기 때문이라고 말한다. 우리가 이러한 사실들 중 일부에 대해서는 쉽게 금방 접근할 수 없다. 당신이 답을 직접 찾으려고 노력하면서 다양한 심리적 장애물을 치우고 개별적인 실체가 되어 두뇌에게 질문하면, 당신이 답을 파악하지 못하도록 방해하는 쓸데없는 쓰레기의 대부분을 제거할 수 있는 것이다.

그러나 때로는 우리가 처한 압박과 스트레스가 너무 클 때가 있다. 문제가 너무 심각하거나 상황이 많은 노력을 요구할 수도 있다. 우리의 두뇌는 우리가 개별적인 실체가 되어 질문을 하더라도 의식적으로 쉽게 작동하지 않고 또한 의식적으로 실현 가능한 답을 제시하지도 않는다. 그러나 우리의 두뇌는 의식적인 두뇌가 잠재의식을 통해 흘러나오는 유용한 정보를 지워버리더라도 잠재의식적으로 작동할 수 있다. 그렇다면 답은 우리가 이 두 가지를 분리하는 데 있다. 다행스럽게도 잠재의식적인 정신으로부터 의식적인 정신을 분리하기 위해 외과 의사의 칼에 의존하지 않는 비외과적인 방법이 있다.

답은 기분 전환을 하는 것이다. 여기에는 다양한 방법이 있다. 발명가 토마스 에디슨Thomas Edison은 어두운 방에 가만히 앉아 있는 방법을 사용했다고 전해진다. 낮잠을 자는 사람도 있고, 그냥 밤에 잠을 자고 나서 아침에 깨어나 보니 답이 떠올랐다는 사람도 있다. 나에게는 이것이 아무런 노력 없이 일어났다. 그리고 아마 당신에게도 그랬을 것이다.

기분 전환이 갖는 위력

카네기멜론대학교의 존 데이빗 크레스웰John David Creswell 박사가 이끄는 연구팀은 이 모든 방법이 단순히 의식적인 정신이 잠깐이라도 자주 기분 전환을 하도록 하여 잠재의식적인 정신이 계속 작용하게 만드는 것이라는 사실을 밝혔다. 그들은 의식적인 정신이 다루지 못하는 문제를 해결하기 위하여 사람들의 두뇌를 조사했다.

그들은 가상의 자동차를 구매하는 문제를 제시하고는 상충되고도 다양한 요구를 가진 피험자들을 세 개의 집단으로 나누었다. 첫 번째 집단에는 즉각적인 결정을 요구하여 결과적으로 이들이 최적화된 결정에 도달하기 위하여 이해득실을 제대로 따져보지 못하도록 했다. 두 번째 집단에는 최적의 자동차를 결정할 수 있도록 문제를 의식적으로 해결하기 위한 시간을 주었다. 세 번째 집단에는 같은 문제를 주면서 기분 전환을 위한 과제도 함께 주었다.

피험자들이 문제에 집중하고 이러한 의식적인 노력을 다른 과제로 전환하는 동안 그들의 잠재의식적인 정신은 자동차 문제를 해결하는 작업을 계속한다. 기분 전환을 위한 과제가 있는 집단은 자동차를 구매하는 상황에서 다른 과제도 함께 수행해야 했지만 최적의 자동차를 선택하는 과제를 다른 집단보다 훨씬 더 잘 수행했다. 이 집단은 불과 몇 분 동안 기분 전환을 위한 시간을 가졌지만 확실히 이 방법은 몇 시간 동안 잠을 자는 것보다도 더 큰 효과가 있었다.

내가 온라인으로 게임을 할 때도 이와 비슷한 결과를 확인했다. 예를 들어, 마작에서는 다양한 종류의 쌓여 있는 타일이 나타나는데 게임을 하는 사람이 시간을 다투면서 같은 모양의 타일을 연속적으로 제거해야 한다. 나는 수시로 몇 초 동안 시선을 돌리고는 다른 대상을 생각하면서 같은 모양의 타일을 확인하는 작업에 몰두하면, 이전에는 열심히 노력했지만 발견하지 못한 같은 모양의 타일을 금방 확인할 수 있었다. 데이빗 락David Rock은 크레스웰의 심리학 연구를 분석하고는 자신의 게임 수행 연구에서 비슷한 결과를 확인했다.

이것을 통해 드러커의 컨설팅 방법론에 관하여 무엇을 배울 수 있는가? 우리는 컨설팅을 하든 그 밖의 무엇을 하든 질문을 하는 것, 심지어는 자기 자신에게 질문을 하는 것이 우리가 직면한 문제에 대하여 더 나은 대답, 훨씬 더 직접적인 대답을 얻기 위한 기분 전환의 역할을 한다는 사실을 알아야 한다. 이제 우리는 컨설팅 수행을 위한 방법론으로서 드러커의 질문이 갖는 가치를 이해할 수 있게 되었다. 드러커는 단순히 질문을 함으로써 그동안 의뢰인들에게 답을 제공해왔던 대형 컨설팅 회사보다 훨씬 더 효과적인 컨설팅을 해왔다.

드러커의 5가지 기본적인 질문

1장에서 드러커의 질문이 갖는 위력과 그가 질문한 내용에 관하여 살펴보았다. 지금까지 잭 웰치의 권고보다 더 나은 권고가 바로 드러커의 질문이지 않겠는가? 지금 우리는 당대에 가장 존경받는 경영자에 관해 말하고 있다는 것을 명심해야 한다. 그는 자신의 임기 동안에 어느 대기업의 주식 가치를 4,000퍼센트나 상승시켰고, 퇴직금으로는 역사상 가장 큰 금액인 4억 1,700만 달러를 받았다. 그랬던 그가 드러커의 컨설팅이 자신의 업적에 커다란 기여를 한 것으로 평가했다. 이는 실로 대단한 권고였다.

조지 허버트 워커 부시^{George H. W. Bush} 대통령에게서 미국 자유훈장을 받은 프랜시스 헤셀바인은 드러커의 기본적인 질문에 관한 내용을 편집하여 한 권의 책으로 출간했다. 그녀는 웨스트포인트의 리더십 강좌장을 처음으로 맡았고, 미국 걸스카우트 회장을 지냈으며 지금은 CIAM 원장인 나의 자문역할을 해주고 있다. 드러커는 헤셀바인이 미국에서 어떠한 기관을 맡더라도 성공한 CEO가 될 것이라고 말했다.

다음은 컨설팅에 있어 드러커의 5가지 중요한 질문이다. 헤셀바인은 이것을 두고 '당신의 조직에 관하여 당신이 물어야 할 가장 중요한 5가지 질문'이라고 했다.

1. 우리의 임무는 무엇인가?
2. 우리의 고객은 누구인가?
3. 고객이 원하는 가치는 무엇인가?

4. 우리의 실적은 무엇인가?
5. 우리의 계획은 무엇인가?

드러커가 주장했듯이, 이 각각의 질문들이 당신이 물어야 할 가장 중요한 5가지 질문 중 하나고 당신의 의뢰인에게도 물어야 할 가장 중요한 질문들이다. 따라서 우리는 드러커가 이러한 질문들을 통해 무엇을 말하려고 했는지 좀 더 정확하게 이해해야 한다.

의뢰인의 임무는 무엇인가?

드러커는 자신의 의뢰인에게 어떤 사업에 뛰어들 것인가를 결정하라고 조언했다. 이것은 조직의 임무를 아는 것과 확실히 관련이 있다. 드러커가 마음에 들어 하는 임무에 대한 진술은 아주 오래된 기업에서 나왔다. 이 진술은 최근에 나온 것도 아니고 아주 짤막한 농담처럼 보이지만 드러커가 좋아하게 된 데는 아주 중요한 이유가 있다. 그것은 시어스로벅Sears Roebuck을 파산을 염두에 두고 힘들게 유지되던 통신 판매 회사에서 거의 10년 만에 세계적인 소매업체로 변모하게 만들었다는 사실 때문이다. 그 임무에 대한 진술은 간단히 말해 먼저 미국의 농부, 더 나아가서는 미국의 가정을 위하여 정보에 정통한 책임 있는 구매자가 되라는 것이었다. 다른 모든 임무와 마찬가지로 조직의 임무도 변할 수 있다.

이제 내가 몸담고 있는 조직의 이야기를 해보자면, CIAM에도 확인된 임무가 있을까? 물론 있다!

"CIAM의 목표는 '현대 경영학의 아버지'인 피터 드러커의 원칙과 가치에 기반을 두고 양질의 교육을 저렴한 학비에 융통성 있게 제공하고, 학생들에게 그들의 지식과 역량을 진실되게 성공적으로 지체하지 않고 응용할 수 있도록 한다."

의뢰인의 고객은 누구인가?

5장에서 설명했듯이 나의 친구이자 기업가인 조 코스먼은 정원용 스프링클러를 대체할 구멍이 있고 쉽게 구부릴 수 있는 플라스틱 호스를 판매하기 시작했다. 그는 주로 슈퍼마켓과 아웃렛을 통해 제품을 판매했다. 어느 날 그는 자기가 만든 호스가 무더운 여름날에 저렴한 비용으로 가금류 우리의 온도를 낮춰주는 용도로 사용되고 있다는 소식을 들었다. 그는 이 소식을 듣고 자신의 사업을 다시 정의하기 시작했고 자기가 만든 제품을 위한 완전히 새로운 시장을 열었다. 이처럼 의뢰인은 고객을 다시 정의하기 위하여 판매 현황을 지속적으로 추적할 필요가 있다.

말보로Marlboro는 세계에서 가장 잘 팔리는 담배 브랜드다. 회사는 역도 선수, 선장, 카우보이를 포함하여 남성미를 구현할 만한 사람을 말보로 맨으로 발탁하고는 남자다운 남자의 담배 이미지를 창출하여 수많은 고객을 확보했다. 어쩌면 당신이 상상조차 할 수 없는 이야기일 수도 있지만 말보로는 1924년에 "5월처럼 부드러운Mild as May"이라는 슬로건과 함께 여성용 담배로 출시되었다. 말보로는 립스틱 자국을 숨기기 위하여 빨간색 필터를 달아놓았다.

그러나 나중에는 필터를 달아놓은 아이디어 자체가 규모가 큰 남성용 담배 시장, 즉 폐암에 걸릴 위험을 감안해야 하는 시장으로 옮겨갈 가능성을 제시했다. 이 시장에서 적절한 필터는 반드시 빨간색은 아니더라도 그 길이가 짧아질 수도 있었다. 일단 시장을 확인하고 나서는 성과가 금방 나타났다. 말보로는 시장 점유율 1퍼센트에서 네 번째로 점유율이 높은 담배 브랜드가 되었다.

드러커는 모든 것을 알고 있었다. 당신의 고객을 아는 것은 분명히 전투에서 승리의 절반 이상을 차지한다.

고객이 원하는 가치는 무엇인가?

때로는 고객의 가치가 우리가 생각하는 것과는 다른 경우가 있다. 몇 년 전 한때 세인트루이스에서 주요 양조회사였다가 지금은 대서양 연안에서 유명한 맥주회사가 된 폴스타프 맥주가 수익성이 좋은 캘리포니아 시장으로 진출하려고 했다. 비록 눈을 가리고 음료를 시음하는 테스트에서 자사 브랜드가 캘리포니아 주민들이 원하는 바로 그것이라는 사실을 확인시켜 주었지만 처음 시도는 실패하고 말았다.

사내에서는 몇몇 사람들이 제품의 변경을 원했다. 자사 제품이 캘리포니아 시장에 맞지 않다는 것이었다. 그러나 그들보다 똑똑한 사내의 마케터들은 오류는 제품에 있는 것이 아니라 제품에 대한 인식과 캘리포니아 시장의 고객이 원하는 맥주의 품질을 제대로 알리지 못하는 폴스타프 광고에 있다고 보았다.

물론 1980년대 중반 코카콜라가 자사 점유율을 서서히 침식해오는 '펩시의 도전'에 맞서 '뉴 코크New Coke'를 출시했을 때도 전국적으로 이와 비슷하고도 훨씬 더 커다란 오류를 범했던 적이 있다. 코카콜라는 뉴 코크를 혁신적인 청량음료라고 대대적으로 치켜세웠다. 당시 코카콜라 마케터들은 이렇게 외치고 다녔다.

"펩시가 감히 우리에게 도전을 한다고요? 한번 붙어 보자고요!"

코카콜라는 눈을 가리고 음료를 시음하는 테스트를 신중하게 실시하고, 자사의 예전 제품뿐만 아니라 라이벌 회사의 제품인 펩시콜라보다 더 선호되는 제품을 만들어냈다. 하지만 문제는 콜라의 맛이 고객이 코카콜라를 구매하는 유일한 이유가 아니며 코카콜라 고객이 반드시 가치를 두는 것도 아니라는 데 있었다. 고객은 무엇보다도 코카콜라의 이미지에 가치를 두었다. 그것은 어머니, 미국적인 것, 존 웨인John Wayne과 같은 아이콘이 되어 미국을 상징했다.

콜라 시장에서는 코카콜라가 예전에 했던 '진정한 것The Real Thing'이라는 캠페인이 여전히 울려 퍼지고 있었다. 그러나 미국인들은 '진정한 것'이 아니라고 여겨지는 뉴 코크에 집단으로 반발했다. 코카콜라는 뉴 코크의 개발, 시음, 광고에 수백만 달러를 지출했지만 언론에서 뉴 코크의 가치를 폄하하는 사람들과 논쟁을 벌이고는 결국 두 손을 들고 말았다. 이제 예전의 코카콜라가 '클래식 코크Classic Coke'가 되어 다시 돌아왔다. 반면 뉴 코크는 시장에서 조용히 사라지고 말았다.

이상한 일은 눈을 가리고 음료를 시음하는 테스트에서조차 비록 대다수의 사람들이 브랜드 간의 차이를 제대로 식별하지 못했지만 미국인들이 뉴 코크의 맛을 좋아했다는 것이다. 수백만 명의 시청자들이 보는 앞에서 텔레비전 방송으로 실시한 어느 유명한 시음 테스트에서는 뉴 코크에 반대하는 캠페인의 리더 중 한 사람이 펩시콜라를 자기가 가장 좋아하는 예전의 코카콜라로 인식했다고 한다.

의뢰인의 실적은 무엇인가?

드러커는 실적을 측정하지 않으면 발전이 없다는 것을 알았다. 실제로 당신은 당신의 의뢰인이 성공했는지 실패했는지 혹은 발전했는지 그렇지 않은지를 분간하기가 쉽지 않았을 것이다. 따라서 드러커는 실적을 알기 위하여 숫자를 원했다. 여기서 "돈을 보여줘"라는 말은 단지 현금만을 의미하지 않는다. 그것은 실적을 의미한다. 이것은 의사 결정에서 숫자보다는 직감을 더 중요하게 생각하라는 드러커의 권고에서 중요한 예외에 해당한다.

의뢰인의 계획은 무엇인가?

당신은 의뢰인이 계획이 전혀 없거나 계획이 한심할 정도로 충분하지 못한 것을 두고 놀라움을 금치 못한 경우가 자주 있었을 것이다. 드러커 또한 놀랄 때가 많았다. 그러나 드러커는 다른 모든 경우에서와 마찬가지로 의뢰인이 계획 수립에 착수하기 전에 자신이 중요하다고 생각하는 질문을 했다. 드러커는 조직의 리더는 조직의 미래를 창출하기 위한 계획을 수립할 때 세 가지 질문을 가지고 출발해야 한다고 주장했다.

첫 번째 질문은 드러커가 흔히 하는 것으로 "지금 당신은 어떤 사업을 하고 있는가?"였다. 당신이 이 질문을 임무에 관한 질문으로 생각하면 이것은 상당히 많은 부분을 포괄한다. 그러나 드러커에게는 특히 계획이 전술적이라기보다는 전략적일 때 고려해야 할 질문이 두 개 더 있었다.

"미래에는 어떤 사업을 할 것인가?" 다시 말하자면 "사업과 임무를 변경할 것인가?"라는 의미였다. 그러나 드러커는 여기서 한 걸음 더 나아갔다. 그는 의뢰인이 사업 혹은 임무가 변해야 한다고 생각한다면 "미래를 위하여 어떤 사업을 해야 하는가?"를 알고 싶어 했다.

비록 우리는 이 세 가지 질문을 개별적으로 고려해야겠지만 통합적으로도 고려할 필요가 있다. 그 이유는 현재가 미래와 연결되기 때문이다. 우리는 프로젝트, 상품, 새로운 기획에서 단기적인 계획을 가지고 있다. 이러한 계획은 우리가 원하든 그렇지 않든 '단기적 미래에는 어떤 사업을 할 것인가'에 영향을 미친다. '어떤 사업을 해야 하는가'는 좀 더 먼 미래에 대한 질문이다. 그렇다면 얼마나 먼 미래에 관한 질문인가? 이것은 당신과 당신의 의뢰인 생각에 달려 있다. 10년은 아주 먼 미래가 아니다. 나는 25년 혹은 50년 앞을 내다보고 미래를 창출하기 위한 계획을 본 적도 있다. 시계Time Horizon를 어떻게 선택하든, 이 세 가지 질문에 대한 답은 서로 조화롭게 어우러져야 한다. 지금 하고 있는 사업에서 중간 단계 없이 갑자기 미래에 해야 하는 사업으로 뛰어들어서는 안 된다.

좋은 질문을 개발하는 방법

드러커의 '당신의 조직에 관하여 당신이 물어야 할 가장 중요한 5가지 질문'이 많은 사람에게 널리 알려져 있기는 하지만 드러커는 자기 의뢰인에게 이 밖에도 많은 질문을 했고 이러한 질문들은 그의 저작 전반에 걸쳐서 흩어져 있다. 확실히 이러한 방법론은 드러커의 컨설팅에서 중요한 부분을 차지한다. 그리고 이것이 전통적인 방법론과 결합되더라도 개인 컨설턴트 혹은 컨설팅 기관이 컨설팅을 실시하거나 조직의 리더가 더 나은 조직을 기대하기 위하여 컨설팅을 의뢰할 때 도움이 될 수 있다. 그러나 드러커의 질문이 항상 효과적이기는 하지만 그것이 컨설팅 업무에서 모든 것을 포괄하지는 않는다. 아마 드러커 자신도 이렇게 말할 것이다.

"나는 구루가 아닙니다. 이승에서 유용하거나 필요한 모든 질문을 해줄 수는 없습니다."

당신은 컨설턴트의 한 사람으로서 어떤 질문을 해야 한다고 생각하는가? 여기에 질문을 개발하기 위한 몇 가지 지침이 있는데 나는 드러커가 이를 승인해줄 것이라고 생각한다.

- 질문이 의뢰인과 대화를 계속 이어가기 위한 촉매제로 작용하는가?
- 질문이 호기심을 자극하는가?
- 질문이 새로운 아이디어를 개발하도록 자극하는가?
- 질문이 의뢰인에게 제안을 하도록 자극하는가?
- 질문이 다양한 견해나 반응에 개방적인가?

- 질문이 의뢰인에게 어떻게, 왜에 대한 대답을 요구하는가?
- 질문이 해당 주제에 관한 논쟁을 보여주는 데 도움이 되는가?
- 질문이 의뢰인의 활동과 직접적으로 연관되는가?
- 질문이 의뢰인에게 자기 자신의 생각을 검토하도록 장려하는가?

당신이 질문 리스트의 작성을 마쳤다면 질문을 검토하고 그것이 의뢰인의 언어로 작성되었는지를 확인해야 한다. 당신이 해당 산업이나 심지어는 해당 조직에 종사하는 사람에게 질문 리스트의 검토를 부탁하여 새로운 표현 방식을 추천받거나 질문을 추가할 수 있고 특정 질문에 대해서는 제외를 할 수도 있다. 때로는 당신의 표현 방식이 의뢰인의 기분을 상하게 할지도 모른다. 따라서 이러한 검토나 수정은 그만한 가치가 충분히 있다. 언젠가 나는 의뢰인의 조직에서 일하는 사람에게 검토를 부탁하여 내가 알지 못하는 전 CEO가 관련된 상황 때문에 저지를 수도 있는 정치적으로 엄청난 실수를 미연에 방지할 수 있었다.

질문에 의존하는 드러커의 컨설팅 모델은 당신이 원하는 종류의 컨설팅과는 크게 다를 수 있다. 그러나 드러커의 기법은 믿을 만하다. 그의 기법은 때로는 엄청난 성과를 낳기도 하고, 다른 여러 종류의 컨설팅 수행 모델에도 쉽게 조정되거나 통합될 수 있다.

8장

진실에 도달하기 위해 모두가 아는 것을 무시하라

진실에 도달하기 위해
모두가 아는 것을
무시하라

드러커는 말을 할 때나 글을 쓸 때 지혜롭고 심오하고 가치 있고 재치가 넘쳤다. 그는 현대의 다른 경영 사상가보다 자신의 말이나 글을 더 많이 인용했다. 사람들은 인터넷을 열심히 뒤졌는데도 원전을 찾을 수 없을 때 나를 찾아 와서는 드러커가 이런 말을 했는지 혹은 저런 말을 했는지 수시로 묻곤 한다. 때로는 드러커가 그런 말을 했던 것처럼 들리기도 하지만 나는 실제로 그가 그런 말을 했는지, 내가 그의 저작이나 강연을 통해 그런 말을 접했는지 기억하지 못한다.

그러나 그가 강의 혹은 사적인 대화에서 특별히 여러 번 반복했던 한 가지 발언만큼은 분명히 기억한다. 그럼에도 내가 드러커에 관하여 썼던 여러 권의 책에서 이것을 설명하고 나서야 이것이 활자가 되어 도처에 등장했다. 나는 이것을 그가 출간한 책에서는 본 적이 없다. 그가 자주 했던 말은 다음과 같다.

"모두가 아는 것은 대체로 옳지 않은 경우가 많다."

그가 이 말을 여러 번 계속해서 했다는 사실은 확실히 그가 이 명제를 신봉했을 뿐만 아니라 중요하게 생각했다는 것을 의미한다. 나는 이 명제가 참이라는 것을 확인하고는 드러커의 생각이 정말 옳았다는 것을 깨달았다.

또다시 드러커의 생각이 옳았다

드러커가 했던 그 말이 진정으로 무엇을 의미하는가에 대하여 내가 더욱 깊이 생각하기 시작한 것은 아마도 그 말을 계속 반복해서 들었기 때문일 것이다. 이처럼 겉보기에는 단순하고도 자기 모순적인 진술은 놀라울 정도로 옳았고, 모든 사업이나 경영과 관련된 의사 결정이나 분석에서 엄청난 가치를 발휘했다. 이 진술은 무엇인가가 그렇지 않을 수도 있지만 모두 그런 것으로 알기 때문에 쓸모 없는 것으로 여기고 무시하는 대안들의 세계를 열어둔다는 측면에서 컨설팅 과정에 있어 특히 중요하다.

드러커가 강조하고 싶었던 것은 우리가 모든 가정에 대하여 그것의 출처가 어디에 있든 또한 그것이 처음에는 불가능하게 보이든 항상 의문을 품어야 한다는 것이었다. 이것은 많은 사람이 분석을 하지 않고 혹은 더 이상의 의문을 품지 않고 그런 것으로 알거나 가정하는 대상에 대해서는 더더욱 옳은 말이다. 이런 식으로 얻은 지식은 항상 의문을 품고서 훨씬 더 면밀하게 살펴봐야 할 대상이 되어야 한다. 그 이유는 참이라고 알려진 정보가 틀리거나 정확하지 않거나 특정한 조건에서만 참으로 밝혀지는 경우가 엄청나게 많기 때문이다. 이런 지식은 컨설턴트가 특별히 가치 있는 대안을 간과하여 아주 나쁜 권고 혹은 심지어는 철저하게 잘못된 권고를 하게 만든다. 나는 이처럼 단순한 진술이 드러커가 하던 일, 특히 컨설팅 서비스에서 아주 중요하게 작용했다고 생각한다.

2차 대전 당시와 2차 대전 이후에 군 정보기관에서 일하다가 군법무관으로 일하던 시절을 제외하고는 줄곧 변호사로 일한 나의 아버지도 이런 진술의 타당성을 뒷받침해준다. 아버지는 "신문에서 본 것을 전부 믿어서는 안 된다. 네가 들은 것은 절반만 믿어야 한다. 본 것도 모두 믿어서는 안 된다"라고 말씀하셨다. 아버지는 전쟁 이전에는 형사 사건 전문 변호사셨다.

모두가 아는 것은 대체로 옳지 않은 경우가 많다

오늘날에는 웃음거리가 되었지만 과거에는 모두가 옳다고 믿었던 '자명한 이치'들은 많다. '지구는 편평하다' 혹은 '지구는 우주의 중심이다'가 그 전형적인 사례다. 과거에는 이처럼 '확실한 것'에 의문을 품은 사람은 투옥되거나 마녀처럼 화형에 처해졌다. 고대 그리스인들은 사물은 땅, 공기, 불, 물이라는 4가지 원소로 이루어졌다고 믿었다. 나는 당신이 이와는 다른 믿음을 가졌다고 해서 투옥되거나 화형에 처해질 것이라고 생각하지 않는다. 하지만 당신은 적어도 당시에는 무지한 사람으로 여겨졌을 것이다.

물론 현대를 살아가는 우리는 이러한 믿음이 잘못되었다는 것을 배웠다. 나는 가끔 고등학교 시절 화학 시간에 배웠던 러시아의 화학자이자 발명가인 멘델레예프Mendeleev가 만든 원소 주기율표를 생각해본다. 거기에는 정확하게 93개 원소가 원자 질량에 따라 배열되어 있었다. 우리는 이것을 모두 외우면 A학점을 받았다. 만약 우리가 그 이상의 원소가 있다고 주장했더라면 화학 선생님이 당장 바로잡아 주려고 했을 것이다. 리차드 로저스Richard Rodgers와 오스카 해머스타인Oscar Hammerstein이 만든 뮤지컬 영화 〈오클라호마〉에는 "그것은 갈 수 있는 데까지 멀리 간다"라는 표현이 나온다. 오늘날 주기율표에는 102개 원소가 나오고, 이는 모두가 알고 있는 사실이다. 그리고 화학 선생님들이 우리에게 말해주지 않았던 것은 멘델레프가 63개 원소만을 상상했었다는 것이다. 나머지 30개 원소는 그가 살아있는 동안에는 발견되지 않았다.

오늘날 모두가 아는 것 또한 옳지 않은 경우가 많다

기독교인이든 그렇지 않든, 거의 모든 사람이 무원죄 잉태설Immaculate Conception은 예수의 탄생에 관한 이야기라고 알고 있다. 그런가? 아마 그럴 것이다. 그러나 모두가 아는 것은 또다시 옳지 않을 수 있다. 실제로 가톨릭 백과사전에 따르면 "무원죄 잉태설은 '성모 마리아는 그녀의 생명을 받은 바로 그 순간부터 모든 원죄의 더러움으로부터 보호되었다. 그리고 죄가 그녀의 영혼에 효력을 발휘할 수 있기 전에 거룩한 은총이 그녀에게 주어졌다'라는 사실을 말한다"고 나온다.

이제 내가 좋아하는 예를 하나 들어보겠다. 코난 도일의 소설에 등장하는 탐정 셜록 홈즈가 했던 유명한 말을 생각해보자. 사실 이것은 허구의 혹은 심지어는 실존했던 탐정의 입에서 나온 가장 유명한 말일 수 있다. 우리는 모두 이 문장이 다음과 같은 네 개의 단어로 구성되어 있는 것으로 안다.

"그건 기본이지, 왓슨(Elementary, my dear Watson)."

우리 모두가 알기로 이 유명한 탐정은 자신의 동료이자 자신의 모험을 기록한 사람으로서 자신의 아주 영리하고도 뜻밖의 추론에 놀라움을 금치 못하는 왓슨 박사에게 이런 말을 자주 했다고 한다. 아마도 모두가 이렇게 알고 있지만 이 또한 옳지 않다.

폴 볼러Paul F. Boller와 존 조지John George가 그들의 공동 저서인《그들은 결코 그런 말을 하지 않았다They Never Said It》에서 지적했듯이, 셜록 홈즈는 도일이 썼던 그 어떤 저작에서도 이 불멸의 단어들을 한 번도 언급한 적이 없다. 도일이 발간한 네 권의 소설에서도 그랬고, 셜록 홈즈와 존 왓슨 박사의 모험에 관한 56개의 단편 스토리에서도 그랬다. 사람들은 이처럼 완전한 믿음을 주지만 정확하지 못한 지식을 도대체 어디에서 가져왔을까? 도일의 작품에 나오는 인물이 아니라면 누가 이처럼 불멸의 문장을 표현했을까?

사실은 영국의 배우 바실 라스본Basil Rathbone이 할리우드 영화에서 셜록 홈즈 역을 맡으면서 이 유명한 대사를 가지고 연기를 했던 것이고, 다시 한번 말하지만 이런 대사는 도일이 썼던 그 어떤 작품에서도 나오지 않았다. 이런 대사는 당시 은막에 나오는 홈즈의 성격과 완벽하게 맞아떨어졌다. 그리고 이런 대사가 도일의 작품에 나오지는 않았지만 이것은 어느새 널리 알려진 사실이 되었다. 하지만 내가 더욱 최근에 영화관이나 텔레비전에서 봤던 셜록 홈즈의 영화에서는 홈즈가 더 이상 이런 말하는 습관을 보여주지 않는다. 안타까운 일이었다. 이런 영화들은 그 시절에 유년기를 보냈던 사람들을 위한 무엇인가를 놓치고 있었다.

고대인들은 100퍼센트 일치를
의심해야 한다는 사실을 알았다

드러커의 주장은 수천 년을 걸쳐서 진실로 여겨진 것이었다. 고대 이스라엘에서는 최고 법원을 산헤드린Sanhedrin이라고 불렀다. 이것은 오늘날 이스라엘의 대법원과 비슷하고, 미국의 대법원보다는 훨씬 더 막강한 권한을 가지고 있다.

산헤드린은 가장 중요한 사건을 판결하고 사형을 확정짓는 권한을 가지고 있었다. 그러나 이러한 최고 법원에 검사나 피고측 변호인은 존재하지 않았다. 우리가 알기로는 산헤드린의 판결에 대하여 상소도 할 수도 없었다. 산헤드린 법정에는 판사만 있었다. 중앙에 있는 대산헤드린Grand Sanhedrin에는 71명의 판사가 있었고, 고대 히브리 도시마다 있는 소산헤드린에는 23명의 판사가 있었다. 이처럼 사실에 입각한 이야기에서 실제로 판사가 몇 명이었는지는 중요하지 않다.

판사들은 피고와 원고 측 주장과 함께 양측 증인들의 증언을 자세히 검토했다. 산헤드린은 어떤 사람이든 심지어는 그 사람이 왕이라고 하더라도 이들을 상대로 재판을 할 권한을 가진 유일한 법원이었다. 피고에게 무죄를 선고하기 위해서는 1표 차이면 충분했지만 유죄를 선고하기 위해서는 2표 차이가 나야 했다.

그러나 이러한 산헤드린의 판결에는 아주 흥미로운 원칙이 있었다. 지금으로부터 2,000년이 넘는 과거에 고대 히브리인들은 드러커의 가장 유명한 결론을 하나의 법칙으로 만들었다. 71명의 판사 모두 피고가 사형에 해당되는 중죄를 저질렀다고 판단하면 피고는 석방된다! 이런 생각을 한 히브리인들은 지혜로웠다. 그들은 어떻게 이러한 법칙을 내놓았을까?

우리는 피고 측 변호사가 존재하지 않는다는 사실을 기억해야 한다. 그러나 고대의 히브리인 판사들은 죄의 중대성 혹은 증거나 증인의 설득력과는 무관하게 피고를 위한 변론은 언제나 있어야 한다고 생각했다. 따라서 피고의 주장에 가치가 있다고 생각하는 판사가 단 한 명도 없다면, 이것은 죄가 아무리 명백하게 드러나더라도 정황 측면에서 또는 법정 심리에서 무엇인가 잘못된 것이 있다는 분명한 증거로 생각했다. 아마도 피고에게 불리한 증언을 한 사람이 카리스마가 있거나 설득력이 있는 사람일 수 있다. 어쩌면 대사제 혹은 왕처럼 힘 있는 자에 의한 정략, 비리, 외압이 작용했을 수도 있다. 그들이 생각하기에는 이 한 가지 사실이 피고가 실제로는 죄가 없을 가능성이 훨씬 더 크다는 것을 의미했으며, 이것은 피고의 유죄를 뒷받침하는 다른 모든 증거보다 더 중요했다. 다시 말해 특히 자신의 경험이나 판단력을 인정받아 임명된 판사들이 모두가 무엇인가를 절대적인 진실이라고 생각한다면, 그것은 결코 진실이 아니며 피고는 석방된다. 이것은 드러커의 주장을 아주 강하게 뒷받침한다!

오늘날 어떤 쟁점에서 절대 다수의 의견이 미치는 영향은 심리 연구에서 확인되었다. 어느 실험에서는 피험자들에게 여러 사진에 나오는 사람들의 매력도를 평가하도록 했다. 그러나 실제로 피험자는 단 한 사람만 있었고, 결과는 미리 정해져 있었다. 다른 참여자들은 연구팀의 일원이었는데 피험자는 이런 사실을 모르고 있었다. 다른 참여자들에게는 임의로 특정 사진에 나오는 사람이 가장 매력적이라고 의견의 일치를 보게 했다. 그러면 피험자는 보통은 자기 생각과는 무관하게 단순히 다른 사람들이 압도적으로 지지하기 때문에 그들이 선택한 사진의 영향을 받아 자기도 같은 의견을 낸다. 이 실험은 '사회적 증거^{Social Proof}(사람은 어떤 의사결정을 하는 데 있어 확실한 정보가 없거나 확신이 서지 않을 때 주변 사람들의 생각을 살펴보고 다수의 사람이 취하는 행동을 따라 하려는 심리적인 경향을 갖는데 이러한 심리를 일컫는 용어 – 옮긴이)'의 영향력을 보여준다.

또한 모든 사람이 어떤 사실에 대하여 확신을 가질 때는 보통 그 '사실'이 전혀 사실이 아니라는 혹은 사실에 입각한 것이 어떤 구체적인 상황에서는 사실에 입각한 것이 아니라는 드러커의 이론을 뒷받침한다.

드러커의 지혜는 경영에 중요하고 컨설팅에도 중요하다

나는 이번에 하려는 이 이야기를 좋아한다. 이것이 모두가 아는 것은 옳지 않다는 사실을 보여줄 뿐만 아니라 대기업을 대표하는 CEO의 진실성을 보여줄 만한 강한 인상을 남기는 이야기이기 때문이다. 지금으로부터 30년보다 더 이전에 일어난 일이었다. 그럼에도 나는 마치 어제 일어난 일처럼 상황 전체를 분명하게 기억한다.

1982년 9월 29일 아침이었다. 열두 살 어린 소녀 메리 켈러맨^{Mary Kellerman}이 강력 타이레놀^{Extra-Strength Tylenol}(해열진통제의 일종인 파라세타몰 기반 약품 브랜드) 캡슐을 복용하고는 사망했다. 이후로도 시카고 전역에서 몇 사람들이 같은 이유로 사망했다는 뉴스가 나왔다. 얼마 지나지 않아 누군가가 독극물인 시안화물을 의사의 처방 없이 팔 수 있는 널리 알려진 약품에 주입했다는 사실이 밝혀졌다. 이 사건은 전국을 패닉 상태로 몰아넣었다. 어느 병원에서는 독극물이 들어간 약품의 복용을 의심하는 사람들로부터 700여 통의 문의전화를 받기도 했다. 미국 전역에서 수많은 사람이 시안화물 중독을 의심하고는 병원을 찾았다. 식품의약국^{Food and Drug} Administration, FDA은 독극물 주입이 의심되는 270건에 달하는 사건에 대하여 조사를 실시했다. 이들 중 일부 약품에 대해서는 이처럼 역겨운 장난을 친 것으로 보였지만 대부분의 경우 실제로는 전혀 근거가 없는 히스테리에 불과했다.

이러한 패닉은 그 자체가 드러커의 논문에서 한 부분을 차지했지만 여기에는 컨설턴트와 기업의 의사 결정을 하는 경영자에게 중요한 의미를 갖는 것이 또 있었다.

당시 이 약품은 시판된 지 거의 30년이 된 것으로 그동안 타이레놀은 소비자들에게 대단한 신뢰를 구축해왔다. 하지만 이러한 신뢰가 순식간에 사라지고 매출이 곤두박질쳤다. 타이레놀을 판매하는 존슨 앤 존슨 Johnson & Johnson은 1억 달러어치에 달하는 제품을 리콜하고는 모든 판매를 중단했다. 이 회사는 소비자에게 더 이상의 통지가 있을 때까지 이 약품을 구매하지도 복용하지도 말 것을 알렸다. 존슨 앤 존슨과 이 회사의 CEO 제임스 버크^{James Burke}는 진실하고 옳은 일을 했다는 찬사를 받았다. 그러나 버크가 존슨 앤 존슨이 독극물 주입 방지 포장을 개발하는 데 성공하여 원래 브랜드로 약품을 재출시할 것이라고 선언하자 거의 모두가 성공하지 못할 것이라고 예상했다.

광고업계의 어느 거물은 〈뉴욕 타임스〉와의 인터뷰에서 이렇게 말했다.

"저는 그들이 같은 브랜드로 또 다른 제품을 판매할 수 있을 것이라고는 생각하지 않습니다. 이 문제를 해결할 수 있다고 생각하는 광고맨이 있고 그들이 그 친구를 찾았다면, 제가 바로 그 친구를 고용하겠습니다. 저도 그 친구에게 우리의 워터 쿨러Water Cooler를 와인 쿨러Wine Cooler로 바꿔줄 것을 부탁해야 하니까요."

이 약품은 한때 시장을 장악했다. 모두가 그 시절은 영원히 사라진 것으로 알고 있었다. 〈월스트리트저널〉의 어느 기사에서는 슬픈 논조로 "이 약품은 이미 죽었고 깨어날 수 없다"는 논평을 달았다. 오직 이 회사의 CEO만이 이와는 다른 허황된 꿈을 갖고 있었다. 보통 사람들을 대상으로 조사한 바에 따르면, 회사가 안전을 보장하고 판매를 촉진하기 위하여 무슨 짓을 하더라도 이 약품을 구매하려는 사람은 거의 아무도 없는 것으로 나타났다. 실제로 거의 모든 사람이 1981년 회사 순수익의 17퍼센트를 차지하던 이 브랜드가 결코 회복하지 못할 것으로 예상했다.

다시 한번 생각해보라. 불과 2개월 지나서 이 약품이 돌아왔는데, 이번에는 독극물 주입 방지 포장을 했다고 대대적으로 광고를 한다. 1년이 지나 12억 달러에 달하는 해열진통제 시장에서 37퍼센트를 차지하다가 7퍼센트로 곤두박질쳤던 이 약품이 다시 30퍼센트를 회복했다. 모두가 그 시절은 영원히 사라진 것으로 알고 있었는데도 말이다. 물론 지금 우리가 말하는 이 제품은 타이레놀이다. 타이레놀은 예전의 시장 점유율을 완전히 회복했다. 그리고 이후로도 30년이 넘는 기간 동안 해열진통제 시장에서 최고 56퍼센트를 차지할 때도 있었다.

존슨 앤 존슨이 30년 동안의 광고, 실적, 신뢰를 기반으로 쌓아온 기존의 브랜드를 버렸다면 어떤 일이 일어났을까? 아마도 '뉴 타이레놀New

Tylenol'은 '뉴 코크'의 운명에 처해졌을 것이다. 존슨 앤 존슨은 타이레놀을 대체할 완전히 새로운 브랜드를 도입하여 구축하는 데 얼마나 많은 비용을 들여야 했을까? 이러한 시도가 과연 성공을 거두었을까? 우리는 결코 알 수 없다. 존슨 앤 존슨이 컨설팅을 받기 위해 피터 드러커를 불러들였을지도 알 수 없다. 우리가 아는 것은 존슨 앤 존슨이 이러한 비극이 닥쳤을 때 타이레놀 제품을 성공적으로 재출시하기 위하여 올바른 결정을 하고 적절한 조치를 취했다는 것이다. 그것은 이러한 종류의 제품에 대한 첫 번째 리콜을 실시한 것과 함께 독극물 주입 방지 포장을 도입한 것이었다.

버크의 조치는 비즈니스 스쿨에서 성공적인 홍보 전략과 실행에 관한 훌륭한 모범 사례로서 지금도 여전히 연구 주제가 되고 있다. 그러나 이러한 조치를 하게 된 근거는 존슨 앤 존슨 경영진이 이미 알고 있었든 그렇지 않았든 '모두가 아는 것이 반드시 옳은 것은 아니다'라는 판단을 했기 때문이다. 드러커가 말했듯이, 그것은 대체로 옳지 않을 때가 많았다. 버크를 비롯한 경영진은 모든 전문가와 심지어는 소비자가 아는 것에 거스르는 결정을 하고는 타이레놀을 부활시켜서 예전보다 훨씬 더 성공한 제품이 되도록 만들었다.

드러커의 가장 소중한 기여는?

내가 예전에 썼던 드러커에 관한 저작에 관해 인터뷰를 하는 기자들은 자주 이런 질문을 던진다.

"드러커가 했던 가장 소중한 기여는 무엇이라고 생각하십니까?"

그의 수많은 직관, 놀라운 아이디어, 윤리적·도덕적 지침은 많은 조직을 구했고 심지어는 재정적으로 파탄에 이른 국가까지도 구한 것을 보면 나는 이것이 대답하기 어려운 질문이라고 생각했다. 몇 년 동안에 걸쳐서 나의 대답은 "그것은 생각하기 나름이다"라는 말과 함께 나왔다.

드러커가 했던 가장 소중한 기여는 상황에 따라 다르고, 주로 사람들이 바라보는 쟁점에 달려 있다는 것을 지적했다. 나는 드러커가 기여했던 것을 가지고 모든 경우를 포괄하는 단 한 가지로 말하기를 꺼렸다. 그러한 단 한 가지가 떠오르지 않기 때문이다.

그러나 언젠가 인터뷰를 마치고는 이 질문에 대하여 다시 생각하고 대답을 좀 더 잘하기로 결심한 적이 있다. 따라서 여러 가지 문제 영역에서 드러커가 했던 다양한 처방을 살펴보았다. 그의 권고나 해결 방안에서 보편적이고도 가장 소중한 기여라고 할 만한 공유성의 연결고리가 존재하는가?

크라브 마가 훈련에서 부상률이 비교적 낮은 이유는?

격투기는 훈련 도중 부상이 자주 발생하는데, 실전에 대비하려면 훈련도 마치 실전처럼 열심히 해야 한다는 것은 모두가 아는 사실이다. 크라브 마가Krav Maga는 헝가리 거주 유대인 임레 리히텐펠트Imre Lichtenfeld 혹은 히브리어로 이미 스데－오Imi Sde-Or가 개발한 호신술로 그가 2차 대전 도중 유럽을 탈출하여 이스라엘에서 정착하면서 보급했다. 크라브 마가는 히브리어로 '근접전'을 의미하며 실전에서 사용하면 상대에게 영구 상해를 입히거나 생명을 잃게 할 만큼 잔인한 무예로 알려져 있다.

1935년 리히텐펠트는 올림픽 경기와 비슷한 마카비아 경기대회Maccabiah Games에 출전하기 위하여 다른 유대인 레슬링 선수들과 함께 당시 팔레스타인 지역을 방문했다. 그러나 리히텐펠트는 시합에 대비한 훈련 도중 갈비뼈가 부러져 경기에 출전할 수 없게 되었다. 그는 이런 불운을 겪으면서 모든 사람이 격투기에 대하여 알고 있는 것을 폐기하고 크라브 마가의 기본 원칙으로 알려진 '훈련 도중 부상을 당하지 않는 것'을 채택하기로 결심했다. 그럼에도 크라브 마가가 실전에서 효과가 있다는 것은 이스라엘에서뿐만 아니라 전 세계적으로 부정할 수 없는 사실이었다. 그렇지만 여전히 체육계에서는 성공은 실전에서 가장 좋은 성적을 거둘 수 있도록 훈련을 열심히 하는 데서 나온다는 생각이 일반적인 통념으로 자리 잡고 있다.

고객 가치에 대한 드러커의 생각

드러커라면 마케팅에 어려움을 겪는 의뢰인에게 이 문제를 고객이 지향하는 가치 중심으로 생각하고, 고객이 정의하는 가치를 의뢰인 자신이 정의하는 가치로 대체할 수 없다는 점에 유의하라는 권고를 할 것이다. 이것은 매우 소중한 통찰이다. 당신이 실패한 제품들을 열거하다보면 다양한 마케팅 문제의 중심에서 이러한 통찰을 발견하게 될 것이다.

젊은 시절의 스티브 잡스Steven Jobs는 경쟁사의 제품보다 기술적으로 뛰어났기 때문에 리사Lisa 컴퓨터가 성공할 것으로 믿었다. 리사 컴퓨터는 최첨단 메모리 보호 시스템, 다중 작업, 정교한 운영 체제, 내장형 화면 보호 장치, 최첨단 계산기, 최대 2메가 램 지원, 확장 슬롯, 숫자 키패드, 데이터 손상 방지, 고해상도 액정 화면 등을 갖추고 있었다. 경쟁사들이 이러한 특징을 구현하려면 족히 몇 년씩은 걸릴 것으로 예상됐다. 그럼에도 잡스의 생각은 틀렸다. 이 모든 특징은 리사를 오늘날 달러의 가치로 2만 2,000달러라는 고가에 팔아야 하는 결과를 초래했고, 소비자는 그들에게 중요하고 가치가 있다고 여겨지는 것만을 선택하려고 했다. 결과적으로 소비자는 리사보다 기술은 뒤떨어지지만 가격이 리사의 3분의 1도 안 되는 IBM 컴퓨터를 구매했다.

울트라 마라톤에서 61세 노인이 우승한 비결은?

오스트레일리아의 시드니에서 출발하여 멜버른에 도착하는 울트라 마라톤은 세계에서 가장 힘들기로 소문난 마라톤 경기다. 중간에 쉬어가면서 완주하려면 최대 7일 동안 875킬로미터를 달려야 한다. 선수들은 주로 낮에는 달리고 밤에는 쉬었다.

1983년에는 61세의 나이에 감자를 재배하는 농부 크리프 영Cliff Young이라는 이름의 전혀 알려지지 않은 선수가 경기에 참가했다. 많은 사람들이 그가 완주라도 하면 다행이라고 생각했다. 영은 규정상 마라톤 경기는 원하는 경우에 따라 코스 전체를 걸어서 갈 수도 있다는 것을 알았다. 또한 밤에 쉬기 위해 경기를 중단해야 한다는 규정이 따로 있는 것도 아니었다. 따라서 그는 밤에도 쉬지 않고 걸었고 결과는 우승이었다. 그는 2위로 들어온 자기 나이의 절반이 되는 선수보다 거의 하루를 일찍 들어왔다. 다시 한번 모두가 아는 것이 옳은 것은 아니라는 사실이 드러 났다.

컨설턴트가 되어 이러한 교훈을 응용하다

드러커가 했던 가장 소중한 기여는 무엇인가? 그는 우리에게 모두가 아는 것을 쉽게 받아들이지 말고 그것을 곰곰이 생각하여 성공을 위한 자신만의 방법을 개발하라는 교훈을 주었다. 이러한 교훈을 응용하려면 당연히 비판적인 분석이 있어야 한다. "모두가 아는 것은 대체로 옳지 않은 경우가 많다"는 말은 맞지만, 때로는 모두가 아는 것이 실제로 옳은 경우도 있기 때문이다. 따라서 문제는 컨설턴트가 널리 알려진 사실이 어떤 경우에는 옳고 어떤 경우에는 옳지 않은지를 어떻게 알 수 있는가에 달려 있다.

우리가 먼저 이해해야 할 것은 모두가 아는 것 혹은 이른바 널리 알려진 사실은 단순히 가정이라는 것이다. 이제 우리는 이 문제가 정확하게 설정되도록 했다. 우리가 해야 할 일은 대다수가 믿는 가정을 분석하는 것이다. 가정은 당신을 비롯하여 사람들의 집단, 전문가, 내부 인사 혹은 외부 인사가 어떠한 주제에 관하여 갖고 있는 믿음, 아이디어, 예감, 생각을 의미한다. 이러한 가정은 우리가 자신의 가정을 자신의 행동과 의사 결정의 지침으로 사용하기 때문에 아주 중요하다.

때로는 이러한 가정이 암시적이고도 진술되지 않은 것이어서 문제가 복잡해지기도 한다. 심리학자들은 이러한 가정은 옳은 경우 간단하고 명료한 사고방식과 의사 결정 방식을 제공하기 때문에 유용하다고 말한다. 그러나 우리가 가정을 분석하지 않고 사실로 받아들인다면 의사 결정은 불행한 결과를 초래할 수 있다.

타이레놀 사례를 다시 한번 살펴보자. 존슨 앤 존슨이 타이레놀을 포기했더라면 순이익에서 수백만 달러의 손실을 입을 뿐만 아니라 대체 약품의 개발과 마케팅을 위해 비용을 지출해야 했다. 한편으로는 타이레놀 사례가 특별한 것일 수도 있다. 아마도 대부분의 상황에서는 소비자를 사망에 이르게 하여 제조업자의 잘못은 아니지만 윤리적인 판단에 따라 이미 회수했던 제품을 재출시하면 매출이 거의 발생하지 않고 완전히 바보 같은 결정을 한 것으로 판명날 것이다. 따라서 컨설턴트는 항상 생각하고 분석해야 한다.

가정을 분석하다

가정을 분석하기 위한 첫 단계는 출처의 출처를 찾는 것이다. 이러한 가정은 어디에서 나왔고, 그것이 지금도 여전히 타당하고 신뢰할 만한 출처로 작용하는가를 살펴보아야 한다.

여러 해 전에 나는 공군의 신형 항공기를 도입하기 위하여 두 회사가 제출한 두 종류의 설계도 중 한 가지를 선택하는 일을 맡았다. 여기서 말하는 두 회사는 보잉항공사Boeing Aircraft Company와 맥도넬더글러스항공사

McDonnell-Douglas Aircraft Company였다. 항공업계를 잘 아는 사람이라면 보잉항공사가 나중에 맥도넬더글러스항공사를 인수한 사실을 알고 있을 것이다. 그러나 그것은 지금 내가 하는 이야기와는 아무런 상관이 없다.

두 회사는 각자 이미 생산 중인 항공기의 표준 설계도 중 하나를 부분적으로 수정하여 제출했다. 우리는 각 항공사의 제안에 관한 진척 상황을 살펴보기 위해 항공사별로 설계팀 직원들을 정기적으로 만났다. 항공사의 입장에서는 제안이 받아들여져 수주 계약을 따내면 수억 달러를 벌어들일 수 있었다.

어느 날 우리는 항공기의 가격을 낮추기 위한 방법을 논의하기 위해 그들과 개별적으로 미팅을 가졌다. 이런 자리에서 맥도넬더글러스의 관리자는 이렇게 말했다.

"당신이 우리에게 탈출용 해치의 사이즈에서 2인치만큼의 차이를 허용하면 항공기 한 대당 1,000만 달러를 절약할 수 있습니다. 그렇게 하면 우리가 생산하는 DC-9 항공기에 설치된 탈출용 해치의 표준 사이즈가 될 것입니다. DC-9 기종은 연방 항공국Federal Aviation Administration, FAA이 실시하는 모든 테스트를 아무런 문제없이 성공적으로 통과했습니다."

나는 그의 요구를 적극 검토하겠다고 약속했다. 그의 요구대로라면 큰돈을 절약할 수 있었다.

기원을 찾아내다

이번 경우의 1차 출처는 우리가 두 항공기 제작사에 보낸 설계규격서

목록에 이러한 요건을 집어넣은 엔지니어였다. 그러나 때로는 우리가 1차 출처가 실제 창시자가 아닐 수도 있기 때문에 내가 '양파 껍질 벗기기'라고 일컫는 과정을 실시해야 할 때가 더러 있다. 우리가 찾는 것은 양파의 한 겹 혹은 여러 겹 속에 놓여 있고 우리는 중심, 즉 궁극적인 출처에 도달하기 위하여 여러 겹의 껍질을 벗겨봐야 한다.

나는 최대한 신속하게 맥도넬더글러스가 적용 보류를 원하는 항공기의 설계규격을 담당하는 바로 그 엔지니어와 연락을 취했다. 그는 나에게 "우리는 그렇게 할 수 없어요. 이 요건은 우리 공군의 항공기 설계 편람에 규격으로 나와 있습니다. 우리가 수송형 항공기를 새로 도입할 때는 이 요건을 따라야 합니다"라고 말했다.

이 말은 1차 출처가 최초의 출처가 아니라는 것을 의미했다. 여기에는 또 다른 출처가 있었다. 또 다른 출처란 항공기 설계 편람이었다. 이것은 예상이 가능하고 반복되는 결과를 발생시킬 뿐만 아니라 탈출용 해치의 사이즈에 정확한 규격 치수를 정하고 이를 준수하는 데서 비롯되는 신뢰성 때문에 이른바 '모두가 아는 것'이었다.

이번 사례는 존슨 앤 존슨이 타이레놀의 종말은 돌이킬 수 없는 것이라고 말했던 사람들의 출처를 찾는 것과도 마찬가지였다. 그 출처는 〈비즈니스 저널〉에 논문을 쓰는 광고 및 기업 전문가들이었다. 그들은 좋은 출처였다. 그들은 광고에 대하여 그리고 신문 지상에서의 나쁜 평가가 정확하든 그렇지 않든 제품의 평판을 어떻게 망치는가에 대하여 종종 옳은 판단을 했다. 그들의 과거 이력을 살펴보면 신뢰할 만한 출처였다.

출처에 타당성이 있는가?

신뢰성과 타당성은 실험에서 나오는 개념이다. 실험의 타당성은 우리에게 실험을 통하여 측정하고자 했던 것을 얼마나 잘 측정했는가를 말해준다. 우리는 실험 점수를 통하여 추론하고 이러한 추론의 적합성에 관한 증거에 근거하여 판단한다. 그러나 여기서 실험 점수를 살펴보지는 않을 것이다. 다만 우리는 가정만을 살펴볼 것이다.

그렇다면 항공기 설계 편람에 나와 있는 이처럼 특별한 규격은 어디에서 나왔는가? 이것의 출처를 알면 이처럼 특별한 설계규격이 우리가 제작하려던 항공기에 타당한지를 결정하는 데 도움이 될 수 있었다. 다시 말하자면, 아직은 이러한 정보의 기원이 되는 최초의 출처를 찾아내지 못했다.

따라서 나는 양파 껍질을 다시 벗기기 시작했다. 그 결과 항공기 설계 편람 작성자가 여기에 나오는 모든 규격에 대하여 이것이 어디에서 나온 것인지, 무엇에 근거한 것인지를 명시해놓은 사실을 알았다. 이것을 명시하도록 요구한 것은 훌륭한 판단이었다. 대체로 규격들은 처음 실시한 실험에 근거하여 나왔다. 나는 담당 엔지니어에게 이처럼 특별한 설계규격이 어떤 실험에 근거한 것인지, 그 실험을 언제 완료한 것인지를 확인하기 위해 필요한 조사를 요청했다.

엔지니어로부터 놀라운 대답이 돌아왔다. 그 설계규격은 거의 30년 전 프로펠러 추진 항공기를 가지고 실시한 항공기 실험에 근거한 것이라는 이야기였다. 당시 항공기는 시속 193킬로미터로 날았다. 하지만 우리가 제작하려는 항공기는 시속 805킬로미터로 나는 것이었다. 이런 경우 이 설계규격은 확실히 타당성이 없다. 나는 이 사실을 항공기 설계자에게 알렸다. 그는 우리에게 모두가 아는 것(항공기 설계 편람)을 잊어버리라고 하면서, 항공기 대기 속도$^{Air\ Speed}$(비행중인 항공기의 대기에 대한 상대 속도 – 옮긴이)에서 우리가 긴급 탈출을 위한 요구를 만족시키기 위해 준수하는 해치의 사이즈에서 2인치는 아무런 차이를 일으키지 않는다고 말했다. 우리는 그의 권고를 받아들였다.

존슨 앤 존슨 회장과 그의 보좌진들도 마찬가지로 그들에게 원래의 타이레놀 제품을 포기하고 새로운 제품을 출시하라는 충고의 출처를 분명히 살펴봤을 것이다. 아마도 그들은 단지 제품명만을 변경하는 것도 한 가지 방법으로 생각했을 것이다. 그들은 비슷한 상황에서 이런 식으로 제품을 재출시했을 때의 성공 가능성이 얼마나 되는지도 조사했을 것이다. 이것은 양파 껍질 벗기는 과정을 의미한다. 그들은 어느 누구도 이와 같은 일을 시도조차도 하지 않았기 때문에 판단의 근거가 되는 데이터가 별로 없다는 것도 알았을 것이다. 그들은 그동안 계속 성공가도를 걸어왔다. 그리고 '모두가 아는 것'에도 불구하고 그것을 테스트할 만한 가치가 있는 것으로 생각했다. 이는 또 다른 중요한 측면을 제기한다. 그것은 '가정을 테스트하는 것'이다.

나는 컨설턴트이자 공군, 제조업체의 의사 결정자이자 대학원의 행정 관료로 일하면서 모두가 옳은 것이라고 생각하기 때문에 사람들이 가정이 옳은지 테스트하기를 원하지 않고 이러한 테스트를 완전히 무시하는 모습을 너무도 많이 보아왔다. 반대론자들은 아는 체하면서 "항상 그렇게 해왔던 방식이지" 혹은 "모두가 그렇게 하고 있어" 혹은 단순하게 "우리가 오래 전에 테스트를 해봤지만 아무런 소용이 없었어"라고 말할 것이다. 나는 오래 전에 직접반응 광고Direct Response Advertising(소비자에게 광고주와 접촉할 수 있는 방법을 제공함으로써 잠재 고객의 직접반응을 촉구하기 위한 의도로 만들어진 유료 광고 – 옮긴이)를 하면서 헤드라인, 삽화, 매개체, 콘셉트에 대한 테스트의 가치를 배웠고, 모두가 아는 것은 단순히 틀릴 수도 있고 혹은 특별한 경우에 틀릴 수도 있다는 것을 확인했다. 또한 반대론자의 논리가 궁극적으로는 틀린 것으로 드러나는 경우를 너무도 자주 보아왔기 때문에 "어느 누구도 그렇게 한 적이 없어!"라는 말을 들을 때는 당장 그 자리에서 "좋아! 우리가 첫 번째가 되는 거야"라고 대꾸하곤 했다.

이 모든 이야기는 로저 배니스터Roger Bannister의 업적을 떠올리게 한다. 영국의 의사이자 육상 선수인 배니스터는 달리기 경기에서 한때는 불가능하리라고 생각되던 기록을 깼다. 전문가들은 어느 누구도 해낼 수 없을 것이라고 생각했다. 그것은 그 유명한 '1마일 4분'이라는 벽이었다. 예전에는 어느 누구도 1마일을 4분 이내에 주파하지 못했다. 오늘날 1마일 세계 기록은 모로코의 히참 엘 게루지Hicham El Guerrouj가 보유하고 있는데, 그는 1999년 7월 7일 이탈리아 로마에서 1마일을 3분 43초 13에 주파했다.

지금은 고등학교 학생 중에도 4분벽을 깨는 선수가 있다고 한다. 그러나 중요한 사실은 배니스터가 1954년 5월 6일 4분벽을 허물었을 때 많은 사람들이 이것은 결코 일어나지 않을 불가능한 일이라고 생각했다는 것이다. 배니스터는 이 업적을 통해 기사작위를 수여받았다. 그의 기록은 3분 59초 4였다. 1마일 4분벽을 1초 넘게 깨지는 않았다. 이것은 배니스터의 업적이 있기 전에는 불가능한 일이라고 여겨졌기 때문에 이후로는 어느 누구도 배니스터보다 훨씬 더 빨리 달리더라도 기사작위를 수여받지 않았고, 그만한 명예를 누리지도 못했다.

당시 나는 고등학교 학생이었는데 배니스터가 1마일 4분벽을 깨기 직전에 어느 신체 운동학 박사가 라디오 인터뷰에서 했던 말이 생각난다. 그는 인간의 신체는 1마일을 4분 이내에 달리게 되어 있지 않으므로 그런 일은 결코 일어나지 않을 것이라고 힘주어 말했다. 따라서 그는 배니스터가 4분벽을 깨지 못할 것으로 예상했다. 배니스터는 그의 주장을 받아들이지 않았다. 모두가 아는 것은 옳지 않았고, 배니스터는 이런 사실을 알고 있었다.

1983년에 오스트레일리아에서 열린 울트라 마라톤에서 감자를 재배하는 61세의 농부 크리프 영이 우승한 것도 그가 이런 사실을 알고 있었기 때문일까? 나는 잘 모르겠다. 아마도 그는 경기에 참여하기 전에 이런 사실을 생각했을 수도 있다. 다만 분명한 사실은 이런 경우 모두가 아는 것이 옳지 않았다는 것이다.

모두가 아는 것은 대체로 옳지 않다. 그 이유는 사람들이 한두 가지 잘못된 가정을 하기 때문이다. 컨설턴트가 드러커의 지혜(어쩌면 그가 가장 크게 기여한 것)를 효과적으로 활용하려면 모두가 아는 것의 출처를 찾아서 그것의 신뢰성과 타당성을 검토해야 한다.

당신 스스로 생각을 하고 다른 사람이 했던 가정을 비판적으로 분석하라. 약간의 시간을 투자하여 가정을 테스트하라. 이렇게 하면 당신은 드러커와 마찬가지로 모두가 아는 것이 옳지 않다는 사실을 여러 번에 걸쳐 입증하는 자신의 모습에 놀라움을 금치 못할 것이다.

9장

드러커는
자신의 무지를
어떻게 활용했는가?

드러커는 어떤 학생이 그처럼 다양한 산업에서 컨설턴트로 성공한 비결을 묻는 질문에 이렇게 대답했다.

"비결이 따로 있는 것은 아니라네. 단지 적절한 질문을 하면 된다네."

우리는 7장에서 드러커의 컨설팅에서 이처럼 중요한 측면을 살펴보았다. 그러나 나의 동료 학생은 당장 또 다른 질문을 했다.

"적절한 질문을 어떻게 알 수 있습니까? 교수님께서 하시는 질문이 컨설팅을 하는 산업에 대한 지식에 기반을 두고 있지는 않을 텐데요. 경험 없이 처음 시작할 때는 어떻습니까? 교수님께서는 처음 시작하셨을 때 컨설팅을 위한 지식이나 전문성을 어떻게 습득하셨습니까?"

그때 드러커는 자신의 놀라운 컨설팅 비결을 설명했다.

"나는 산업에 대한 지식이나 경험에 바탕을 두고 질문을 하거나 컨설팅 과제에 접근하지는 않네. 정확하게 그 반대로 행동하지. 나는 내가 가진 지식이나 경험을 전혀 사용하지 않는다네. 그 상황에서 나의 무지를 활용하지. 무지는 어떤 산업에서든 다른 사람이 문제를 해결하는 데 도움을 주기 위한 가장 중요한 요소일세. 그리고 무지는 사람들이 이것을 활용하는 방법만 안다면 그렇게 나쁜 것이 아니야. 관리자라면 무지를 활용하는 방법을 반드시 알아야 하네. 우리는 과거의 경험을 통해 우리가 안다고 생각하는 것이 아니라 우리의 무지를 활용하여 문제에 접근해야 할 때가 많아. 우리가 안다고 생각하는 것이 옳지 않은 경우가 너무도 자주 일어나기 때문이지."

무지의 가치

드러커는 당장 이러한 주장을 입증하기 위해 어떤 이야기를 들려주기 시작했다. 그의 이야기는 가톨릭교회에서부터 일본 문화, 정치, 역사, 유대교의 신비주의, 전쟁, 기업 경영에 이르기까지 자신의 광범위한 독서 지식이나 생각을 총망라하곤 했다. 물론 이번 이야기도 그랬다.

2차 대전 직후의 일본에서는 연료 부족 현상이 심각했다. 전후에도 자동차는 존재했지만 휘발유의 부족으로 움직일 수 없었다. 젊은 경영자 혼다 소이치로本田宗一郎는 2차 대전 중 제조업 기계와 심지어는 항공기 프로펠러 분야에서 의미 있는 경험을 쌓았다. 그는 자전거에 소형 엔진을 달아 자동차의 대체 수단으로 활용하는 아주 창의적인 아이디어를 제안하기도 했다. 이처럼 간단하고 가벼운 교통수단은 휘발유를 훨씬 덜 사용하도록 했다. 그는 시험 모델을 성공적으로 제작했지만 문제는 일본 정부가 휘발유 부족 현상으로 휘발유를 사용하는 새로운 엔진을 제작하는 데도 규제를 가한다는 것이었다. 따라서 혼다는 훌륭한 아이디어를 내놓았지만 당장 이것을 실행에 옮길 수는 없었다.

혼다는 자기 아이디어를 가지고 고심했다. 그는 제조업에 대해서는 많이 알았지만 휘발유 혹은 연료의 대용품에 대해서는 전혀 알지 못했다. 그는 드러커처럼 이 문제를 풀기 위해 오로지 자신의 무지를 활용했다. 그는 자신의 무지 때문에 이 프로젝트를 포기하지 않았다. 그는 앞으로 엄청난 마케팅을 하더라도 제품을 당장 선보이기를 원했다. 그러나 휘발유 부족 현상을 종식시키거나 일본 정부가 소형 휘발유 엔진을 장착한 교통수단의 제작을 허가하도록 로비활동을 펼치는 것은 자신의 능력 밖의 일이었다. 그는 조사를 하고 나서는 완전히 다른 종류의 연료를 사용하는 것이 답이라는 결론을 내렸다. 이후로 그는 이 문제에만 집중했다. 이것이 바로 1단계였다.

혼다는 다른 종류의 연료나 휘발유의 대용품에 대해서는 잘 모르기 때문에 연구를 시작했다. 그의 완전한 무지는 그에게 지식을 쌓고 일정 수준의 전문성에 이르도록 했다. 그는 누군가가 쓴 글을 읽고는 전쟁 도중에 항공유의 대용품으로 송진을 사용하거나 적어도 사용하려는 시도가 있었다는 사실을 알았다. 그는 전문가들이 송진을 항공유의 대용품으로 생각했다면 일반 자동차 연료로 쓰이는 휘발유의 대용품이 되지 말라는 법도 없다고 판단했다.

다른 사람들은 이것이 혼다의 무지에서 나오는 쓸데없는 아이디어라고 생각했다. 혼다의 아이디어가 무지에서 비롯된 것은 의심의 여지가 없는 사실이었다. 더구나 이것이 그처럼 훌륭한 아이디어라면 경험이 많은 제조업자가 벌써 채택하지 않았겠는가? 그럼에도 혼다는 일본에 풍부하게 있는 송진이 항공기용 휘발유 엔진에 쓰일 수 있다면 이보다 훨씬 더 작은 엔진에도 당연히 쓰일 수 있을 것이라고 생각했다.

그는 자기가 만든 엔진을 가지고 송진을 연료로 사용하는 실험을 했는데 너무나 기쁘게도 엔진이 확실하게 제대로 작동되었다. 결국 혼다는 송진을 연료로 해서 달리는 독특한 자전거를 개발했다. 물론 강한 냄새를 풍겼고 동료들은 그가 만든 엔진을 '굴뚝'이라고 부르기도 했다. 혼다는 이러한 혁신 제품을 개발하고 상용화하는 데 성공했고, 규제가 철폐되었을 때 휘발유 엔진으로 전환하여 자기 회사를 세계에서 가장 규모가 큰 오토바이 회사로 키워냈다.

또한 혼다는 자동차도 제작하기 시작했는데 오늘날 혼다자동차 역시 세계적으로 많이 팔리고 있다. 그러나 이러한 발전은 실제로는 혼다가 초기의 문제를 해결하는 데서 비롯된 예상하지 못한 혜택이었다. 이러한 발전 중 그 어느 것도 혼다가 자신의 과제를 자신의 무지를 통하여 접근하는 방식으로 '해결할 수 없는 문제'를 해결하지 않았더라면 결코 일어나지 않았을 것이다.

무지에 대한 드러커의 주장

내 무지를 활용하여 '문제가 발생한 상황에서 관리자가 자신의 무지를 활용하기 위해 무엇을 해야 하는가'에 관한 드러커의 주장을 살펴보기 시작했다. 드러커의 주장이 기존의 경험, 지식, 전문성을 완전히 배제하라는 의미가 아니라는 것을 잘 안다. 이것이 옳다면 드러커는 어디에서 시작해야 하는지조차 어떻게 알았을까? 더구나 무지에서 시작하라는 그의 권고는 지식, 경험, 전문성을 활용하여 개발한 모델에 근거해야 한다. 그가 신문기자로 일했던 경험이 무지에서 시작하라는 영감을 주었을 것으로 짐작한다. 그러나 그때도 그는 추가적인 정보를 모으면서 논리적인 방법으로 일반적인 문제에 접근했다. 따라서 그는 더 이상 처음 시작할 때처럼 무지하지 않았다.

또한 나 자신이 어떠한 질문이든 간에 이러한 질문에 바탕을 둔 드러커의 충고를 따르는 관리자 혹은 컨설턴트로서 드러커가 방대한 양의 지식 없이는 쟁점을 정확하게 이해하지 못했을 것이라는 생각이 들었다. 이는 드러커가 당장 즉석에서 해야 하는 전술적인 결정과 관련해서는 말을 하지 않았다는 것을 의미한다. 이러한 결정은 기존의 지식이나 경험에 바탕을 두어야 한다. 그는 시간을 가지고 철저하게 조사하고 깊이 생각해야 하는 결정에 관해 말을 했던 것이다. 더구나 드러커는 많은 경우에 관리자는 자신의 직감을 믿어야 한다고 말했다. 하지만 이 말이 통찰을 무시하라는 것을 의미하지는 않았다. 분명히 그가 제공하는 컨설팅 서비스에서도 마찬가지였을 것이다.

나는 드러커가 의미하는 무지란, 컨설턴트 혹은 관리자는 제대로 생각해보지도 않고 당장의 해법을 가지고 덜컥 시작부터 해서는 안 된다는 것으로 결론지었다. 관리자의 경험과 통찰이 배제되어서는 안 되겠지만 그들은 우선 열린 마음으로 문제에 접근해야 한다. 따라서 관리자는 문제를 해결하기 위하여 자원을 편성하는 데 자신의 무지를 인식하고 심지어는 중시해야 한다. 이러한 논점은 지난 장에서 드러커가 수시로 말했던 "모두가 아는 것은 대체로 옳지 않은 경우가 많다"라는 문장을 설명할 때부터 계속된다. 주로 전문성 혹은 모두가 아는 것에 의존하면 문제의 최적해에 도달하지 못할 위험이 있다. 이것이 실제로 드러커가 의미하는 것이라는 사실은 몇 년 뒤 그와 함께 점심 식사를 하면서 개인적으로 나눈 대화에서 확인되었다.

문제해결에 있어 무지의 힘

나는 드러커의 생각과 함께 출발하면서 문제해결을 위한 방법론을 살펴보기 시작했다. 먼저 관리자가 문제를 해결하기 위한 주요 접근 방법을 두 가지로 나누어보았다. 이 두 가지 접근 방법은 모두 무지를 활용하면서 시작한다. 본질적으로는 좌뇌의 활용을 강조하는가 혹은 우뇌의 활용을 강조하는가와 관련이 있다. 즉, 논리와 분석에 의존하는가 아니면 창의성과 감성에 의존하는가로 구분된다. 물론 이 두 가지 접근 방법은 결합될 수 있다. 가장 중요하게는 이 두 가지 접근 방법이 관리자에 의해 혹은 그들을 돕는 컨설턴트에 의해 직접적으로 활용될 수 있다. 중요한 기본 원리는 당신이 무지한 상태에서 문제에 접근하면 이두 가지 방법이 새롭게 추가되는 유용한 정보의 축적, 체계화, 분석을 수반하기 때문에 당신이 문제해결을 시도하는 동안 아는 것이 많아진다는 것이다.

좌뇌를 활용한 문제해결

아주 오래 전에 나는 공군에서 좌뇌를 활용한 문제해결 방법을 배웠다. 이 방법은 참모들의 연구에 활용되었는데 복잡한 문제를 정의하고, 데이터를 체계적으로 분석하며, 논리적인 해결 방안과 권고안을 도출할 때뿐만 아니라 이러한 정보를 다른 사람에게 발표하여 그들에게 우리의 해결 방안과 권고안의 타당성을 설득할 때도 상당히 효과적이었다. 이 방법은 컨설턴트에게 상당히 중요한 것이다.

나는 이 방법이 19세기의 군대에서 개발된 것으로 알고 있다. 그러나 이 방법을 조사하면서 하버드대학교에서도 이것을 활용하고 가르치고 있다는 것을 알았다. 나중에 안 것이지만 변호사나 심리학자와 같은 다른 전문직 종사자들도 어렵고도 복잡한 문제에 직면할 때 논리적으로 타당한 결론을 분석하고 도출하기 위하여 이와 매우 비슷한 방법을 자주 사용하는 것을 알았다.

틀림없이 드러커는 이와 비슷한 해결 방안을 생각해냈다. 드러커가 이것을 거의 정확하게 생각해냈고 이러한 정보를 1954년에 발간된 그의 저작 《경영의 실제The Practice of Management》에 수록한 사실을 나는 오랫동안 간과하고 있었다.

좌뇌를 활용한 접근 방법은 문제를 정의하고, 상황과 관계가 있는 적절한 정보를 결정하며, 문제에 대하여 대안이 될 만한 해결 방안을 개발한다. 대안을 분석하고, 분석을 통하여 해결 방안을 찾고, 마지막에는 결론을 도출하여 이러한 결론을 컨설팅 의뢰인 혹은 조직에서 신탁이사회 혹은 이사회처럼 그들보다 더 높은 위치에 있는 구성원들에게 전하는 권고안으로 바꾸는 작업으로 구성되어 있다.

고속으로 선박을 건조하다

드러커는 우리에게 스스로 생각하라고 가르쳤다. 그는 '누구나 다 아는 지식' 혹은 과거에 반드시 옳은 것으로 여겨지던 작업 방식을 받아들이

지 않았다. 실제로 드러커가 교실에서 가장 많이 사용하던 표현은 "모두가 아는 것은 대체로 옳지 않은 경우가 많다"였다.

드러커는 특히 자신의 전설적인 컨설팅에서 무엇인가에 대한 위대한 지식을 결코 주장하는 법이 없었다. 대신 그는 위대한 무지를 주장하면서 바로 이것이 자신에게 생각을 자극했다고 말했다. 그것은 2차 대전 중에 어느 미국인 제조업자가 보여준 놀라운 성과였고, 드러커가 권하는 이처럼 간단한 접근 방식의 뛰어난 사례였다.

영국은 독일 잠수함 공격으로부터 많은 피해를 입게 되자 값싼 화물선을 설계했다. 이러한 화물선은 기본 설계만 하고 저렴한 비용으로 건조한 것이기 때문에 5년 넘게 항해하지는 못할 것으로 예상되었다. 더구나 이 화물선을 건조하는 데는 겨우 8개월이 걸렸고 이것이 중요한 변수로 작용했다. 영국의 조선 기술은 당시 세계 최고였다. 그러나 이처럼 아주 간단하게 설계한 선박이라도 이를 건조하는 데는 여전히 전문가와 숙련 기술자를 투입해야 했다. 영국은 전쟁의 거의 모든 부문에 참여하고 있었다. 따라서 군함을 건조하는 데 필요한 인력, 조선소, 생산 설비가 더 이상 남아 있지 않았다.

반면 미국은 아직 전쟁에 참여하지 않고 있었다. 따라서 사용 가능한 인력이 남아 있었다. 그러나 미국은 상선 건조에서 뛰어난 실적을 갖고 있지 않았다. 미국은 지난 10년 동안 외항 화물선을 겨우 두 척 건조한 것이 전부였다. 영국의 설계도에 따라 8개월에 건조할 수 있는 선박을 미국이 1년에 건조할 수 있다면 고무적인 일이었다.

미국 정부는 헨리 카이저Henry Kaiser에게 이 일을 맡겼다. 카이저는 선박 건조에 대하여 아는 것이 별로 없었고 특히 화물선 건조에 대해서는 완전히 무지한 상태였다. 그러나 그는 영국의 설계도를 가지고 자신의 경험이나 지식이 아닌 자신의 무지를 바탕으로 일을 진행했다.

그는 설계도를 보면서 생각을 많이 했다. 우선 그는 조립 부품을 사용하는 조립 공정을 재설계하여 근로자들이 조립 작업의 여러 부분을 알 필요가 없도록 함으로써 훈련을 훨씬 더 쉽게 받을 수 있도록 했다. 영국은 정밀 가공을 위해서는 금속을 정확하게 절단해야 하고 이러한 과정에서 중장비가 필요하다는 것을 알고 있었다. 카이저는 이런 사실을 몰랐기에 중장비도 가지고 있지 않았다. 그의 무지는 근로자들에게 산소-아세틸렌 토치를 사용하여 금속을 절단하도록 지시했다. 이 방법은 영국의 전통적인 방법보다 선박을 더 저렴하고 빠르게 건조할 수 있는 것으로 밝혀졌다. 카이저는 이 방법을 생각하고는 리벳 작업을 용접 작업으로 대체했다. 이 또한 비용과 시간을 절약하는 것이었다.

카이저는 자신이 건조한 배를 '리버티 선Liberty Ships'이라고 불렀다. 이 배를 건조하는 데는 한 척당 1년이 걸리지 않았다. 심지어는 8개월도 걸리지 않았다. 처음부터 끝까지 약 1개월이 걸릴 뿐이었다. 그다음에는 생산 기간을 2주로 단축했고, 홍보 목적으로는 리버티 선 한 척을 불과 4.5일에 건조했다. 그는 거의 1,500척을 건조했다. 비록 리버티 선을 긴 수명을 염두에 두고 건조하지는 않았지만 두 척은 50년이 지나서도 여전히 항해하고 있었다.

문제를 정의하다

"당신은 '그곳'이 어디인지를 알 때까지 '그곳'에 도달할 수 없다"는 말은 드러커의 주장이 아니라 나의 주장이다. 이 말은 당신이 문제를 해결하려면 먼저 문제가 무엇인지를 정확하게 이해해야 한다는 사실을 내 방식대로 강조한 것이다. 이것이 바로 문제가 발생한 상황에서 '그곳'에 해당한다. 선박 건조에 있어서의 문제는 미국이 영국 방식으로 선박을 건조하는 것이 아니라 독일 잠수함의 공격으로 큰 피해를 입는 데도 불구하고 각종 물자를 영국으로 실어 나를 상선을 건조하는 것이었다. 그러나 이러한 정의를 내리는 데는 어느 정도 생각을 필요로 한다.

특정한 상황에서 핵심 문제를 정의하는 것은 컨설팅에서 유일하게 가장 어렵고도 중요한 과제다. 특정한 상황에서 핵심 문제를 정확하게 파악하면 이 문제를 해결하기 위하여 다양한 접근 방법을 찾을 수 있다. 그러나 문제를 잘못 파악하면 아무리 뛰어난 해결 방안이라도 상황을 바로잡지 못한다. 당신은 필요한 만큼 시간을 써야 한다. 당신이 핵심 문제를 제대로 바라보고 있는지를 확인하라. 드러커가 말했듯이 "잘못된 문제에 대한 올바른 대답만큼이나 (위험하지는 않더라도) 쓸데없는 것은 없기 때문이다."

당신은 '무지와 함께 시작하라'는 드러커의 가르침이 왜 그렇게 중요한지 알 수 있다. 앞에서 살펴본 미국의 선박 건조에서는 문제가 정확하지 않게 정의되었다. 이때 문제는 '미국이 어떻게 영국과 같은 전문성, 수세기에 걸친 경험, 선박 건조를 위한 물리적 시설이 없는 상태에서 영국이 위급할 때 실질적인 도움이 될 수 있도록 신속하게 영국식으로 선박을 건조할 수 있는가?'로 정의되었다. 그러나 사실 이 문제는 '해결할 수 없다'였다. 영국은 선박 건조에 있어 최고 수준이었다. 그들만의 방식으로 선박을 건조하는 데는 최고 수준이었지만 몇 달이 걸렸다. 카이저가 자신의 무지를 동원하여 이 문제를 다시 정의하지 않았더라면, 카이저와 함께 긴급하게 투입되는 미국인 조선업자들은 여전히 정확하지 않게 정의된 문제에 매달렸거나 이미 포기한 지 오래였을 것이다. 1940년대 당시에 사용 가능했던 기술과 상선 건조에서 미국이 보유한 최신식의 기술을 사용하더라도 이 문제는 해결될 수 없었다. 오직 무지만이 구원의 손길을 뻗칠 것이다. 따라서 1단계에서 해야 할 일은 '문제를 다시 정의하는 것'이다.

핵심 문제를 정의할 때 범하는 가장 큰 오류는 증상과 문제를 혼동하는 것이다. 예를 들어, 수익이 낮은 것은 핵심 문제가 아니고 다른 무엇인가에 의해 나타나는 증상이다. 컨설팅 업무는 한 가지 이상의 문제를 다룰 때가 많다. 이때 먼저 해야 할 일은 주어진 상황에서 중요한 문제를 찾아내는 것이다. 다른 문제보다 더 중요하여 핵심 문제가 되는 것을 말이다. 이러한 핵심 문제가 다른 문제를 일으킬 수도 있다. 당신이 특정한 상황에서 중요한 문제를 두 가지 이상 찾았다면, 당신은 각각의 문제를 별도로 다루어야 한다.

일단 당신이 핵심 문제를 확인했으면 그것이 무엇인지를 설명하기 위한 초안을 작성하는 것이 좋다. 이러한 초안은 최대한 짧게 작성하여 가장 간단한 진술이 되도록 해야 한다. 핵심 문제는 한 문장으로 작성하는 것이 가장 좋다. 그러나 당신이 핵심 문제를 확인하고 이것을 가장 간단하게 작성하는 데 시간이 많이 걸렸더라도, 분석을 통하여 문제를 해결

해가는 과정에서 또다시 핵심 문제로 돌아와 수정해야 하는 경우가 번 번히 발생한다는 사실을 명심해야 한다.

또한 핵심 문제를 작성하면서 당신이 문제를 분석하기도 전에 특정한 행동 방침이 정확하다는 가정을 함으로써 마치 작성해놓은 문제가 해결 방안처럼 보이지 않도록 주의해야 한다. 혼다의 문제로 돌아가서 만약 그가 문제를 '정부가 휘발유 엔진 제조에 대한 규제를 철폐하도록 하는 방안'으로 정의했다면, 송진 연료와는 아무런 관계가 없는 완전히 다른 행동 방침에 도달했을 것이다.

이러한 방법론을 적용하는 데 있어 당신의 목표는 행동 방침을 최대한 다양하게 개발하는 것이라는 점을 명심해야 한다. 당신의 진술을 문장으로 작성하면서 오직 두 개의 대안만이 가능하도록 해서는 안 된다. 예를 들어 "신제품을 도입해야 하는가?"와 같은 질문을 던져서는 안 된다. 이런 문제에서는 "예" 혹은 "아니요"라는 오직 두 개의 대안만이 가능하다. 물론 때로는 오직 두 개의 대안만을 분석해야 하는 상황도 발생한다. 그러나 대체로 당신은 두 개가 넘는 행동 방침을 열어두는 방식으로 문제에 대한 진술을 변경할 수 있다.

당신의 진술에는 문제에 대한 중요하고도 구체적인 내용이 들어가야 한다. 예를 들어 "신제품을 도입해야 할 가능성에 대하여 무엇을 해야 하는가?"는 문제에 대한 바람직한 진술이 아니다. 이것은 두 개가 넘는 대안을 허용하지만 당신이 작성한 보고서의 독자들이 중요하게 여길 수 있는 문제에 대한 구체적인 내용이 빠져 있다. 그들은 문제에 대하여 당신이나 당신의 의뢰인만큼 잘 알지 못한다. 그렇다고 문제에 대한 진술에 여러 가지 부가적인 요인들을 포함시킨 나머지 이것이 너무 길어지지 않도록 주의해야 한다. 비록 이러한 요인들이 관련이 있다고 하더라도 이들은 문제에 대한 진술이 다루기 어렵거나 어색하게 보이게 하여 독자들이 이해하기 힘들게 만든다.

이처럼 주의해야 할 사항들을 염두에 두고 당신의 문제에 대한 진술을 작성해보라. 이러한 진술을 누가, 무엇을, 언제, 어디서, 어떻게, 왜라는 의문사로 시작하는 질문 형태로 표현해보라. 혹 당신은 "$xxx,xxx 달러를 빌리기 위한 최선의 자금원을 결정하라(To determine the best source for borrowing $xxx,xxx)"는 진술처럼 to부정사를 사용할 수도 있다.

드러커는 이 모든 것을 알고 있었다. 많은 경험을 하고 나서는 문제에 대한 진술을 철저하게 작성할 필요조차 없었다. 또한 많은 상황에서 그는 의뢰인들에게 단순히 몇 가지 질문만을 했고, 그들은 이처럼 중요한 핵심 문제에 금방 도달할 수 있었다. 드러커는 적절한 문제에 도달하는 데 필요한 사항들을 설명하기 위해 많은 시간을 들였고, 나도 그랬다. 그는 잘못된 문제를 가지고 작업을 하는 것은 시간뿐만 아니라 자원과 재정을 낭비하고, 언제나 잘못된 해결 방안을 내놓게 된다고 보았다.

관련 요인

요인에는 사건, 평가, 추론, 가정, 시간과 재정의 제약 등이 있을 수 있다. 우리는 이 모든 것을 기록해야 하고, 이들을 열거하기 전에 많은 사항들을 점검해야 한다. 가장 중요하게는 어떠한 상황에서든 다양한 요인들이 존재할 것이지만 당신은 자신이 결정한 핵심 문제와 관련된 요인들만을 한정하고 열거해야 하기 때문에 '관련'이라는 단어가 중요한 의미를 갖는다.

카이저의 문제에 있어서는 문제가 발생한 상황과 직접적으로 관련이 있는 요인들이 많았다. 따라서 추가적인 데이터나 정보가 필요했다. 카이저는 자신이 무엇을 보유하고 있지 않는지를 잘 알고 있었다. 예를 들어, 그는 자신이 이용할 수 있는 자원이 무엇인지를 알아야 했다. 따라서 이러한 자원을 살펴보고, 분석을 하고, 마침내 자신이 이처럼 특별한 선박을 더 저렴하고 빠르게 건조할 수 있다는 결론을 내렸다. 이러한 결론을 내리는 작업은 카이저 자신이 중요하지 않거나 관련이 없다고 생각하는 사항을 버리고 분석하여 해결 방안을 도출하는 데 있어 중요한 사항에만 집중했기 때문에 더욱 쉽게 진행되었다.

대안이 될 만한 행동 방침

이처럼 좌뇌를 활용한 의사 결정 과정의 한 부분에서 카이저는 문제를 해결하기 위하여 여러 가지 대안들을 결정해야 했다. 여기서 새로운 방법을 개발하는 것이 한 가지 선택이 될 수 있었다. 그는 중립국가의 조선 전문가를 찾아서 그들에게 고임금을 제시할 수도 있었다. 새로운 금속 절단 기계를 설계하고 자신의 방법을 활용하여 그것을 신속하게 생산할 수도 있었다. 이와 같이 그는 이러한 선택 혹은 또 다른 여러 선택들을 고려할 수 있었다.

비록 이론적으로는 장점만을 갖추고 단점이 전혀 없는 대안을 가질 수 있지만 이런 경우는 거의 없다. 이런 경우라면 해결 방안은 너무나도 자명하고 여기서 설명하는 문제해결을 위한 절차는 불필요해진다.

모든 대안은 장점과 단점을 가지고 있다. 잭 웰치는 1위 혹은 2위가 아니거나 될 수 없는 사업이라면 미련 없이 포기한다는 자신이 정한 기준에 따라 가치 있는 계열사의 일부를 매각했다. 그는 때로는 오류가 발생할 수도 있다는 것을 알고 있었다. 이것은 이러한 대안이 갖는 단점이었다. 그리고 이러한 대안에는 엄청난 위험이 도사리고 있었다. 위험은 항상 있지만 드러커는 의뢰인들에게 이러한 위험을 다루는 방법에 관하여 주의를 주었고, 이에 대해서는 다음 장에서 자세히 설명할 것이다.

카이저는 자신의 해결 방안에서 엄청난 위험을 감수했다. 그는 첫 번째 선박을 건조하기 전에 수백만 달러를 투자했다. 그가 사용했던 방법 중 상당수는 예전에 누군가에 의해 채택된 적이 없고, 아무리 줄여서 말하더라도 지나칠 정도로 혁신적이었다. 선박 조립이 마무리 단계에 접어들면서 신참 조립공들이 선박의 상층부를 위험한 자세로 가로질러 건너가려면 몇 년에 걸친 훈련을 받아야 하기 때문에 카이저는 발레 댄서를 조립공으로 고용했다고 한다. 그렇다. 그는 정말 그렇게 했다. 그는 이렇게 하면 선박의 상부 구조를 완성하는 작업을 좀 더 빨리 할 수 있을 것으로 생각했고 이 생각은 효과가 있었다.

분석

관리자는 분석을 하는 동안에 각 대안들이 갖는 장점과 단점의 상대적인 중요성을 반드시 비교해야 한다. 어떤 대안은 단점이 별로 없지만 커다란 장점도 없을 수 있다. 어쨌든 관리자는 이러한 중요성을 고민해야 하고 자신의 생각을 기록으로 남겨야 한다. 이것은 분명한 해결 방안을 찾고 나서 최종 결론과 권고안을 다른 사람들에게 설명할 때 이처럼 좌뇌를 활용하는 방법이 대단한 효과를 갖도록 해준다.

이런 경우, 결론은 분석을 통해서 나오고 최종적인 결정은 분명해진다. 나는 헨리 카이저가 이러한 과정을 거치면서 자신이 하고 싶은 것들을 관리자, 근로자, 이사회에 자세히 설명할 수 있었을 것이라고 확신한다. 그는 여러 가지 위험에도 불구하고 희망했던 결과를 얻을 수 있는 최선의 방안은 자기가 생각하는 방법으로 영국의 설계도에 따라 선박을 건조하는 것이라는 결론을 내렸는데, 이러한 분석 과정에서 간과한 것은 아무 것도 없었을 것이다.

이제는 지금까지 당신의 생각이 얼마나 명료하게 정리됐는지 확인하기 위한 좋은 검사 방법을 소개하려고 한다. 여태껏 당신이 기록한 문서 전체를 이 문제에 대하여 특별한 지식이 없는 사람에게 보여주어라. 그 사람에게 당신의 핵심 문제, 당신이 확인한 관련 요인, 장점과 단점을 지닌 대안이 될 만한 행동 방침, 마지막으로 당신이 검토하고 분석한 내용을 읽어보게 하라. 그다음 그 사람의 결론에 대해 물어보라. 그 사람의 결론이 당신의 결론과 동일하다면, 당신은 당신이 검토하고 분석한 내용을 정확하게 기록한 것이다. 만약 두 사람의 결론이 서로 다르다면, 당신이 검토하고 분석한 내용을 기록하는 데서 혹은 당신의 결론이 가지고 있는 논리에서 오류가 발생한 것이다.

결론과 권고안

당신이 검토하고 분석한 결과로서 최종적으로 도달한 결론을 정확하게 진술하는 것은 중요한 작업이다. 여기에는 그 어떠한 설명도 보태서는 안 된다. 이러한 설명은 이전 섹션에 속하는 것이다. 또한 당신의 분석과 무관한 정보에 근거하여 결론을 진술해서도 안 된다. 당신의 결론은 오직 당신이 검토하고 분석한 내용에만 근거해야 한다. 여기서 흔히 저지르는 실수는 관련 요인을 결론으로 착각하여 다시 진술하는 것이다.

마지막으로 당신의 의뢰인에게 주는 권고안을 제시해야 한다. 당신은 당신의 분석 결과와 당신의 의뢰인이 당신이 확인하고 정의한 핵심 문제를 해결하기 위하여 해야 할 일들에 관한 권고안을 분명하게 진술해야 한다. 결론에서와 마찬가지로 여기에서도 당신의 분석과 무관한 정보나 설명을 포함시켜서는 안 된다. 이 모든 설명은 이전 섹션에 속하는 것이다. 당신이 권고안을 말로 발표한다면 당신의 의뢰인은 항상 추가적인 질문을 할 수 있다. 당신이 보고서 형태로 발표한다면 당신의 의뢰인은 항상 추가적인 정보를 얻기 위하여 당신에게 연락을 취할 수 있다. 그러나 당신이 분석을 정확하게 했다면 당신의 권고안을 설명할 필요가 없을 것이다. 당신이 제시하는 근거는 당신이 검토하고 분석한 것에서 분명하게 이해될 것이기 때문이다.

이러한 방법론을 처음 배우는 컨설턴트 중에는 결론과 권고안의 차이에 관하여 묻는 경우가 많다. 당신의 평판은 당신의 권고안에 달려 있다. 당신은 의뢰인이 실천해야 한다고 생각하는 것을 분명히 해두어야 한다. 또한 권고안에 대하여 완전한 책임을 인정해야 한다. 결론은 '마케팅 연구가 진행되어야 한다'처럼 수동형 문장으로 쓰게 된다. 권고안은 '마케팅 연구를 시작할 것'처럼 명령형 문장으로 쓰게 된다. 결론이 '새로운 회계사가 고용되어야 한다'라면 권고안은 '새로운 회계사를 고용할 것'이 될 것이다.

그렇다면 이 모든 것이 드러커 자신의 머릿속에서 나온 것인가? 나는 그렇게 생각하지 않는다. 아무리 천재라고 하더라도 한계가 있다. 드러커를 알고 나면 그가 일을 운에 맡기는 사람이 아니라는 것을 알 수 있다. 그는 컨설팅의 쟁점이 매우 보기 드문 경우를 제외하고는 노트와 자신의 질문을 완벽하게 준비하여 모든 쟁점을 멋지게 해결했다. 비록 멋진 발표용 슬라이드를 사용하지는 않았지만 말이다.

우뇌를 활용한 문제해결

우뇌를 활용한 문제해결 방법은 무지를 가정하여 출발함으로써 여전히 효과가 있다. 그러나 좌뇌를 활용한 방법의 한 부분으로서 상당히 구조적인 절차와는 다르게, 우뇌를 활용한 방법에서는 해결 방안에 도달하기 위하여 논리적인 단계에 따라 정해놓은 순서를 이용하지 않는다. 이 방법에서는 드러커가 상당히 신뢰하고 비록 흔히 알려져 있지는 않았지만 수시로 이용했다는 잠재의식을 활용한다.

"나는 먼저 집에서 분석을 하고 결론을 도출한다. 그다음에는 답을 한쪽에 제쳐놓고 나의 감정, 직관을 가지고 시간을 보내면서 답을 달라고

기도한다. 그러고는 결론에 도달하기 위하여 답을 나의 잠재의식에 맡겨버린다. 분석과 직관 모두 같은 답을 전해주면 결정은 쉬워진다. 어느 하나가 '예'라고 대답하는데 다른 하나가 '아니요'라고 대답할 때 문제가 발생한다. 이럴 때는 용기가 중요하다."

미국 산업계에서 잠재의식의 활용을 보여주는 가장 좋은 사례는 유명한 발명가 토마스 에디슨이다. 우리는 에디슨이 정규 교육을 제대로 받지 못했지만 백열전구에서 영화에 이르기까지 수많은 첨단 기술 제품을 발명했다는 사실을 기억해야 한다. 그와 함께 일했던 사람들이 전하는 말에 따르면, 그의 우뇌를 활용한 접근 방법은 어두운 방구석에 처박혀서 문제에 대한 해결 방안이 떠오를 때까지 때로는 몇 시간 동안 앉아 있는 것이었다.

도널드 트럼프Donald Trump는 미국의 정치인, 현재의 대통령 후보, 거상巨商, 투자자, 탤런트, 작가 등 다양하게 묘사된다(저자가 이 글을 쓸 당시에는 트럼프가 미국 대통령이 되기 전이었다 - 옮긴이). 그런 그가 한번은 잠재의식에 대하여 솔직하게 털어놓은 적이 있다. 일례로, 그의 잠재의식적인 정신은 그의 의식적인 정신이 잘못된 결정에 도달하고 나서도 문제를 해결하는 데 작용했다. 그는 이렇게 말했다.

"문서를 작성했습니다. 그리고 어느날 아침에 깨어나서는 그것이 옳지 않다는 느낌을 받았습니다."

트럼프는 자신의 잠재의식이 전하는 결론을 듣고는 마음을 바꾸었다. 그는 많은 전문가와 자신의 의식적인 정신이 건전한 투자라고 말했지만 그곳에 투자하지 않았다. 그 후 몇 달이 지나 트럼프가 투자하지 않기로 결심했던 회사는 파산했고 그 회사에 투자했던 투자자들은 투자한 돈을 전부 잃고 말았다.

우뇌를 활용한 문제해결의 또 다른 사례로는 아인슈타인이 상대성 이론을 만들어낸 과정을 들 수 있다. 그는 아예 잠을 자러 가지 않았다. 단순히 공상에 잠기기 시작했다. 사람들은 이 이론의 전개만큼 복잡한 계산이나 수학이 요구되는 분야에서는 하얀 가운을 입은 여러 과학자들이 수백 개의 공식과 방정식으로 뒤덮인 칠판과 함께 몇 달에 걸쳐서 일을 하거나 실험실에서 앞서가는 실험을 하는 모습을 떠올리기가 쉽다.

아인슈타인이 오늘날의 기술을 활용할 수 있었다고 하더라도 이러한 과학자들은 이 이론을 개념화하기 위하여 계산을 하는 데 엄청나게 많은 시간을 썼을 것이다. 그럼에도 아인슈타인은 이 모든 것을 혼자서 생각해냈다고 한다. 그는 단순히 눈을 감고 자신이 한줄기 빛을 타고 가는 모습을 상상하면서 빛의 속도로 여행하는 동안 지구의 시간에 관하여 진실이 드러나는 것을 보았다는 것이다. 이처럼 공상에 잠기는 것이 당신이 생각하는 것 만큼 쓸데없는 것이 아닐 수도 있다.

당신의 의식적인 정신이 어떠한 상황에서 모든 관련 요인을 모아 분석을 하고 나면, 당신의 잠재의식적인 정신이 때로는 당신의 의식적인 정신보다 더 나은 결정을 하도록 안내한다. 왜 이런 일이 발생하는가?

1. 압박이 없다

당신의 의식적인 정신은 시간, 까다로운 의뢰인, 마감일 때문에 압박을 받을 수도 있다. 당신의 잠재의식적인 정신은 이러한 압박을 인식하지 않는다.

2. 집중력을 잃지 않는다

당신의 의식적인 정신은 친구 관계, 가정 문제, 사업 문제, 소음, 심지어는 수면 부족으로 집중력을 잃어버릴 수도 있다. 반면 잠재의식적인 정신은 그렇지 않다.

3. 한정된 시간이 없다

대부분의 컨설턴트들은 한 가지 문제를 가지고 하루 종일 지속적으로 파고들 시간이 없다. 그러나 잠재의식적인 정신은 밤새도록 움직인다. 그리고 해결해야 할 문제에 힘들이지 않고도 작용한다.

4. 잘못된 지식의 영향을 받지 않는다

당신의 의식적인 정신은 여러 가지 이유로 잘못된 가정이나 부정확한 사실에 의해 영향을 받을 수 있다. 하지만 당신의 잠재의식적인 정신은 이러한 영향을 받지 않는다.

무의식의 활용

당신이 문제를 해결하기 위하여 잠재의식적인 정신을 활용하고 싶다면, 우선 문제에 대하여 배울 수 있는 모든 것을 배우도록 하라. 드러커가 《자기경영노트The Effective Executive》에서 소개한 직원 연구 방법을 사용할 때처럼 모든 관련 요인을 수집하고 해당 사례에서 핵심 문제에 도달하기 위해 많은 시간을 들여야 한다. 또한 당신은 대안을 심사숙고할 수 있고, 다른 사람과 대화를 나누면서 그들의 의견을 받아들일 수 있으며, 추가적인 연구를 할 수도 있다. 당신이 감당하기가 조금은 어려울 때까지 이렇게 하라.

잠자리에 들기 전에는 30분~1시간 동안 오직 주어진 문제를 살펴보고 데이터를 분석하고 잠재적인 해결 방안이 될 만한 것들을 생각하라. 그리고 평소대로 잠을 자라. 문제에 대한 해결 방안을 억지로 끄집어내려고 하지 마라. 해결 방안이 대체로 다음 날 오전에 나오기도 하지만 한밤중에 나오기도 한다. 만약 그렇다면 연필과 종이를 옆에 두고 해결 방안과 그 밖의 직관들을 신속하게 휘갈겨 쓸 준비를 하라.

때로는 해결 방안이 간접적이고도 기이한 방식으로 다가오기도 한다. 1846년 엘리어스 하우Elias Howe는 재봉틀을 발명하기 위해 노력하고 있었는데 한 가지 문제에 부딪혀 무척 힘들어했다. 하우는 이미 바늘이 옷감을 들락날락하는 기계를 발명한 상태였다. 문제는 실이었다. 실이 바늘 끝의 반대편에 있는 바늘귀를 통과한 상태에서 한 땀 한 땀 꿰매려면 바늘 전체가 옷감을 뚫고 들어가서는 빠져나오기를 반복해야 했다. 이것은 불가능한 일이었다. 하우는 교착상태에 빠졌다. 이후로 그는 며칠 밤을 보내면서 계속 같은 꿈을 꾸었다. 하우의 잠재의식적인 정신이 하우에게 무엇인가를 말해주려고 한 것이었다. 꿈속에서 하우는 남태평양의 어느 섬에서 창으로 무장한 원주민들이 자신을 둘러싸고 춤을 추고 있는 모습을 보았다. 그런데 창의 모양이 아주 특이했다. 창에는 구멍이 뚜렷하게 보였다. 하우는 불과 며칠이 지나서 문제에 대한 해결 방안을 찾았다. 그것은 재봉틀 바늘의 실이 들어가는 바늘귀를 바늘 끝의 반대편이 아니라 바늘 끝의 근처에 있도록 만드는 것이었다.

당신이 의뢰인의 문제에 대하여 뛰어난 해결 방안을 찾기를 원한다면 좌뇌와 우뇌, 의식적인 정신과 잠재의식적인 정신을 모두 사용해야 한다. 그러나 드러커에 따르면 가장 중요한 것은 무엇보다도 먼저 당신의 무지에서 출발하는 것이다.

10장

위험을 어떻게
다루어야 하는가?

위험을 어떻게 다루어야 하는가?

경영에서 위험은 피할 수 없는 것이다. 드러커의 의뢰인 중에는 이러한 사실을 인정하지 않으려는 이들도 있었다. 그들은 위험은 피할 수 있는 것으로 생각하고, 다만 드러커가 그 방법을 말해주기를 원했다. 그러나 드러커에 따르면, 위험은 피할 수 없는 것이고 바람직한 것일 수도 있다.

실제로 위험을 가정하는 것은 성공한 기업이 기본적으로 해야 할 역할이다. 바로 이 지점에서 드러커가 생각하는 방법이 드러난다. 우선 어떠한 조직에서든 경제 활동은 반드시 현재의 자원을 미지의 불확실한 미래를 위하여 투입하는 행위로 이루어진다. 더구나 이것은 기대, 가정, 예상을 포함하여 거의 모든 것을 위한 투입이다(그러나 이것이 반드시 미래의 사실을 위한 투입이라고는 할 수 없다). 그럼에도 우리는 미래의 사실(이것이 가장 중요하지만)을 확실히 알 수 없다. 이 말은 우리가 어떠한 결정을 하더라도 100번을 결정하면 위험이 100번은 따른다는 것을 의미한다.

이것으로도 설명이 충분하지 않다면 이렇게 말할 수도 있다. 조직의 최상층부에서 모든 것을 결정하는 사람들뿐만 아니라 조직에 지식을 기여하는 조직의 모든 사람이 위험을 받아들인다. 다시 말하자면, 모든 직급의 경영자와 전문가뿐만 아니라 경영자나 전문가가 아닌 사람들도 위험을 받아들인다.

위험을 줄이려는 시도조차도 잘못된 조치가 될 수 있다

드러커는 경영자나 여러 분야의 전문가들이 위험을 줄이려고 시도하면서 때로는 재앙에 이를 수도 있는 가정을 하는 경우를 보았다. 위험을 줄이기 위하여 가장 널리 사용되는 방법은 현재의 상황이 변하지 않거나 현재의 추세가 미래에도 계속된다고 가정하는 것이다. 우리는 거의 매일 이러한 가정이 갖는 오류를 볼 수 있다. 예를 들어, 주식 투자자들은 결국에는 나쁜 결과를 전해주는 이 두 가지 가정 중에서 하나를 가정한다. 드러커는 변화는 불가피한 것이라는 사실을 알고 있었고 의뢰인들에게도 이렇게 말했다.

몇 년 전, 나는 어느 투자 회사가 〈로스앤젤레스 타임스〉에 매주 내보내는 광고에서 이러한 사실을 보았다. 그들은 매주 일요일마다 투자자들을 위하여 10년이 넘도록 변치 않는 투자 수익률을 실현했다는 내용의 전면 광고를 게재했다. 그들은 커다란 볼드체로(지루함을 나타내는 소리로) "아함HO HUM!"이라고 적었다. 이것은 자기 회사가 투자자들에게 항상 적당히 높은 수익을 제공한다는 메시지였다. 이러한 수익은 위험이 전혀 없이 영원히 계속될 것이라는 의미였다. 하지만 꼭 그렇지만은 않았다. 대침체Great Recession와 함께 주식 시장이 바닥으로 곤두박질치면서 그들은 더 이상 이런 광고를 내보내지 못했다.

드러커의 실수

때로는 드러커도 잘못된 가정을 하고는 이러한 가정이 얼마나 위험할 수 있는지를 고생스럽게 배웠다. 드러커는 1929년 프랑크푸르트 제너럴 안자이거Frankfurter General-Anzeiger에서 젊은 신문기자로 일할 때 자신의 칼럼에서 주식 시장이 상승 기류를 탈 것이라는 장밋빛 미래를 예상했다.

그는 몇 주가 지나서 자신의 잘못을 어쩔 수 없이 인정하는 기사를 써야 했다. 그런데 그의 편집장은 여기에 "뉴욕 주식 시장에서의 패닉"이라는 제목을 달았다. 드러커가 말하는 패닉이란 바로 10년 넘게 지속된 세계적인 대공황Great Depression의 시작을 의미했다. 드러커는 적어도 자신의 잘못을 인정했다. 이는 지금 발생하는 일들을 실제로는 전혀 예상하지 못했지만 처음부터 미리 알고서 정확하게 예상한 것처럼 보이려고 그럴듯하게 꾸며대는 오늘날의 신문이나 방송 매체에 종사하는 일부 저널리스트들의 태도보다는 훨씬 더 나은 모습이었다.

드러커는 결코 똑같은 실수를 반복하지 않았다. 하지만 그는 사업이나 인생에서 위험은 피할 수 없는 것이라는 사실을 알았다. 위험에 대한 드러커의 결론은 다음과 같았다.

"위험을 제거하려고 하는 것은 소용없는 일이고, 위험을 최소화하려고 하는 것은 의문의 여지가 있는 일이지만 적절한 수준의 위험을 받아들이는 것은 반드시 필요한 일이다."

위험을 잘못 받아들인 사례

나는 공군 소위 계급장을 달고 나서 얼마 지나지 않아 어느 불행한 장군에 관한 이야기를 들었다. 이 이야기는 평화시에 전해졌기 때문에 나는 적에 대한 우려를 하지 않아도 되었다. 이 장군에게는 미국 남서부의 '토네이도 골목Tornado Alley'에 세워둔 수많은 폭격기를 지휘하는 업무가 주어졌다. 토네이도 시즌이 되면 위험하고도 파괴적인 토네이도가 갑자기 불어닥치곤 했다. 폭격기가 아주 많았기 때문에 폭풍우가 몰아쳐도 대부분은 격납고에 들어가지 못하고 활주로에 방치되었다. 폭풍우, 뇌우, 심지어는 눈보라가 치더라도 폭격기는 안전했다. 그러나 토네이도는 수백만 달러짜리 폭격기를 너무도 쉽게 파괴할 수 있었다. 오늘날에는 폭격기 한 대가 수십억 달러에 달한다.

어느 날 토네이도가 불어닥치기 적합한 날씨에 폭풍 경보가 발효되었다. 평소에도 신중하게 처신하던 장군은 자기 부하들에게 폭격기를 토네이도 위험 지역에서 멀리 벗어난 다른 비행장으로 이동시킬 것을 지시했다. 그러나 폭격기가 비상기지에 착륙하자 폭풍이 그쳤고 우려했던 토네이도는 불어닥치지 않았다. 연료와 인력 동원에 소요된 비용이 수만 달러에 달했다. 그러나 장군은 폭격기를 이동시킨 조치에 대하여 비난받지 않았다. 적어도 그때는 그랬다.

몇 주가 지나서 똑같은 일이 벌어졌다. 이번에도 장군이 폭격기를 이동시켜놓자 폭풍이 그쳤고 토네이도는 불어닥치지 않았다. 연료와 인력 동원에 소요된 비용이 또다시 수만 달러에 달했다. 이번에는 그의 지휘관이 장군은 토네이도가 정말 불어닥칠 것인지 그렇지 않을 것인지에 대한 예측 능력을 향상시킬 필요가 있다는 뜻을 넌지시 비쳤다. 장군은 그렇게 하기로 했다. 그러나 당시의 첨단 기술은 장군이 이러한 예측 능력을 향상시키는 데 아무런 도움을 주지 못했다. 어느 누구도 토네이도가 형성되어 공군 기지에 불어닥칠 것인지를 확실하게 예측할 수 없었다.

그리고 과연 몇 주가 지나서 또다시 토네이도 경보가 발효되었다. 장군은 지난번과 같은 일이 더 이상 반복되어서는 안 된다고 생각하고는 폭격기를 이동시키지 않기로 결심했다. 당신은 이것이 무엇을 의미하는지 짐작할 것이다. 이번에는 토네이도가 정말 형성되어 공군 기지를 몇 차례 강타하고는 고가의 폭격기를 여러 대 파괴하거나 손상시켰다.

장군의 지휘관은 장군에게 폭격기 지휘 업무를 더 이상 맡기지 않았다. 쉽게 말하자면 장군을 해고한 것이다. 그러자 장군은 "저는 잘못한 것이 없습니다"라고 항의했다. 장군의 지휘관은 "나도 알지. 하지만 나는 불운한 장군들을 좋아하지 않아"라고 대답했다. 장군은 상황을 분석하면서 위험을 잘못 받아들였다. 그는 폭격기를 이동시키는 비용이 발생하고 자신의 지휘관이 폭격기를 안전한 곳으로 옮긴 결정에 대하여 가벼운 비판을 하더라도 비용을 치르면서 폭격기를 옮겼어야 했다. 날씨는 예상할 수 없는 요소지만, 수백만 달러짜리 폭격기는 여전히 위험에 노출되지 말았어야 했다.

적절한 수준의 위험은 필요하다

월터 쇼트Walter Short 장군은 하와이에 주둔한 당시 육군 소속이던 공군을 포함하여 미국 육군을 지휘하던 장군이었다. 그때 해군 지휘관은 허브번드 킴멜Husband Kimmel 제독이었다. 킴멜 제독과 쇼트 장군은 공작원에 의한 파괴의 위험이 공습에 의한 파괴의 위험보다 더 클 것이고, 대공 감시를 담당하던 해군이 제때 공습경보를 제공할 것이며, 미군이 수천 마일이나 떨어진 일본군보다 우월할 것으로 생각했다. 따라서 쇼트 장군은 전투기를 손쉽고도 효과적으로 감시할 수 있도록 날개 끝이 서로 닿을 정도로 가깝게 주차시켜놓았다. 그는 공작원에 의한 파괴의 위험을 감소시켰지만 공습에 의한 파괴의 위험은 크게 증가시켰다.

결과적으로 여섯 대의 항공모함에서 출격한 일본 전투기 353대가 1941년 12월 7일 일요일 오전 7시 48분에 시작한 기습 공격이 대성공을 거두었다. 항구에 정박 중이던 미국 전함 여덟 척은 모두 크게 손상되었고, 이들 중 네 척은 다른 수많은 소형 전함과 함께 침몰했다. 총 390대의 전투기 대부분이 지상에 그대로 노출된 상태였는데 이들 중 188대가 파괴되었고, 159대가 손상을 입었다. 미군의 인력 피해도 엄청났다. 약 4,000명이 전사하거나 부상을 입었다.

두 지휘관들은 직무 태만으로 비난받았으며 자리에서 물러나야 했다. 그들은 강제 퇴역이라는 불명예를 안았고, 전쟁에서 아무런 역할을 부여받지 못했다. 어떤 사람은 그들을 옹호하면서 예전의 효율성, 심지어는 그들이 취한 잘못된 조치가 갖는 효율성을 거론하기도 했다. 그러나 이것은 쓸데없는 소리였다. 이러한 지휘관들은 잘못된 일을 매우 효율적으로 할 수는 있었지만 적으로부터 공격을 당할 때 자신의 병사들을 보호하지 못했고, 자신의 책임을 다하지 못했으며, 하와이 섬을 지키지 못했다.

위험을 잘못 받아들이면 훨씬 더 큰 재앙을 초래할 수 있기 때문에 드러커는 상황을 분석하고 적절한 수준의 위험을 받아들이는 것이 중요하다는 사실을 인식했다. 이러한 과정 속에서 드러커의 연구는 한 가지 중요한 요소를 발견하기에 이르렀다. 우리는 적절한 수준의 위험을 결정하는 동안에 위험 수용과 관련된 행위에 대한 통제를 실시해야 한다. 그렇지 않으면 적절한 수준의 위험을 수용하더라도 다른 고려 대상이나 더욱 중요한 위험이 발생할 수 있다. 이러한 위험은 어떤 종류의 위험을 수용하는 것이 제대로 이해되고 받아들여지더라도 결국 잘못된 행위를 하고 의도했던 목표에 도달하지 못하며 잘못된 결과를 낳게 할 수 있다. 이러한 사실은 중요하기 때문에 의뢰인에게 반드시 알려야 한다. 또한 의뢰인에게 여기서 설명하는 접근 방식을 설득하는 데도 유용하다.

위험 통제와 그 특징

드러커는 모든 위험 통제에는 위험을 관리하기 어렵게 만드는 3가지 기본적인 특징이 항상 존재한다는 사실을 확인했다.

1. 위험 통제는 객관적이지 않고 중립적이지도 않다.
2. 위험 통제는 실제 결과에 집중해야 하지만 실제 결과가 항상 통제 가

능한 것은 아니다.

3. 위험 통제는 측정이 가능한 사건과 불가능한 사건 모두를 위해 필요하다. 하지만 이러한 사건은 쉽게 측정하거나 관리할 수 없다.

객관성과 중립성 유지의 한계

이러한 특징들에 대하여 주의해야 할 것이 한 가지 있다. 1924년부터 1932년까지 시카고 외곽에 있는 웨스턴일렉트릭Western Electric의 호손 워크스Hawthorne Works 공장에서 조명 조건에 관한 연구가 진행된 적이 있다. 어느 실험에서는 밝은 조명이 생산성에 미치는 효과를 분석했다. 실험은 아주 간단했다. 통제는 매주 백열전구의 와트 수를 증대하는 방식으로 진행되었고 이를 통해 생산성에 미치는 결과를 확인했다. 매주 조명이 개선되면서 생산성이 증대될 것으로 예상되었는데 실제로도 그런 결과가 나타났다.

그러나 어느 한 주에는 모든 객관성이나 중립성을 제거하고는 예상하지 못한 변화를 가하여 조명의 세기를 개선시키지 않고 약화시켰다. 어떤 결과가 나타났을까? 어쨌든 생산성은 증대되었다. 그것은 기적도 아니었고 측정에서 나타나는 오류도 아니었다. 실제로 근로자들은 조명의 세기가 증가할 것으로 기대했고, 이러한 기대가 그들에게 일을 더 열심히 효율적으로 그리하여 더욱 생산적으로 하도록 자극하는 상황이 벌어졌다. 오늘날 이러한 현상은 '호손 효과Hawthorne Effect(노동이나 교육에서 단지 주목받고 있다는 사실 때문에 그 대상자에게서 나타나는 업적의 향상 - 옮긴이)'로 알려져 있다. 이것은 측정 결과에 대한 관심이 커진 것과 함께 연구의 참신성만으로도 생산성이 적어도 일시적으로 증대될 수 있다는 것을 보여주었다. 그리고 이것은 드러커가 말했듯이 "통제는 떨어지는 돌에 적용되는 것이 아니라, 통제 자체에 의해 영향받을 수 있고 실제 받게 될 살아 숨쉬는 인간들이 살아가는 사회적 상황에 적용된다"는 것을 의미한다.

실제 결과에 집중하다

노력이나 효율성을 측정하는 것은 비교적 쉽지만 통제에 의해 나타나는 실제 결과를 측정하는 것은 훨씬 더 어렵다. 드러커는 생산 부서가 잘못된 제품을 효율적으로 설계한다면 가장 효율적인 생산 부서를 갖는 것은 아무런 가치가 없다고 설명했다. 드러커는 이와 조금은 비슷한 방식으로 경영과 리더십을 구분했는데, 이후로 많은 사람이 그의 다음과 같은 공식을 받아들였다. 경영은 일을 적절하게 하는 것이고 리더십은 임무를 완수하기 위해 적절한 일, 즉 효과적인 일을 하는 것이다. 따라서 당신은 어떠한 측정 방식을 선택하든 경영자로서 매우 효율적일 수 있지만 훌륭한 리더가 되지 못할 수도 있다.

효율성을 측정하는 것은 그다지 어렵지 않다. 예를 들어, 우리는 어느 리더에 대해 부하직원들이 일을 몇 번이나 훌륭하게 완수하도록 했는지를 측정할 수 있다. 이것이 훌륭한 리더십의 지표로 인식된다. 자기 사람들이 잘못된 일을 하는 모습보다 적절한 일을 하는 모습을 더 많이 발견하라는 당부의 말을 듣는 '1분 경영자One-Minute Manager(켄 블랜차드와 스펜서 존슨의 공동 저작의 제목으로 유능한 경영자를 찾아 길을 떠나는 한 젊은이가 1분 경영자를 만나 그로부터 1분 경영법을 사사받고, 이후 자신 역시 1분 경영자가 되어가는 과정을 그리고 있다. 국내에서는 《1분 경영》으로 출간되었다 – 옮긴이)'를 생각해보라. 하지만 '잘한 일'이 적절한 일이 될 수도 있을 뿐만 아니라 잘못된 일이 될 수도 있다. 영업 사원은 잘못된 제품을 판매하는 일을 훌륭하게 해낼 수도 있다. 이것(잘못된 일)은 '잘한 일'인가? 우리가 '적절한 일'이 무엇인지를 어떻게 알 수 있는가? 이 문제는 통제를 더욱 복잡하게 만든다. 또한 많은 요소와 다양한 인간이 개입될 때는 이것을 알아내기가 훨씬 더 어려워진다. 리더십은 일종의 관찰의 기술이기 때문에 리더십의 자질은 확실히 관찰자의 보는 눈에 달려 있다.

적절한 결과에 집중하다

전쟁은 이 말이 무엇을 의미하는지를 실제로 보여주는 사례다. 해병대의 그레그 패피 보잉톤Gregg Pappy Boyington은 2차 대전 당시 전투기 조종사였다. 그는 나중에 회고록 《바 바 블랙 십Baa Baa Black Sheep》을 출간했다. 20년 전에 같은 이름으로 그의 경험을 다룬 텔레비전 시리즈물이 방영된 적도 있다. 젊은 조종사 보잉톤은 해병대 조종사를 그만두고는 중국으로 가서 클레어 셔놀트Claire Lee Chennault 장군이 이끄는 '날으는 호랑이Flying Tigers' 부대에 자원했다. 그는 전투기 조종사로서 몇 차례 승리를 기록했다. 그러나 그의 상관들은 그가 술을 너무 많이 마시고 리더로서 자질이 부족하다고 생각했다. 따라서 그는 해병대에 재입대하기 위해 중국을 떠날 때 상관에게서 좋은 추천서를 받지 못했다.

보잉톤은 뛰어난 조종사였고 특히 2차 대전 당시에는 전투기 조종사가 절실히 필요할 때였지만 그에게는 작전상 책임이 별로 없고 비서 한 명을 제외하고는 부하도 없이 책상에 앉아서 하는 일이 주어졌다. 그러던 중 보잉톤이 근무하는 곳으로 전투기가 많이 옮겨졌는데, 전시에 이를 조종할 사람이 없다는 것이 그에게는 행운이었다. 비행 중대장 임무를 맡고 싶었던 그는 자기가 어떻게든 조종사를 찾아서 훈련을 시키겠다고 말했다. 결국 기본적인 생각은 적과 싸우겠다는 것이었다.

보잉톤에게는 임시 비행 중대장이라는 직책과 함께 조종사를 찾아서 임시로 부대명을 부여한 비행 중대를 편성하고 훈련할 수 있는 권한이 주어졌다. 이런 일은 오직 전시에만 일어날 수 있는 것이었다. 그는 이 새로운 비행 중대에 자원하려는 열의가 있는 사람이라면 누구든지 비행기를 몰아본 경험이 없더라도 조종사로 선발하려고 했다. 수송기 조종사를 전투기 조종사로 훈련시켰고, 훈련을 제대로 소화하지 못하는 조종사는 임시로 조종석 뒤편에 앉도록 했다. 그는 그들을 정말 열심히 훈련시켰다. 그리고 그들이 준비가 되어 있다는 생각이 들 때 비행 중대를 이끌고 전투 임무를 수행하기 시작했다.

그들은 자신들을 '블랙 십 중대Black Sheep Squadron'라고 불렀다. 블랙 십 중대가 불과 몇 주 동안에 격추시킨 적의 전투기 대수는 다른 중대가 몇 달 동안에 격추시킨 것보다 더 많았다. 이처럼 책임감이 강하고 경험 많은 비행 중대장은 자기 중대를 불사조 중대로 만들었고, 이 비행 중대는 전투가 벌어지는 태평양에서 가장 뛰어난 해병대 전투 비행 중대가 되었다. 보잉톤은 전쟁이 끝날 때 의회가 수여하는 최고 무공 훈장인 명예

훈장을 받았고, 2차 대전 당시 미국 군대에서 가장 뛰어난 전투 비행 중대장이라는 평판을 얻었다. 한때 리더로서 제대로 인정받지 못하고 비서 한 사람에게만 지시하던 사람이 해병대를 제대할 때는 대령의 지위까지 올랐다.

보잉턴의 사례에서 알 수 있듯이 관찰자가 보는 눈은 리더십의 자질을 항상 객관적으로 측정하지 않는다. 드러커가 말했듯이 당신은 약점이 전혀 없는 사람이 아니라 적절한 강점을 지닌 사람으로 조직의 인원을 배치해야 한다. 더구나 드러커라면 보잉턴처럼 조직에 조금은 부적합한 사람에게 이러한 비행 중대를 편성하도록 지시한 지휘관이 적절한 수준의 위험을 받아들인 것이라고 말했을 것이다. 물론 이것이 실패할 수도 있다. 그리고 전투기와 인명을 잃을 수도 있다. 그러나 이것이 바로 타당한 위험이었고, 이러한 위험이 성공을 불렀다.

상황이 변하면 실제 결과도 변한다

이번 장에서는 군대 이야기를 많이 했는데 한 가지 더 이야기하려고 한다. 나는 사관학교 생도 시절에 장교 훈련을 갓 마치고 임관된 어느 보병 장교의 사례를 연구한 적이 있다. 그의 부대가 전투에 임하기 전에 그의 지휘관은 그에게서 장교 계급장을 떼고 사병으로 강등시키기 위한 문서 작업을 이미 시작했다고 한다.

소위 계급장을 단 이 보병 장교는 체중이 많이 나가고 용모가 단정치 못했다. 군복은 항상 구겨져 있었고 군화도 지저분했다. 그는 면도도 제대로 하지 않았다. 이제 사단 전체가 전투에 임해야 할 때가 왔다. 이 보병 장교는 크게 달라진 것이 없었지만 어려운 상황에서 지도력을 발휘하고 전투에 임하여 올바른 결정을 하는 재주가 있었다. 사례 연구에 나오는 표현에 따르면, 그의 부하들은 믿음을 가지고 땅딸막한 소대장의 뒤를 따랐다고 한다. 중요한 지점에서 전투가 벌어지자 그는 뛰어난 능력을 발휘했다. 상황이 변하면 위험을 받아들여야 하는 실제 결과도 마찬가지로 변한다.

따라서 우리는 외모 혹은 약점이 없다는 사실을 기준으로 리더십을 평가해서는 안 되고, 조직의 목표에 입각하여 궁극적인 결과만을 기준으로 평가해야 한다. 리더의 성공 혹은 실패는 얼마나 열심히 했는가 혹은 효율적으로 했는가가 아니라 사건이나 시도의 성공 혹은 실패에 의해 결정된다. 이것은 우리가 활용 가능한 자원, 인력의 자질, 과제의 난이도, 자연 현상, 판결 등과 같은 많은 요소들이 자주 리더의 통제 범위를 벗어나 있는 점을 감안할 때 상당히 조잡한 평가 기준이다. 그러나 이것이 우리가 가진 것의 전부다!

측정이 불가능한 사건

조직 내의 어떤 사건들은 위험과 관련해서는 중요하지만 단순히 측정이 불가능하기 때문에 위험 통제가 어렵게 된다. 우리는 미래에 대하여 옳은 사실을 가지고 있지 않다는 것을 이미 살펴보았다. 또한 미래를 향해 가는 도중에 어떤 일이 갑자기 일어날 것인가에 대해서도 모르고 있다. 1972년 휴대용 전자계산기가 시장에서 인기를 끌자 한때 공학도라는 이름이 걸맞은 사람들에게 유행하던 계산자가 거의 하루아침에 사라져버렸다.

위험 통제의 7가지 구체적인 기준

드러커는 더욱 깊이 조사한 뒤 모든 위험 통제가 7가지의 구체적인 기준을 충족해야 한다고 생각했다.

1. 위험 통제는 경제적이어야 한다. 즉 위험 통제에 요구되는 노력이 적을수록 더욱 바람직하다.
2. 위험 통제는 의미가 있어야 한다. 다시 말해, 위험 통제는 본질적으로 의미가 있거나 의미 있는 발전의 징후여야 한다.
3. 위험 통제는 당신이 측정하는 대상이 갖는 특징에 적합해야 한다. 종업원 한 명당 1년에 평균 10일을 결근하는 것은 받아들일 만한 것이다. 그러나 당신이 종업원을 두 명만 고용하는데, 한 사람은 절대로 결근을 하지 않지만 다른 사람은 수시로 결근을 할 수도 있다.
4. 측정은 측정하고자 하는 현상을 제대로 반영해야 한다. 작가인 나는 책 판매부수에 항상 관심을 갖는다. 한번은 어느 유명한 기업가가 쓴 책을 읽었는데 그 책은 베스트셀러였다. 저자는 널리 알려진 회사를 인수하고는 그 회사 제품에 대한 텔레비전 광고를 수시로 내보냈다. 심지어 그 광고에 직접 등장하여 자신이 그 회사 제품을 너무

도 좋아하여 그 회사를 인수하게 되었다고 말했다. 이 광고는 대단한 효과를 일으켰다. 그러나 나는 그의 책을 읽으면서 그 책이 기껏해야 괜찮은 수준 정도라고 생각했다. 그럼에도 그 책은 비슷한 시기에 출간된 드러커의 《혁신과 기업가정신Innovation and Entrepreneurship》을 포함하여 기업가정신에 관해 그 책보다 더 좋다고 생각하는 수많은 책보다 더 많이 팔렸고 결국은 베스트셀러가 되어 200만 부의 판매고를 기록했다. 물론 내가 썼던 몇 권의 책들보다 더 많이 팔린 것은 두말할 필요도 없다. 내가 쓴 책들은 많이 팔려봐야 10만 부를 넘지 못했다. 어느 날 그 작가가 책을 홍보하기 위하여 자기 돈을 거의 200만 달러나 쓴다는 사실이 밝혀졌다. 책의 인세는 당신이 생각하는 것보다 훨씬 적다. 판매 가격의 15퍼센트 정도다. 판매 가격의 50퍼센트는 출판사가 남기는 이익이다. 이 기업가 출판업자는 아니기 때문에 나는 그가 책을 써서 약 100만 달러의 인세 수입을 올릴 것으로 추정했다. 따라서 그는 책을 써서 개인적으로 100만 달러만큼 손해를 본 것이다. 그는 자신이 200만 부 베스트셀러 작가라고 으스대기 위하여 기꺼이 100만 달러를 쓸 수 있다. 그러나 통제를 위한 측정으로서 책에 대한 독자의 대중적인 수요를 측정하기 위해 가장 널리 사용되는 '책 판매량'은 다른 요소들을 관찰하고 비교하지 않기 때문에 측정하고자 하는 현상을 제대로 반영하지 않는 도구다.

위험 통제의 기준 5, 6, 7은 훨씬 이해하기가 쉽고 금방 피부에 와 닿는다. 위험 통제는 시의 적절해야 한다. 정보가 너무 늦게 도달하여 이를 사용할 수 없다면 소중한 시간을 낭비하게 된다. 또한 위험 통제는 단순해야 한다. 드러커가 지적했듯이 위험 통제가 복잡하면 효과를 제대로 발휘하지 못한다. 이러한 통제는 혼란만 가중시키고 또 다른 오류의 원인이 된다. 마지막으로 위험 통제는 실천을 향한 것이어야 한다. 학문적인 관심에서 시행되어서는 안되며 일단 적절한 수준의 위험을 받아들이면서 실천 방안이 정해지고 나면 전략을 실행하기 위한 것이어야 한다.

최종적인 제약

위험 통제에 대한 최종적인 제약으로는 조직 그 자체를 들 수 있다. 조직은 규정, 정책, 보상, 징계, 인센티브, 자원, 자본 설비에 의해 운영된다. 그러나 조직의 성공은 사람과 그들이 매일 하는 때로는 양적으로 측정이 불가능한 행위를 통해 나온다. 급여 인상과 같은 그들의 행위에 대한 대가는 양적으로 측정이 가능하다. 그러나 그들의 감정, 동기, 아픔, 추진력, 야망은 그렇지 않다. 하나의 운영 체제로서 조직은 양적으로 정확한 측정이 불가능할 수 있다.

무엇을 의미하는가

위험은 본질적으로 존재하는 것이고 이것은 드러커가 컨설턴트의 한 사람으로서 의뢰인들에게 했던 말이었다. 중요한 것은 적절한 수준의 위험을 받아들이고서 이러한 위험을 통제하는 것이다. 이때 이러한 통제를 이해하고 활용하기 어렵게 만드는 다양한 요소들을 고려해야 한다.

아는 것이 힘이다. 혹은 적어도 힘을 비축하면 된다. 적절한 수준의 위험을 선택하고 드러커가 확인한 위험 통제의 7가지 중요한 측면을 감독하는 것은 효과적인 위험 관리를 가능하게 한다. 우리가 이보다 더 많이 할 수는 없다. 그러나 컨설턴트라면 이보다 더 적게 하는 것을 생각해서는 안 된다.

11장

드러커,
아인슈타인,
셜록 홈즈처럼
생각하는 방법

나는 앞서 어쩌면 드러커가 남긴 가장 위대한 유산은 우리에게 '생각하는 방법을 가르친 것'이라고 말했다. 책으로 출간되거나 교실에서 전달된 그의 소중한 통찰과 이론은 과학적 방법 혹은 수학적 계산에 의해 나온 것이 아니라 직접 관찰하는 방법과 자신의 두뇌를 활용하여 논리적인 결론을 얻기 위해 추론하는 방법에서 나온 것이다.

그는 또 다른 유명한 천재, 알버트 아인슈타인과 마찬가지로 현미경과 컴퓨터가 있고 하얀 가운을 입은 과학자들이 상주하는 실험실이 아니라 인간 정신의 실험실에서 자신의 이론을 정립했다.

아인슈타인에게 가장 생산적인 시기는 1905년이었다. 그때 그는 획기적인 이론 논문 네 편을 썼는데, 이들 중 하나가 아인슈타인에게 노벨상을 안겨주었다. 그는 네 편의 논문 모두를 상상력이 결핍된 실험실도 아니고 심지어는 대학도 아닌 스위스 특허청에서 일하는 동안 아이디어를 떠올리고서 작성했다.

상대성 이론의 개발

아인슈타인은 자신의 가장 유명한 이론 중 하나인 상대성 이론을 개발하는 첫 번째 단계가 한줄기 빛을 타고 여행하는 모습을 상상하는 동안에 떠올랐다고 한다. 드러커에게 추론과 사고의 방법론을 개발하기 위한 사례를 제공한 사람이 바로 아인슈타인이었다는 말을 할 수도 있겠다. 이러한 방법론은 결과적으로 드러커가 제시했던 다양한 경영 이론의 바탕이 되었기 때문이다. 드러커는 실제로 움직이는 기업을 관찰했다. 그는 이러한 기업을 일괄하여 자신의 실험실이라고 불렀다. 그는 이러한 실험실에서 자신의 정신 속에 있는 이론을 개발하기 위하여 자신이 관찰한 것에 대한 분석과 개발 결과를 활용했다.

아인슈타인이 밝힌 일반적인 과정

비록 드러커는 이 과정에 관한 단서만을 제시했지만 아인슈타인은 실제로 그것을 설명했다. 아인슈타인은 1919년 〈런던 타임스London Times〉에 발표한 기사에서 자신이 '원칙에 관한 이론들Theories of Principle'이라고 부르는 것에 관하여 이렇게 설명했다.

"이러한 이론들은… 분석적이지만 종합적이지 않은 방법을 사용한다. 이들의 출발점과 근거는 가설상의 요소가 아니라 현상과 원칙에 대하여 경험적으로 관찰한 일반적인 특징에 있다. 발생하는 모든 경우에 적용되는 수학 공식들이 이러한 일반적인 특징을 통하여 도출된다."

드러커가 실제로 아인슈타인의 기사를 읽었는지는 잘 모르겠다. 드러커는 당시 겨우 열 살이었고 영어를 할 줄 몰랐다. 그러나 드러커는 아인슈타인을 자주 인용했고, 나중에 이 기사를 읽었을 가능성이 있다. 나는 이 기사를 통하여 종합적인 연구와 분석적인 연구의 차이에 관하여 좀 더 자세히 살펴보고자 하는 동기를 얻었다. 상당히 복잡한 개념을 간단하게 표현하자면, 종합적인 연구는 기지의 사실과 함께 출발하여 미지의 사실을 향해 나아가는 것을 말한다. 따라서 연구자는 가설에서 출발하고 이를 입증하거나 반증하기 위하여 가설을 검정한다. 이때 주로 수적으로 충분할 만큼의 사례를 조사하여 의미 있는 차이에 대하여 수학적으로 검정한다.

반면 분석적인 연구는 미지의 사실과 함께 출발하여 기지의 사실을 향해 나아가는 것을 말한다. 여기에는 가설이 없다. 분석적인 연구에 대한 한 가지 정의로는 "비판적인 사고 능력을 요구하고, 수행하고 있는 연구와 관련된 사실이나 정보에 대한 평가를 포함하는 연구의 한 가지 구체적인 형태"라는 것이 있다. 아인슈타인과 드러커는 이러한 분석적인 과정을 통하여 자신의 이론에 도달했다. 또한 이것은 자신이 관찰한 것을 활용하고 의뢰인의 문제를 해결하기 위한 추론을 하는 드러커의 컨설팅 서비스로도 확대되었다.

셜록 홈즈의 등장

드리거의 생각에 관한 이야기에서 또 한 사람의 천재가 등장하는데 바로 아서 코난 도일의 소설에 등장하는 위대한 탐정 셜록 홈즈다. 나는 드러커가 경영 컨설턴트를 정의하기 위하여 도일이 홈즈를 '컨설팅 탐정'으로 정의한 것을 즐겨 활용했다는 이야기를 앞서 한 적이 있다. 2차 대전 동안 드러커는 물론 드러커에게 컨설팅을 의뢰한 대령이 컨설턴트로서 드러커가 해야 할 일에 대하여 잘 모르고 있을 때, 사전이나 그 밖의 자료는 경영 컨설턴트의 개념을 정의하는 데 있어 아무런 도움이 되지 못했다. 그러던 드러커가 1934년 히틀러가 지배하는 독일을 떠나 영국에 갔을 때 도일의 소설을 읽은 것이 경영 컨설턴트의 개념에 관한 직관을 떠올리는 데 도움이 되었을 것이다.

셜록 홈즈가 사실을 밝혀내는 데 놀라운 능력을 지녔다면 그의 동료 존 왓슨 박사는 홈즈가 보았던 모든 것을 보지 못하는 자신의 무능함을 탓했다. 홈즈는 이에 대하여 이렇게 말했다.

"왓슨, 오히려 자네는 모든 것을 볼 수 있어. 하지만 본 것을 가지고 추론하는 데는 실패하지. 자네는 추론을 해내기에는 너무 소심해."

다시 말하자면, 우리는 대상을 보아야 할 뿐만 아니라 이러한 관찰을 통하여 분석하고 결론을 도출해낼 줄 알아야 한다.

평범한 관찰이 갖는 힘

당신은 학문적인 연구는 그 자체가 분석적인 과정이 아니라고 생각하는가? 그것은 분석적인 과정이 맞다. 그러나 우리는 세 명의 천재들(아인슈타인, 코난 도일의 소설에 나오는 유명한 탐정인 셜록 홈즈, 피터 드러커)이 개발한 이론은 관찰을 마칠 때까지는 가설을 가지고 출발하지 않았고, 일반적으로 알려진 과학적인 방법, 즉 많은 대상자들을 수학적 기법이나 방정식을 가지고 조사하거나 분석하는 과정을 통해서도 나오지 않았다는 것에 주목해야 한다. 그들의 분석적인 접근 방법은 단순한 모델에서 나온 것이다.

1. 관찰한다. 현실을 관찰할 수도 있고 아인슈타인처럼 상상의 세계를 관찰할 수도 있다.
2. 관찰한 대상을 분석한다.
3. 결론을 도출한다.
4. 이러한 결론을 바탕으로 이론을 구성한다.

기억력 그랜드마스터Grand master of Memory 에드 쿡Ed Cooke은 옥스퍼드대학교에서 심리학을 전공했고, 기억력에 관한 책도 여러 권 썼다. 그는 조슈아 포어Joshua Foer라는 사람에게 누구든지 단 1년 동안 훈련을 받으면 세계적인 수준의 기억력을 갖게 된다고 설득한 기억력 코치이기도 하다. 포어는 처음 테스트를 받을 때는 평균 수준의 기억력을 가진 것으로 나타났지만 쿡에게 1년 동안 훈련을 받고는 미국 기억력 챔피언이 되었다. 이것은 누구든지 1년 동안 집중적인 훈련을 받으면 세계적인 수준의 기억력을 갖게 된다는 쿡의 주장을 입증한 셈이었다. 당신이 포어가 받은 집중적인 훈련의 과정이 궁금하다면 매일 한 시간씩 훈련을 받고, 대회를 앞두고는 하루에 몇 시간씩 훈련을 받았다는 정도만 말해두겠다(당신이 이에 대하여 더 많은 것을 알고 싶다면 조슈아 포어가 쓴 《1년 만에 기억력 천재가 된 남자

Moonwalking with Einstein》를 읽어보기 바란다).

쿡은 우리의 정신이 무엇을 할 수 있는지에 관하여 설명하면서 두뇌를 연구하는 데는 두 가지 방법이 있다고 했다.

"첫 번째 방법은 경험적 심리학자들이 채택하는 방법으로 연구자들이 다양한 사람들을 외부에서 관찰하여 많은 요소들을 측정하는 것을 말한다. 두 번째 방법은 시스템의 최적 성능이 연구자들에게 시스템의 설계에 관하여 무엇인가를 말해줄 수 있다는 논리에서 나온 것이다."

쿡이 두 번째 방법을 설명한 것은 아인슈타인, 도일, 드러커가 그들의 연구 방법에서 평범한 관찰이 갖는 힘에 집중하고 분석적인 추론을 적용하며 실질적인 결과에 도달하는 식으로 분석 방법을 단축시킨 것과 잘 부합된다. 세 사람 모두 이처럼 '다른 방법'을 따른 것임이 분명했다.

예기치 않게 얻은 통찰

나는 지금으로부터 약 15년 전에 드러커의 방법이 지닌 가치에 관한 통찰을 얻었다. 당시 나는 어느 학술 대회에서 특별 분과의 패널리스트로 초대받았다. 그 분과에서는 실제 경영에서 교과서의 영향과 한계에 대하여 토론하도록 되어 있었다.

마케팅과 일반 경영을 전공하는 교수들을 앞에 두고 토론을 하는 과정에서 정확하게 나를 향한 질문이 들어왔다. 그 분과에 소속된 학술서 저자 다섯 명 중에서 유일하게 나만이 관리자들을 위한 실무서와 학생들을 위한 교과서를 모두 집필한 경험이 있었다. 나를 향한 질문은 "실무서 혹은 대중적인 일반서가 최신 기법을 다룰 때가 많은 반면 교과서가 실제 경영에 적용되는 최신 기법보다 몇 년씩이나 뒤떨어진 내용을 다루는 이유는 무엇인가?"였다.

나는 이 질문을 받고 잠시 생각을 하고는 이렇게 대답했다.

"교과서의 저자들은 교과서에서 다루는 요점 혹은 이론을 확인하기 위하여 많은 자료를 참고하여 연구한 내용을 하나로 묶어야 합니다. 때로는 실무를 위한 다양한 방법론을 보여주기 위하여 대체해야 할 이론들도 있습니다. 기본적으로 교과서 저자들의 이러한 연구는 일반 연구자들이 필요한 실험을 하고, 이것을 주제로 여러 편의 논문을 쓰고, 이 논문을 게재할 학술지를 찾고 나서야 이루어지는 것입니다. 권위 있는 학술지의 경우에는 논문 게재를 승인받기까지 몇 달이 걸릴 수도 있습니다. 교과서가 발간되고 나면 강사들이 학생들을 가르치기 위해 이것을 사용하고 드물게는 실무자들이 찾아서 읽습니다. 이러한 학생들이 관리자의 지위에 올라 자신이 강의에서 배운 것을 실행에 옮길 수 있을 때까지는 몇 년이 걸릴 수 있습니다. 반면, 개인적인 관찰을 통해 나온 이론에 바탕을 둔 실무서는 분석적인 연구 방법을 활용하여 서술된 것으로 이것이 당장 실무에 활용할 수 있는 실무자의 손에 들어가면 훨씬 더 빨리 적용될 수 있습니다."

학술 대회에서 얻은 또 하나의 통찰

당시 학술 대회에서 있었던 일은 나로 하여금 몇 가지 연구를 하기 위한 자극이 되었다. 나는 박사과정 학생들을 대상으로 많은 학자나 연구 기관들이 선호하는 방법으로 학술지에 논문을 게재하는 것보다는 드러커가 했던 것처럼 이론을 널리 보급하기 위하여 실무서를 쓰는 것이 더 가치 있을 것이라는 내용의 주제로 강의를 준비하면서 예기치 않은 사실을 우연히 깨달았다. 경영에 관하여 널리 알려진 이론들 중 상당 부분이 드러커가 책을 저술하여 정보를 사용자에게 직접 전하던 방법으로 실무자들에게 다가가고 있었던 것이다.

이러한 이론들 중에는 《경영의 실제》에 나오는 '드러커의 목표 관리Management by Objectives'를 포함하여 드러커의 이론에 등장하는 그 밖의 방법론들이 있을 뿐만 아니라 에이브러햄 매슬로Abraham Maslow의 저서인 《동기와 성격Motivation and Personality》을 통해 널리 알려진 '욕구단계설Hierarchy of Needs'과 더글러스 맥그리거의 저서 《기업의 인간적 측면The Human Side of Enterprise》을 통해 널리 알려진 'X이론과 Y이론'이 있다.

물론 이러한 주제에 관하여 학술지에 게재된 논문들은 상당히 많다. 그러나 이러한 논문들은 아이디어의 창시자들이 실무서를 발간하고 여기에 나오는 이론들이 실무에 적용되면서 널리 알려져 비즈니스 전문가들에게 일반적인 토론 주제가 되고 나서야 나온 것이다. 이러한 연구 논문들은 대부분 실무서 저자들이 제안하는 이론의 다양한 측면을 확인하거나 부정하기 위하여 작성된 것이다. 혹은 저자 자신이 이미 저서를 통해 알려진 자신의 이론을 정의하는 데 도움을 주기 위해 이러한 논문을 쓸 때도 있다.

결과적으로 드러난 방법론과 생각

드러커는 자신의 질문과 의뢰인의 대답을 통해 혹은 의뢰인이 관찰한 것을 보고하도록 하는 방법을 통해 현상의 일반적인 특징을 경험적으로 관찰했다. 그는 무엇을 할 것인지 결정하기 위해 데이터를 입력하기만 하면 되는 수학 공식을 가지고 종합적인 방법에서 출발하지 않았다. 오히려 의사 결정 이론에서 자신의 관찰과 추론이 지닌 힘을 활용했고, 더 나아가서는 이러한 이론이 적용되는 것을 보면서 이것을 검정했다.

이것은 아마도 드러커 자신이 항상 문제에 대한 무지에서 출발한다는 주장을 했지만, 그가 성과와 발전을 평가할 때 숫자에 의한 측정을 역설했던 이유가 될 것이다. 그러나 그는 이론을 개발하고 그것을 전략에 적용할 때는 정량적인 방법을 기피했다. 자신의 방법론에 관한 질문을 받았을 때 드러커는 "이야기를 듣고, 그런 다음 덧붙여서 말하고, 그다음 나 자신이 하는 이야기를 듣는 것"이라고 대답했는데 이러한 과정이 무엇을 의미하는지 청중에게 명료하게 다가오지 않았다. 이러한 대답이 익살스럽기도 하지만 오만하게 들리지는 않았다.

어쩌면 드러커가 하는 말이 완전히 옳을 수도 있다. 그는 이론을 개발하거나 이 과정을 거쳐서 나오는 이론을 의뢰인이 실천할 수 있도록 적용할 때 자신의 논리적인 추론을 들었다. 그가 이미 정립된 과정을 따랐다는 것은 분명하다. 그러나 아인슈타인과는 다르게 이러한 과정을 명시적으로 드러내지는 않았다. 둘의 방법론이 같지는 않더라도 매우 비슷했을 가능성이 상당히 높다.

이 중요한 도구, 즉 드러커가 생각하는 과정은 드러커가 컨설팅을 수행하기 위한 거대한 지적 무기고의 한 부분을 이루지만 결코 간과되어서는 안 된다. 이것은 그가 자신의 결론과 권고안에 도달하기 위하여 수학적 분석 모델을 사용하지 않았기 때문에 상당히 중요하다. 나는 수학적 방정식, 즉 의미 있는 차이를 결정하기 위하여 그가 즐겨 사용하는 방법론에 대해서는 아무 말도 할 수 없다. 그런 것들은 존재하지 않기 때문이다. 그럼에도 드러커가 생각하는 과정을 우리가 이해할 수 있다면 우리가 자신의 문제를 해결하거나 의사 결정을 할 때 또는 상담을 통해 다른 사람을 도와줄 때 드러커처럼 생각할 수 있을 것이다.

드러커의 도발적인 방법론

따라서 지금까지 우리는 드러커의 생각의 근간은 분석적인 추론이지만 자신의 관찰에 기반을 둔 것이라고 이해했다. 그는 외부에서 관찰을 하면서 다양한 사람들을 상대로 많은 요소를 측정하기보다는 시스템의 최적이 혹은 실패한 성능이 무엇을 말해주는가에 대한 논리를 이끌어내려고 했다.

하지만 드러커는 비록 도일은 홈즈라는 인물을 통하여 간파했지만 아인슈타인조차도 간과했던 한 가지 마지막 연결 고리를 사용했다. 자신이 본 것이 대하여 '이미 알려져 있는 설명'에 이의를 제기하면서 자신의 이론을 전개해나갔다. 실제로 그는 자신이 목격했던 사건의 결과에 대하여 사실로 추정되는 논리에 문제를 제기했다. 드러커의 이러한 도발적인 방법론에 관하여 내가 확인했던 몇 가지 단서를 제시하겠다.

1. 그는 아이디어가 직관적으로 분명하게 보이더라도 그것을 면밀히 살펴보았다.

2. 그는 기본적인 아이디어가 뒤집힐 때 그것이 어떻게 보이는지 알기 위하여 사실을 뒤집어서 살펴보았다.

3. 그는 다른 사람들이 놓치는 것들을 금방 알아차릴 수 있었다.

4. 그는 다른 모든 결론을 살펴보고 나서 설득력이 전부 부족해 보이면, 남아 있는 한 가지 결론이 언뜻 보기에 아무리 가능성이 없어 보이더라도 그것이 진실이 틀림없다는 셜록 홈즈의 지침을 따랐다. 드러커의 방법론에서 이 마지막 단서가 처음 세 가지 단서에 대한 논리적 근거를 확인시켜준다. 드러커의 생각에 대한 처음 세 가지 단서를 좀 더 자세히 살펴보도록 하자.

직관적으로 보이는 부분 면밀히 살피기

기업가들에게 사업의 목적을 물어보면 아마 열 명 중 아홉 명은 당신을 마치 미친 사람처럼 생각하고 쳐다볼 것이다. 또한 그들은 "물론 이윤을 내는 것이지요"라고 말하거나 이와 비슷한 대답을 할 것이다. 드러커를 신봉하는 사람들도 드러커의 추론 혹은 드러커가 진정으로 의미하는 내용을 제대로 알지 못하면서 드러커의 어록에 나오는 "기업의 목적은 고객을 창출하는 것이다"라는 표현을 반복할 것이다. 그러나 확실히 '이윤 동기'와 '이윤 극대화'는 모두 드러커의 천재성을 보여주기에 좋은 개념들이다. 이제 드러커의 생각을 더욱 자세히 살펴보기로 하자.

이윤 동기

이윤 동기는 경제학의 기본 개념이다. 표면적으로는 의문의 여지가 없다. 이윤 동기의 전형적인 개념은 다음과 같다.

"이윤 동기는 거래 혹은 물질적인 노력에서 금전적인 이익을 얻고자 하는 의도를 말한다. 이것은 납세자 혹은 기업이 어떠한 종류가 되었든 생산 활동에 참여하는 근원적인 이유로 해석될 수 있다."

경제학자들은 사회적 관점에서 경제 성장을 극대화하기 위하여 사람들이 이윤을 극대화해야 한다고 말한다. 반면 드러커는 이윤이 기업 활동의 목적은 아니라고 말하면서 전혀 들어보지 못했던 다음과 같은 개념을 제시한다.

"이윤 극대화는 의미가 없을 뿐만 아니라 위험하기까지 하다."

드러커는 이윤 동기 그 자체에 대해서도 의문을 품었다. 그는 이러한 동기를 뒷받침하는 증거가 없으며 이 이론은 고전파 경제학자들이 그들의 경제적 균형 이론이 설명하지 못하는 현실을 설명하기 위하여 만들어낸 것이라고 주장했다. 예를 들어, 이윤 동기는 다른 일을 하면 보수를 많이 받을 수 있음에도 보수를 조금 받거나 전혀 받지 않고 다양한 기관에서 공익을 위하여 장시간 동안 열심히 일하는 자원 봉사자들이 많은 사실에 대해서는 전혀 설명하지 못한다.

1차 대전 중에는 1년에 1달러를 받고 일하는 것이 유행했다. 미국 법에서는 금전적인 보상 없이 일하는 것을 금지한다. 따라서 많은 자원 봉사자들이 전쟁이라는 위급한 상황에서 수시로 대단한 의식儀式이 제공되는 가운데 1년에 총 1달러라는 푼돈을 받고 일했다. 당시에도 1년 동안 일을 하면서 받는 1달러는 큰돈이 아니었다. 그런데도 이 계약 조건은 많은 사람들의 관심을 끌었다. 더구나 많은 유능한 사람들이 미국 평화 봉사단US Peace Corps, 적십자사와 같은 사실상 영구적이지 않은 직장에서 일하면 금전적인 보상이 별로 없다는 것을 알면서도 자신이 소중하게 여기는 대의, 개인적인 관심, 일종의 소명 의식 때문에 이러한 직장을 선택한다는 것은 의심의 여지가 없는 사실이다.

뛰어난 미식축구 스타로 3년 계약에 360만 달러를 받던 팻 틸먼Pat Tillman은 9·11 테러가 발생하자 미국 육군의 최정예 특수부대인 레인저 부대에 지원하기 위하여 이처럼 화려한 직업을 버렸다. 그는 전투 도중 우군에 의한 포격으로 사망할 때까지 수차례에 걸쳐 전투에 참전했다.

드러커는 이윤 동기 때문에 '적게 받고는 일을 하지 않으려는' 우수한 인력을 유치하기 위해서는 연봉을 많이 주어야 한다는 생각에도 문제를 제기했다. 그럼에도 우수한 인력이 비교적 적은 연봉을 받고도 일하는 분야가 많았기 때문이다. 이러한 예로는 학교와 군대를 들 수 있다.

드러커는 이윤이 동기가 될 수는 있지만 중요한 동기는 아니라는 결론을 내렸다. 그리고 사회적 쟁점 혹은 그 밖의 쟁점을 무시한 상태에서 기업의 궁극적인 목표로서 이윤 극대화라는 개념은 기껏해야 과장된 표현이라고 보았다.

물론 드러커는 이윤 추구를 시간 낭비에 불과하거나 부도덕한 행위라고 생각하지 않았다. 그가 이윤 추구를 부정적으로 생각하지는 않았지만 이것이 그가 말하고자 하는 요점은 아니다. 그는 이윤 추구에서 발생하는 적대감이 공공 정책에서 최악의 실책을 일으키면서 산업 사회의 가장 위험한 질병이 될 것이고, 기업의 이윤과 기업이 사회적으로 기여할 수 있는 능력 간의 필연적인 모순이 있을 것이라는 잘못된 생각을 갖게 할 것이라고 보았다. 기업은 이윤이 발생할 때만 사회적으로 기여할 수 있다는 사실을 드러커는 지적한 것이다.

기업이 시장에서 퇴출되는 것은 어느 누구에게도 좋지 않은 일이다. 그런데도 많은 사람들이 미래에도 기업이 시장에 계속 남아 있으려면 이러한 연구개발에 투자해야 하고, 현금을 비축해야 한다는 사실을 잊어버린다. 많은 경우에 선의로 생각하는 전문가들은 잘못된 계산을 하고서는 기업이 미래에 살아남기 위하여 자신이 해야 할 일을 정확하게 하려면 '탐욕스러워야 한다'고 결론을 내린다. 드러커는 이윤 추구가 신화도 아니고, 부도덕한 행위도 아니고, 불필요한 행위도 아니며, 기업과 사회의 성공에 중요한 역할을 한다는 사실을 보여주려고 했다. 더구나 그는 이윤 극대화를 주장하는 사람들과는 다르게 이윤은 기업보다는 사회를 위하여 훨씬 더 중요하다고 보았다. 그러나 이윤을 창출하는 것이 기업의 '궁극적인 목표'는 아니다.

이윤 극대화가 위험한 오류인가?

이윤이 지속가능성을 위하여 필요한 것이라면 이윤 극대화가 바람직한 것이 아닌 이유는 무엇인가? 경제학자들은 이윤 극대화가 자본주의 경제의 기본 원리이자 중요한 동인이라고 생각한다. 드러커는 이러한 원리를 쉬운 말로 옮기면 "기업은 낮은 가격에 사서 높은 가격에 파는 일을 하는 곳"이라고 설명했다. 이것은 상당히 기초적인 표현이 아닌가? 드러커는 이처럼 간단한 표현 그 자체가 기업의 성공과 실패 혹은 지속 가능성에 관하여 설명해주지 않는다고 보았다.

어느 지역 소매업자는 낮은 가격에 사서 높은 가격에 팔 수 있다. 이것이 당신이 알고 있는 전부라면 당신은 이 소매업자가 성공하고 있는지 혹은 실패하고 있는지 주장할 수 있을 만큼 충분히 알고 있지 않다. 실패한 기업들을 둘러보면 모두 낮은 가격에 사서 높은 가격에 팔고 있지 않는가? 혹은 최소한 그렇게 하려고 노력하고 있지 않는가? 오늘날 살아남기 위하여 힘들게 노력하는 기업 혹은 결국 실패하고 말았던 기업들을 보면, 낮은 가격에 사서 높은 가격에 파는 것이 기업이 주어진 환경이나 시기에 직면한 장애에도 불구하고 성공하거나 성공의 시기를 앞당기게 된 이유뿐만 아니라 실패하게 된 이유에 대하여 많은 것을 설명해주지 못한다.

경제가 아주 어려운 시기에도 성공한 기업들은 많다. 예를 들어, 1929년부터 1940년에 이르는 대공황 시기에도 프록터 앤 갬블, 쉐보레Chevrolet, 유나이티드항공United Airlines, 휴즈항공사Hughes Aircraft, 카멜 담배Camel Cigarettes, 켈로그 시리얼Kellogg Cereal, 모노폴리 보드게임Monopoly Board Game 등 많은 기업들이 위대한 성공을 이루어냈다. 미국 역사상 대공황 시기만큼 백만장자가 많이 나온 적도 없다고 말하는 사람들도 있다. 당신이 주변을 살펴보면 길모퉁이 어디에서든 성공과 실패가 보일 것이다. 낮은 가격에 사서 높은 가격에 판다는 것이 많은 것을 설명해주지는 못한다.

이윤 극대화는 기업이 단순히 가격을 올려서 수입과 비용의 차이를 크게 하는 것(즉, 이윤 마진을 크게 하는 것)으로 실패를 예방하거나 성공의 가능성을 높이는 것을 의미하는 것으로 보인다. 하지만 실제로는 휘발유, 재료, 필요한 서비스, 세금 혹은 그 밖의 무엇이 원인이 되었든 기업의 비용이 증가할 때 많은 기업들이 즉각적이고도 단순하게 보이는 반응이 바로 이윤 극대화다. 그럼에도 이러한 기업들은 여전히 이윤 극대화를 위하여 가격을 올리는 결정과는 무관하게 성공하기도 하고 실패하기도 한다. 이윤 극대화 그 자체가 성공과 실패를 결정하는 요인은 아니다.

얼마 전 나는 어느 동네의 레스토랑이 생산원가가 증가한 탓에 문을 닫았다는 이야기를 들었다. 그런데도 같은 지역에서 영업하는 다른 레스토랑들은 문을 닫지 않았다. 일부는 오히려 번창하여 매출이 증가했다. 생산원가는 모두 똑같이 증가한 상태였다. 이 모든 사실이 언젠가 나쁜 음식과 서비스를 탓하는 주인에게 다음과 같이 대꾸했던 어느 레스토랑 관리자의 모습을 떠올리게 했다.

"나에게 음식 값을 더 많이 내는 고객을 더 많이 보내주세요. 그러면 더 나은 음식과 서비스로 보답하겠습니다."

아무래도 이 말이 어느 정도는 옳은 것 같다.

기업의 목표

드러커는 이러한 주제에 대하여 많은 생각을 하고는 이윤도 이윤 극대화도 기업의 목표가 아니며 기업에게는 단 한 가지 타당한 목표가 있는

데, 그것이 바로 '고객을 창출하는 것'이라는 결론을 내렸다. 드러커는 이렇게 적었다.

"고객은 기업의 기반이며 기업이 존재하게 해준다. 고객만이 기업의 고용을 창출하게 한다. 사회는 고객의 요구를 충족시켜주기 위하여 부를 창출하는 자원을 기업에 위탁한다."

다시 말하자면, 사회는 그 구성원이라 할 소비자의 요구를 충족시켜주는 대가로 고객을 제공함으로써, 기업에 기업 자신을 위하여 고용을 할 수 있는 수단을 제공한다. 그럼에도 이윤과 이윤 극대화라는 목표는 기업과 사회에 분명히 옳지 않은 목표인데도 직관적으로는 여전히 옳은 목표로 들린다.

기업의 목표는 주로 이윤 추구라는 것은 직관적으로 명백하다. 그러나 드러커는 이처럼 직관적으로 명백한 진술을 분석하고는 완전히 다른 결론에 도달했다.

사실을 뒤집어서 보기

드러커는 일반적으로 널리 알려진 사실이라도 뒤집힐 수 있고 이것이 중요한 통찰을 얻는 데 도움이 된다는 것을 여러 번에 걸쳐서 보여주었다. 내가 처음 학자의 길을 걸었을 때 어느 경험이 풍부한 교수가 말했듯이, 드러커 스스로 자신을 많은 사람들이 인용하고 싶은 탁월한 학자로 만들었던 그의 발언 중 상당수가 바로 이러한 분석에서 나온 것이다.

나는 8장에서 "모두가 아는 것은 대체로 옳지 않은 경우가 많다"는 발언에 대하여 철저한 논의를 통해 많은 경우에 있어 이 말이 옳다는 것을 예를 들어 입증했다. 그렇다면 드러커가 어떻게 원래의 믿음을 뒤집으면서 이러한 결론에 도달했는지를 살펴보자. 원래의 믿음은 모두 혹은 거의 모든 사람이 아는 지식은 대체로 옳다는 것이었다. 실제로 드러커가 이러한 믿음에 의문을 제기하는 경고를 하기 전에 이미 '대중에 의거한 논증Argumentum ad Populum의 오류'라는 것이 있었다. 논증론에서는 '많은 사람들이 그것을 믿으면 그것은 옳다'가 참이 아니기 때문에 '대중에 의거한 논증'이 논리적으로 오류가 있는 것으로 본다.

그러나 드러커는 여기서 한 단계 더 나아갔다. 그는 많은 사람들이 어떤 것을 옳은 것이라고 생각한다면 이러한 사실이 뒤집힐 수도 있다고 생각했다. 분석적인 추론을 시도하여 많은 경우에 정반대의 것이 옳고 모두가 아는 것은 대체로 옳지 않은 경우가 많다는 결론에 도달했다. 물론 드러커의 표현이 과장되었을 수도 있다. 그리고 이러한 과장 때문에 그의 진술이 마찬가지로 오류일 수도 있다. 하지만 "모두가 혹은 거의 모든 사람이 어떤 것이 어느 한 가지 상황에서 옳다고 인식하기 때문에 그것은 모든 상황에서 옳다"는 진술이 가정이 될 때 드러커의 진술이 너무도 자주 옳다는 사실이 놀랍기만 하다. 이 책의 앞부분에서 언급했듯이, 미국의 대법원조차도 인권을 포함하여 많은 것에 대한 우리의 믿음에 따라 확실히 오류를 범할 수 있다. 예를 들어, 노예 제도를 옹호하는 드레드스콧판결을 생각해보라. 그렇다면 우리는 배심원들이 다수결로 (혹은 만장일치라고 하더라도) 내리는 법원의 판결이 항상 옳다고 주장할 수는 없다. 그리고 여러 차례에 걸쳐 입증되었듯이 때로는 법원의 판결이 옳지 않았다.

상당히 흥미로운 진실을 떠올리기 위하여 사실을 뒤집어서 보는 것은 비교적 쉽다. 여기 드러커가 자주 언급하는 널리 알려진 두 가지 방법이 있다.

- "커뮤니케이션에서 가장 중요한 것은 말로 표현되지 않는 것을 들을 줄 아는 것이다."
- "가장 심각한 오류는 잘못된 대답에서 나오는 것이 아니다. 정말 위험한 것은 잘못된 질문을 하는 것이다."

연습 삼아 이 두 가지에 해당되는 사례와 드러커가 어떻게 하여 이미 알려진 사실을 뒤집어서 보는 방법으로 이러한 결론에 이르게 되었는지를 생각해볼 수도 있다.

한 가지 생각나는 것을 소개하자면 "스포츠나 경기에서 성공은 재미가 아니라 열심히 노력한 데서 나온다"는 말이 있다. 정말 그런가? 그렇다면 예를 들어 등반가들은 무엇 때문에 자신의 스포츠를 위하여 훈련을 하고, 일찍 일어나고, 추위를 느끼고, 땀을 흘리고, 때로는 자신의 생명을 내놓거나 팔다리를 절단해야 하는 위험을 받아들이는가? 분명히 그들은 이러한 단점이나 위험이 있음에도 즐거움이나 흥미를 느낄 것이다. 다시 말하자면, 그들은 즐거운 마음으로 산에 오른다.

그렇다면 이것을 정말 일이라고 할 수 있는가? 나는 "스포츠나 경기에서 성공은 열심히 노력하는 데서가 아니라 열심히 즐기는 데서 나온다"는 생각이 든다. 이러한 결론에 대하여 조금 더 생각해보고는 이것이 아이를 돌보는 일에서부터 자산 규모가 10억 달러에 이르는 기업을 경영하는 일에 이르기까지 거의 모든 일에 적용될 수 있다는 생각이 들었다. 어쨌든 당신은 이제 일반적인 아이디어를 얻은 것이다.

다른 사람들이 놓치는 것을 알아차리는 방법

체스 선수가 기억력이 뛰어날 것이라는 믿음이 만연하던 때가 있었다. 체스 챔피언을 보면 자기보다 기억력이 떨어지는 선수를 상대로 몇 가지의 수를 먼저 내다본다는 것을 느낄 수 있기 때문이다. 그러나 최근 연구 결과에 따르면, 이는 그렇지 않은 것으로 나타난다. 체스 챔피언의 기억력은 그리 뛰어난 편이 아니다. 그들이 반드시 당신이나 나보다 지적으로 더 뛰어나다고 볼 수는 없다.

그렇다면 그들과 우리의 커다란 차이는 무엇인가? 체스 챔피언은 체스판에서 주어진 상황을 보고는 다른 사람들에 비해 가능성, 기회, 위협, 자신이 해야 할 일을 금방 알아차릴 수 있다. 이것은 그들이 체스판 전체를 한눈에 기억할 수 있기 때문이다. 그럼에도 그들이 다른 것들을 기억하는 능력은 다른 사람들만큼이나 안 좋다. 그들의 이러한 능력은 타고나는 것이 아니라 체스 경기를 많이 함에 따라 이처럼 놀라운 능력을 자동적으로 발휘하고, 그들이 상황을 인식하고 후천적으로 개발된 특별한 능력을 발휘할 수 있도록 시간을 두고 생각할 필요가 없는 것이다.

드러커도 그들처럼 할 수 있었다. 주어진 경영 상황에서 중요한 사실과 쟁점뿐 아니라 누구에게 무엇을 질문해야 하는지를 금방 파악하는 것이 가능했다. 당신은 이것이 드러커만이 지닌 특별한 능력이며, 이를 모방할 수 있는 사람은 거의 없을 것이라고 생각할 수 있다. 그리고 그 생각이 어느 정도는 맞지만 이는 체스 선수의 사례와 같은 경우에 해당한다. 즉 이것은 약 10년 동안 같은 일을 반복했던 경우다. 정확한 횟수는 알 수 없지만 경험했던 기간만으로는 그렇다. 말콤 글래드웰Malcolm Gladwell은 자신의 저작 《아웃라이어Outliers》에서 이런 내용을 담았다. 간단하게 말하자면, 갑자기 나타나서 성공한 것으로 보이는 사람이 있는데 그런 사람을 잠깐만 살펴보더라도 그렇지 않다는 것을 알 수 있다는 것이다. 모든 경우에 '갑자기 성공한 것'은 그렇게 되기까지 오랜 시간에 걸친 경험의 산물이었다.

지금까지 가장 위대한 체스 그랜드마스터라 불리는 보비 피셔Bobby Fischer는 15세라는 어린 나이에 이런 명성을 얻었다. 그러나 사람들은 그가 9년이라는 세월 동안 집중적으로 체스 경기에 빠져 있었다는 사실을 생각하지 않는다. 글래드웰에 따르면, 10년 혹은 1만 시간이 기준점이다. 그는 이것을 '1만 시간의 법칙'이라고 불렀고, 자기주장을 뒷받침하기 위하여 많은 사례를 제시했다. 드러커도 이러한 범주에 속하는가? 그는 1928년에 저널리스트로 출발했다. 그리고 10년이 지나 혹은 1만 시간이 지나서 그의 첫 번째 저작인 《경제인의 종말》이 출간되었다.

드러커의 생각을 모델링하다

우리 각자가 한 사람의 개인이다. 따라서 우리는 컨설팅과 생각에 대하여 다른 모든 사람과는 각각 다르게 접근한다. 그러나 이것이 비슷한 성과를 달성하기 위하여 누구라도 기본 원리를 활용할 수 없다는 것을 의미하지는 않는다. 우리는 관찰할 수 있고, 컨설팅 혹은 그 밖의 일들을 일반화하는 우리 자신의 이론을 개발하기 위하여 분석적인 연구를 하고 이를 위하여 두뇌를 활용할 수 있다. 그리고 우리가 관찰한 것을 보는 동안 우리는 다음과 같은 것들을 할 수 있다.

1. 직관적으로 분명하게 보이는 아이디어를 살펴보고 그것이 옳은지 혹은 옳지 않은지 확인할 수 있다.
2. 기본적인 아이디어를 뒤집으면 어떻게 보이는지 알기 위하여 사실을 뒤집어서 볼 수 있다.
3. 컨설팅, 경영 혹은 우리가 원하는 일을 할 때 특정한 상황에서 다른 사람이 놓치는 것을 금방 확인할 수 있을 때까지 1만 시간 동안 한 가지 일을 계속한다. 그러면 우리도 혹시 드러커처럼 글을 쓸 수 있을지도 모른다.

12장

의뢰인과 당신의
자신감을 개발하라

드러커는 어떤 관리자라도 위험을 받아들이지 않고서는 일을 효과적으로 할 수 없다고 말했다. 이미 10장에서 위험을 받아들이는 것에 대하여 드러커가 주는 조언을 설명했다. 그러나 지금까지 우리는 직업상의 위험을 받아들일 때는 자신감이 필요하다는 사실을 간과했다. 또한 드러커는 일자리를 잃는 것에 대한 두려움이 관리자가 높은 자리에서 일을 할 수 있는 능력과는 양립할 수 없다고 말했다. 그의 책에 나오는 내용을 그대로 인용하면 다음과 같다.

"일자리를 잃고 수입이 끊어지는 것에 대한 두려움 속에서 사는 것이 일, 직장 내의 집단, 산출, 성과에 대한 책임을 지는 것과는 양립할 수 없다."

그러나 특히 정규직이라는 사실 혹은 과거에 거둔 탁월한 실적과는 무관하게 해고가 현실적으로 실현될 가능성이 있을 때, 당신은 어떻게 이런 해고에 대한 두려움을 갖지 않을 수 있는가? 아마도 회사 전체가 침체된 분위기 속에 빠져들 것이다. 이런 경우 당신은 일자리를 잃게 될 것이다. 이러한 문제는 다른 많은 문제들과 함께 자신감에 의해서 해결될 것이다.

답은 자신감 안에 있다

이러한 문제와 그 밖의 문제에 대한 답은 자신감에 있다. 나는 대단한 자신감 없이 관리자로 크게 성공한 사람을 결코 본 적이 없다. 또한 당신이 자신감 없이도 동료들보다 일찍 승진하는 유능한 사람 혹은 야심찬 관리자를 본 적이 있다고 한다면 나는 그 말을 믿지 않을 것이다. 우리와 우리의 의뢰인들이 의미 있는 성공을 거두기 위해서는 자신감이 반드시 필요하다. 불행하게도 이러한 사실 그 자체가 우리에게 이처럼 중요한 특징을 얻는 방법에 관해서는 말해주지 않는다.

그렇다. 크게 성공한 사람들은 대체로 자신감을 갖고 있다. 불행하게도 이러한 범주에 속하지 않는 사람들(직업 활동을 하는 우리 대다수가 그렇다)은 가끔 자신감을 갖지만 그렇지 않을 때도 많다. 어려운 시기에는 직장을 잃을지도 모른다는 걱정을 하고 크게 성공하기 위하여 견뎌내기 힘든 수준의 위험을 받아들여야 할 때는 가장 안전한 길을 선택한다.

우리는 드러커가 우리에게 무엇을 추천하는지 알고 있고, 그가 추천하는 것에 동의할 수 있다. 빠른 속도로 갑자기 치고 나오는 소수의 사람들만이 이루어내는 성공을 우리도 이루어내려면 드러커가 말하는 자신감을 가져야 한다는 사실도 안다. 이러한 종류의 성공에 도달하려면 먼저 자신감을 획득해야 하는 것이다. 그러나 자신감 없이는 대단한 일을 해낼 수 없지만 대단한 일을 먼저 해내지 않고서는 자신감을 가질 수 없다. 혹은 그렇게 여겨진다.

자신감을 얻는 드러커의 비결

다른 사람들에게 자신감을 주입할 수 있으려면 그 전에 먼저 자신부터 자신감을 획득해야 한다. 나는 드러커를 연구하면서 자신감을 얻는 데 있어 세 가지 방법만이 있다는 것을 알았다.

1. 자신감을 가지고 태어난다.
2. 경험을 쌓고 실수를 하고 이를 통해 배우고 성공을 이루어내는 오랫동안 힘든 과정을 거쳐서 천천히 자신감을 얻는다.
3. 언제든 스스로 결심을 하고서 자신감을 형성하기 시작한다.

자신감을 가지고 태어나다

지금 당신은 바로 남들의 이목을 끄는 행위를 벌일 수도 있다. 그러나 당신이 일종의 영적인 기술에 빠져들지 않으면 이것은 불가능한 일이다. 혹은 불가능은 없다는 믿음의 여지를 남기는 것도 실현 가능하지 않다. 시간을 거꾸로 돌려서 우리 인생을 처음부터 새로 시작할 수 있도록 드러커에게 도움을 청할 수 있을 것으로도 생각하지 않는다. 사실은 어느 누구도 자신감을 가지고 태어나지는 않는다는 것이다.

어느 누구도 태어나자마자 스스로 대단한 일이라고 생각하는 것을 성취하지 않는다. 우리는 아기로 출발하여 걷고 말하는 것처럼 오늘날 우리가 작은 일이라고 생각하는 것을 성취한다. 그러나 이것이 정말 작은 일인가? 당신이 이처럼 인간의 평범한 업적을 처음 성취했을 때 조금이라도 생각을 할 수 있었더라면 이것을 작은 일이라고 생각하지는 않았을 것이다. 우리는 이처럼 작은 일에서조차 처음에는 이보다도 훨씬 더 작은 일을 하면서 출발한다. 예를 들어, 우리는 처음 걷는 것과 같은 주요 과제를 달성할 수 있을 때까지 하위 과제의 난도를 조금씩 높여간다.

지금 당신이 큰 부상을 당하지 않았다면, 당신이 일어나서 한 걸음씩 내디뎠을 때 앞으로 나아갈 수 있을 것이라는 사실에 대하여 더 이상 의심하지 않는다. 당신이 언어를 방금 전에 배우지 않았다면, 이 문장을 읽으면서 읽은 내용을 이해할 것이라는 사실에 대해서도 별로 의심하지 않는다. 당신은 무의식적으로 긍정적인 결과를 기대한다.

당신이 관리자가 되어 좀 더 복잡하고 어려운 과제를 다룰 때 당신은 한두 가지 이유만으로도 성공을 기대하지 않을 수 있다. 아마도 당신은 과거에 이와 비슷한 과제를 성공적으로 처리하지 못했거나 이러한 과제를 전혀 시도해본 적이 없을 것이다. 자신이 특정 과제에서 성공하지 못할 것이라고 믿는 사람은 바로 이러한 믿음 때문에 그 과제를 전혀 시도하지 않으려고 한다.

걷기 전에 먼저 기는 법을 배우다

얼마나 많은 아기들이 입에서 스스로 젖병을 떼어 근처에 있는 테이블 위에 올려놓고, 유아용 침대에서 뛰쳐나와 걷기 시작하는 것을 간단히 할 수 있는가? 나는 당신이 어떠했는지는 잘 모르겠지만 그런 아기가 있다는 이야기는 들어본 적이 없다.

정확한 과정을 말하자면 아기들은 구르는 법을 배우고 기는 법을 배우며 일어설 수 있다는 자신감을 갖고, 이러한 자신감을 조금 더 가진 다음 걸음을 떼기 시작한다. 대체로 첫걸음은 실패하여 아기가 넘어지고 말지만 아기는 적어도 자신이 시작은 했다는 사실을 안다. 부모들은 비록 아기가 한 걸음도 제대로 걷지 못했지만 아기의 이런 시도에 우쭐하여 칭찬과 함께 열광적으로 응원한다. 따라서 실패한 시도는 잊히거나 실패가 아니라 성공적인 첫 번째 시도로 기억된다. 그리고 아기는 얼마 지나지 않아 다시 한번 열성적으로 첫걸음을 시도한다.

이 이야기는 컨설턴트나 경영자를 포함하여 많은 사람들이 성인이 되어 자신감이 결여된 이유에 대하여 흥미로운 사실을 보여준다. 좀 더 성숙한 과제를 배워나가는 아기에게는 계속 칭찬을 해주는 사람이 있다. 그러나 아기에게 그런 사람이 없을지라도, 첫걸음에 실패하여 넘어졌을 때 어느 누가 아주 형편없는 시도 혹은 훌륭한 시도라고 말하겠는가? 문제는 우리가 성인이 되어가면서 악의를 가지든 그렇지 않든 우리를 관찰하는 사람이 많다는 것이다. 더구나 이러한 관찰자 중 다수는 판단을 내리고 우리가 일을 제대로 하지 못했을 때는 반드시 이런 사실을 알려준다. 그렇지만 우리가 일을 만족스러울 정도로 했을 때는 이런 사실을 알려주는 경우가 많지 않다. 따라서 우리는 무엇이든 결코 훌륭한 시도가 아니라는 생각을 갖게 된다. 실제로는 어떠한 시도라도 항상 훌륭한 것이다. 내 막내아들은 경영 컨설턴트로 지금은 성공했지만 말을 배우는 데는 거의 2년이 걸렸다. 그런데도 나는 걱정하지 않았다. 아인슈타인은 거의 4년이 걸렸다고 한다!

아이들은 설거지를 도와주려고 하다가 그릇을 깨기도 한다. 이럴 때 엄마는 짜증이 날 수도 있다. 결국 엄마는 열심히 도와주려는 아이에게 소리를 지른다. 이렇게 자란 아이가 앞으로 설거지나 그 밖의 다른 일을 도와주기 위해 달려갈 준비가 되어 있을까? 그럴 수도 있다. 하지만 그렇지 않을 가능성이 아주 높다.

더욱 나쁘게는 깨뜨린 그릇이 비싼 그릇이라서 엄마가 화를 더 많이 낸다면 어떨까? 엄마는 아이에게 소리를 지를 뿐만 아니라 칠칠맞지 못하다는 말을 할 것이다. 엄마가 계속해서 아이에게 이런 말을 한다면 나중에 아이는 이 말을 진실로 받아들인다. 아이는 커가면서 이러한 사실을 내면화하게 되는데 이는 나중에 다른 일을 성취하기 위한 자신감을 갖는 데 심각한 영향을 미칠 수 있다. 아이가 커서 집을 나왔을 때 다른 사람들이 이처럼 잘못된 믿음을 강화시켜줄 수도 있다. 특히 아이들은 다른 아이들의 잘못에 대하여 상당히 비판적이다. 어떤 선생님들은 훨씬 더 나쁘게 작용할 수도 있다. 다행스럽게도 일부 선생님들은 이런 말에 귀를 기울이지 않는다.

마이클 조던Michael Jordan은 역사상 가장 위대한 농구 선수로 추앙받는다. 이런 그가 고등학교 시절에는 두각을 나타내지 못했고, 키가 180센티미터밖에 되지 않아 팀의 주전으로 뛰기가 힘든 상태였다. 그러던 그가 여름 방학 동안 키가 10센티미터나 컸고, 열심히 훈련하여 졸업할 때는 고교 농구 올스타 격인 맥도날드 올 아메리칸 팀McDonald's All American Team에 뽑혔을 뿐만 아니라 많은 대학에서 그를 데려가려고 했다.

자신감을 갖고 태어난 사람들

자신감을 가지고 태어난 사람들은 실제로는 대체로 어린 시절의 발육기에서 시작하여 직업 활동을 하기 전에 이러한 자신감을 형성한다. 현재 자산 규모가 10억 달러에 달하는 메리케이 코스메틱Mary Kay Cosmetics을 일구어낸 여성 기업가로서, 가장 성공한 여성 영업사원에게 분홍색 캐딜락을 선물하는 것으로도 유명한 메리 케이 애시Mary Kay Ash는 대학 교육을 받은 적이 없다. 그런데도 그녀는 자신을 안정적으로 지원하던 남편이 갑자기 심장마비로 세상을 떠나자 불과 몇 주 만에 5,000달러를 가지고 사업을 시작할 정도로 자신감이 있었다.

그녀는 자신감을 가지고 태어난 사람인가? 그렇지 않다. 하지만 그녀는 일곱 살 어린 소녀였을 때부터 보통의 어른보다 더 많은 책임이 주어졌다. 그녀는 어머니가 일을 할 수 있도록 병으로 누워만 있는 아버지를 매일 보살폈다. 게다가 가게에서 물건 사는 것을 포함하여 여러 가지 집안일도 해야 했다. 이런 생활이 그녀가 성인이 되어 직업 활동을 시작하기도 전에 자신감을 형성하는 데 있어 도움이 되지 않았을까?

스티븐 스필버그Steven Spielberg는 전설적인 영화감독, 영화 프로듀서, 시나리오 작가다. 그의 자산 가치를 금액으로 환산하면 30억 달러가 넘는다. 그는 유대인이라는 이유로 학교 폭력배들에게 두들겨 맞아서 코피가 난 적도 두 번이나 있었다. 그러던 그가 열두 살 때 사진 촬영에 관한 보이스카우트 기능장을 받기 위해 자신의 첫 번째 영화를 만들었다. 첫 번째 영화를 통해 자신감을 얻은 그는 40분짜리 단편 전쟁 영화를 만들었는데, 이 작품으로 1년 뒤에 열린 어느 영화제에서 1등상을 받았다.

이후로 3년이 지나 그는 장편 공상 과학 영화의 대본을 쓰고 감독까지 직접 맡았다. 이 작품은 지역 영화관에서 개봉되었고 얼마 되지는 않았지만 약간의 이익을 남기기도 했다. 그는 더욱 자신감을 갖고는 혼자 힘으로 영화를 계속 만들었고, 영화 작품의 질은 점점 더 좋아졌다.

당시 스필버그는 영화인들에게 유명한 서던캘리포니아대학교 영화예술학교School of Cinematic Arts에 지원했지만 떨어지고 말았다. 그러나 자신감 넘치던 스필버그는 이런 일로 좌절하지 않았다. 대신 롱비치에 있는 캘리포니아주립대학교에 다니면서 유니버설 스튜디오Universal Studios에서 1주일에 7일을 시간제 무보수 인턴 사원으로 일했다. 당신은 스필버그가 그다음 무엇을 했는지 잘 알 것이고, 그는 실제로 그 일을 했다. 유니버설 스튜디오 촬영소에서 단편 영화를 제작했는데 이것이 당시 유니버설 TV 제작부 부사장이었던 시드니 샤인버그Sidney Sheinberg에게 전해지면서 자신감이 더욱 넘쳤다. 샤인버그는 당장 스필버그를 TV 제작 책임자로 고용했다. 스필버그가 아직 대학을 졸업하지 않고 TV 제작 책임자가 되려면 유명 영화학교 출신에 오랜 세월에 걸쳐 경력을 쌓아야 하는 데도 말이다. 당시 스필버그는 경험 많고 자신감 넘치는 23세 청년이었다.

이후로 그는 할리우드에서 최고의 영화 프로듀서가 되어 〈조스Jaws〉 〈인디아나 존스Indiana Jones〉 〈쥬라기 공원Jurassic Park〉 〈컬러 퍼플The Color Purple〉 〈쉰들러 리스트Schindler's List〉 〈라이언 일병 구하기Saving Private Ryan〉 〈이티ET〉 〈링컨Lincoln〉과 같은 수많은 명작을 만들었다.

그렇다. 이 정도면 아주 위대하다. 당신이 작업 활동을 하기 전에 자신감을 형성해놓으면 당신은 이미 자신감 있는 사람이고 다른 사람들은 당신을 두고 자신감을 가지고 태어난 사람이라고 생각한다. 그러면 이러한 자신감을 형성하지 않은, 우리 중 99퍼센트에 해당하는 사람들은 어떤가?

노력과 인내가 자신감을 만든다

우리 중 일부는 이런 식으로 하여 결국 성공을 이루어내고, 이렇게 하는 것은 전혀 잘못되지 않았다. 다만 이것은 시간이 많이 걸리고 때로는 고통스러운 과정을 요구한다. 기본적으로 당신은 직업 활동을 시작하고 다른 모든 사람이 하는 것, 즉 일을 열심히 하고 최선을 다한다. 당신은 두각을 나타내고 당신의 노력이 인정을 받으며 이에 대한 보상이 주어지기를 원한다.

모든 것이 잘되어서 당신이 승진을 하면 당신은 모든 단계마다 더 많은 자신감을 얻는다. 물론 도중에 장애물이 있을 수도 있다. 때로는 당연히 당신에게 주어져야 한다고 생각하는 승진의 기회가 다른 사람에게 주어질 수도 있다. 당신이 잘못한 것도 없는데 해고당할 수도 있다. 나쁜 일은 당신이 비싼 집을 구매하거나 자녀를 대학에 보내거나 새로운 직장을 구하기가 힘든 나이에 해고당할 때처럼 하필이면 어려운 시기에 일어나는 것처럼 보인다. 그러나 당신이 인내하고 약간의 행운만 따라준다면 마침내 당신은 목표에 도달할 것이다. 그 목표가 엄청나게 높지 않다면 말이다. 물론 그 과정이 불확실하고 시간이 많이 걸리고 또한 당신이 원하는 곳에 결국 도달할 것이라는 보장은 없다.

자기개발을 통한 자신감 형성

나는 이 방법을 가장 좋아한다. 이 방법은 앞에서 말했던 방법보다 더 빠르고 위험이 덜 따른다. 게다가 자신에게 더 많은 통제력을 부여한다. 내가 추천하는 스스로 책임을 지는 이 방법은 간단한 원칙에 기반을 둔다.

약간의 과제를 가지고 시작하여 시간이 지나면서 이 과제를 조금씩 높아나가는 방식으로 자신에 대하여 신체적, 정신적, 영적인 것이든 관계없이 무엇이든 개발할 수 있다. 이 방법은 훨씬 더 빠르고 위험이 덜 따르며 다른 사람에게 의존하지 않고 오직 나 자신에게만 의존하기 때문에 성과를 보장한다는 사실을 제외하고는 앞에서 말했던 노력한 끝에 자신감을 천천히 얻는 방법과 관련이 있다. 이와 관련하여 드러커는 이렇게 말했다.

"역사 전반에 걸쳐 모든 예술가는 카이젠改善을 실천했다. 즉 그들은 체계적이고도 지속적인 자기개발을 실천했다. 당신 역시 당신의 장점을 활용할 수 있는 분야에서 노력한다면 혹은 장점을 개발하기 위해 노력한다면 최고의 제작자가 될 것이다."

예를 들어, 매일 근육을 단련시키면 근육이 점점 커지고 강해질 것이다. 아놀드 슈워제네거Arnold Schwarzenegger는 영화배우 혹은 캘리포니아 주지사가 되기 전에 세계 보디빌딩 챔피언이었다. 하지만 그는 처음부터 근육이 그처럼 많았던 것은 아니다. 매일 웨이트의 무게를 조금씩 늘려가면서 연습하다 보니 근육이 점점 많아졌고, 몇 년이 지나면서 세계 챔피언이 될 만큼 많아졌다.

이 방법을 처음 사용한 사람이 아놀드는 아니었다. 고대 그리스의 운동선수 밀로Milo는 매일 송아지를 들고 짧은 거리를 뛰어다니는 방식으로 훈련했다. 그는 4년이 지난 뒤에도 여전히 그 송아지를 들고 뛰어다녔는데 송아지가 어느덧 황소가 되었기 때문에 고대 세계에서 큰 명성을 떨치게 되었다. 나는 밀로 이전 혹은 이후로 그처럼 남들의 이목을 끄는 행동을 했던 사람이 생각나지 않는다.

지금 내가 자신감을 형성하기 위하여 매일 송아지를 들고 뛰어다니라는 말을 하고 있는 것은 아니다. 비록 이 방법이 확실하게 자신감을 키워주기는 하더라도 말이다. 자신감을 형성하기 위한 원칙은 이처럼 훨씬 간단하고도 쉬운 방법에서 나온다. 우리가 해야 할 것은 자신감을 형성하기 위한 행동을 결정하고, 그것을 실행에 옮기는 것뿐이다. 비교적 쉬운 목표를 설정하고 그곳에 도달할 때까지 앞으로 나아가라. 과제 혹은 목표를 성공적으로 완수할 때마다 스스로 이를 기념하고 축하하라. 그다음에는 조금 더 높은 목표 혹은 조금 더 어려운 과제를 설정하라.

이것은 웨이트 트레이닝과도 비슷하다. 점점 체력이 강해지면서 바벨의 무게를 조금씩 늘려가거나 좀 더 날렵하게 달릴 수 있다. 머지않아 자신이 가능하리라고 전혀 생각지도 않았던 일을 해낼 것이다. 또한 리더로서 긍정적인 결과를 기대하는 데 필요한 자신감을 얻게 될 것이다.

쾌감대에서 벗어나라

여기 또 다른 훌륭한 방법이 있다. 매일 당신의 '쾌감대Comfort Zone' 밖에 있는 새로운 일을 선택하라. 이것은 당신이 예전에 한 번도 해본 적이 없는 것이고, 조금은 불편하거나 불확실하게 여겨질 수도 있는 일이다. 이것은 춤을 추거나 스케이트를 타거나 볼링을 하는 것처럼 신체적인 운동일 수도 있다. 혹은 두려움에 도전하거나 롤러코스터를 타거나 번지 점프나 스카이다이빙을 시도하는 것일 수도 있다. 스카이다이빙을 시도하는 것은 결코 불가능하지 않다. 지금 내가 이 글을 쓰고 있는 순간에도 미국의 전직 대통령 조지 허버트 워커 부시^{George H. W. Bush}는 90대의 나이에도 해마다 스카이다이빙을 즐긴다. 음식도 적용될 수 있다. 당신이 한 번도 먹어본 적 없는 회를 처음 먹어보는 것도 당신의 쾌감대에서 빠져나오는 한 가지 방법이다.

당신은 매일 새로운 일을 처음 시도하는 데 재미를 느낄 수 있다. 시간이 지나면서 당신은 도전적인 일들을 점점 더 많이 하게 된다. 물론 당신의 직업 활동에서도 도전적인 일들을 간과해서는 안 된다. 퇴직자를 위한 파티와 회사 체육대회와 같은 행사를 기획하거나 연설을 하는 것처럼 당신의 쾌감대 밖에 있는 과제를 자원하라. 예전에 이미 했던 것 혹은 편안하게 할 수 있는 것을 선택하지 마라. 도전하는 삶을 살아라. 불편하게 여겨지는 일들을 하라.

머지않아 당신이 맡기 싫은 일은 별로 없을 것이다. 또한 당신은 새로운 자신감이 직업 활동 전반에 걸쳐서 넘쳐나는 것을 느낄 수 있을 것이다. 당신은 다른 사람들이 당신의 리더십과 자신감 때문에 당신에게 기대를 걸고 있고, 당신이 유능한 사람 혹은 야심찬 사람으로 여겨져서 승진이 예정된 사실을 알게 될 것이다. 다른 사람들은 당신이 어떻게 갑자기 열정으로 불타오르게 되었는지를 궁금하게 여길 것이다. 그것은 당신이 자신감을 형성했기 때문이다. 당신은 이것을 혼자 힘으로 했다. 드러커도 이에 수긍할 것이다.

자신감은 성공할 수 있다는 믿음에서 나온다

몇몇 리더들은 어떻게 민생, 일자리, 자산 규모가 10억 달러인 기업에 대한 책임을 맡을 수 있을까? 이 리더들은 어떻게 인류까지는 아니더라도 국가의 미래에 대한 책임을 맡을 수 있을까? 이 리더들은 어떻게 때로는 수천 혹은 수백만 명의 사람들이 무엇인가를 성취하도록 이끌어 갈 수 있을까? 이러한 리더들은 이 모든 것을 눈 하나 깜짝 안 하고 이루어낼 수 있다. 이처럼 엄청난 자신감은 어디에서 나오는가?

옛날 공군의 리더십 훈련 교범에는 이런 말이 나온다.

"어느 누구도 자신에게 주어진 일을 해낼 자격이 된다는 마음 속 믿음 없이는 자신감을 가질 수 없다."

군대에서는 병사들의 자신감을 어떻게 형성하는가?

군대에서는 병사들이 어느 한 분야에 있어 자신감을 형성하면 다른 분야에서도 자신감을 가질 수 있다는 사실을 잘 안다. 따라서 병사들의 자신감을 형성하기 위하여 '자신감 코스'라는 것을 운영한다. 이것은 인위적으로 만든 장애물 혹은 이벤트로 구성되어 있는데 병사들은 이것을 성공적으로 뛰어넘어야 한다. 모든 장애물이나 이벤트는 보통의 난이도에서 시작하여 점점 더 어려워지도록 설계되어 있지만 누구든지 제대로만 하면 할 수 있는 것들이다.

어느 한 곳에서는 병사들이 절벽에 매달려 있는 30미터짜리 밧줄을 타고 내려와야 한다. 다른 곳에서는 병사들이 물웅덩이 위에서 흔들리는 밧줄을 잡기 위해 높이 뛰어나가야 한다. 이것을 제대로 하려면 먼저 밧줄을 잡고 이것이 뒤로 되돌아오기 전에 다른 쪽 지점에 무사히 뛰어내려야 한다. 이것을 제대로 하지 못하면 병사들은 물웅덩이에 빠지게 된다. '살아남기 위하여 미끄러지기'라는 것도 있다. 이곳에서는 호수의 한쪽 편에 설치된 27미터 높이의 탑에서 시작하여 호수를 가로질러 반대편 기슭까지 밧줄이 팽팽하게 설치되어 있다. 병사들은 탑에서 뛰어내려 밧줄에 부착된 도르래에 매달린 채로 호수를 가로질러 반대편까지 미끄러져 가야 한다. 이때 병사들은 여러 개의 깃발을 가지고 신호를 보내는 사람을 계속 주시해야 한다. 어떤 신호가 주어지면 병사는 양다리를 수면과 평행이 되도록 들어 올려서 앉는 자세를 취해야 한다. 그다음 신호가 주어지면 수면 위 약 6미터 상공에서 뛰어내려야 한다. 이때 병사는 마치 돌멩이처럼 호수를 가로질러 반대편으로 스치듯이 날아가야 하는데 이 병사가 도르래에서 손을 떼고서 뛰어내리지 않으면 호수 기슭에 떨어져서 충격을 받거나 부상을 당할 수도 있다.

일부 군대에서는 낙하산 훈련을 할 필요가 있는데, 때로는 자신감을 형성하려는 목적에서 거의 모든 군인에게 이 훈련을 권장한다.

앤서니 라빈스Anthony Robbins은 유명한 동기부여 강연자로서 전 세계를 무대로 다양한 집단의 사람들과 함께 일을 해왔다. 그는 '불속에서 걷기Fire

Walk'를 통해 자신감을 형성한다는 사실을 배우면서 자신의 직업 활동을 시작했다. 그렇다. 이것은 불꽃놀이Firework를 잘못 적은 것이 아니다. 활활 타오르는 석탄 위를 4미터 혹은 그 이상 걷는 것을 의미한다. 라빈스는 자신의 강연을 '두려움에서 능력으로Fear into Power'라고 불렀고, 불속에서 걷기를 파티에서의 묘기를 가르치기 위해서가 아니라 다음과 같은 의미를 전달하기 위해 비유로써 사용한 것임을 분명히 했다.

"당신이 불가능하다고 생각하는 이것을 할 수 있다면 당신이 또한 불가능하다고 생각하는 그 밖의 무엇도 할 수 있지 않을까요?"

당신이 이 말을 순전한 허풍으로 치부하기 전에 나는 당신에게 라빈스가 예전에 캠프 데이비드Camp David(미국 메릴랜드 주의 커톡틴 산맥에 있는 미국 대통령 전용 별장 – 옮긴이)에 가서 현직 미국 대통령과 정부의 고위 관료들의 불속에서 걷기를 도와준 적이 있다는 말을 해야겠다.

지금 내가 말하고자 하는 것은 자신감을 형성하기 위한 다양한 방법이 있고, 일부는 이것을 가지고 영리를 추구한다는 것이다. 그리고 이 모든 방법이 실제 당신에게 자신감을 효과적으로 키워줄 수 있다. 이것은 사실이다. 당신이 무엇인가를 성공적으로 완수할 수 있을 것으로 생각한다면 당신은 그것을 할 수 있다는 자신감을 가질 것이다. 그것은 불가능한 것이 아니다. 따라서 문제는 당신이 그것을 실제로 시도하기 전에 어떻게 당신이 성공할 것으로 생각할 수 있는가에 달려 있다. '자신감 코스'와 '불속에서 걷기'는 이를 위한 두 가지 방법에 불과하고, 이것 말고도 다양한 방법들이 존재한다.

작은 것이 많은 것을 의미한다

옛 속담에 "성공만큼 성공을 보장하는 것도 없다"는 말이 있다. 이 말은 '성공이 성공을 낳는다' 혹은 '한 번 성공한 사람이 계속 성공한다'는 뜻이다. 다시 말하자면, 당신이 과거에 성공을 거두었다면 미래에도 성공할 가능성이 더 많다는 것이다. 그러나 당신이 성공할 때까지 당신은 어떻게 성공을 거둘 수 있는가? 이것은 닭이 먼저냐 달걀이 먼저냐의 문제와도 같다. 당신은 달걀을 가질 때까지 닭을 가질 수 없다. 그러나 닭을 가질 때까지 달걀도 가질 수 없다.

다행스럽게도 당신은 큰 성공을 하기 전에 작은 성공을 할 수 있다. 그리고 작은 성공은 당신의 신념 체계에 관한 한 큰 성공만큼이나 의미가 있다. 이것은 당신이 무엇인가에 성공하여 작은 승리를 이루어낼 수 있다면, 정신적으로 당신이 이와 같은 영역에서 이보다 훨씬 더 큰 승리를 이루어낼 수 있을 것이라는 믿음을 갖게 되는 것을 의미한다. 더구나 당신은 앞으로도 이러한 믿음을 계속 유지할 것이고, 다른 사람들은 당신을 예전과는 다르게 대하기 시작할 것이다.

보디빌딩 챔피언이자 영화계의 스타, 전직 캘리포니아 주 지사였던 아놀드 슈워제네거는 고등학교 시절에 자신감을 어떻게 형성하게 되었는지를 다음과 같이 설명한다.

"얼마 지나지 않아 사람들이 나를 특별한 사람으로 보기 시작했습니다. 이는 어느 정도 나 스스로 내 자신을 바라보는 태도를 바꾸었기 때문입니다. 나는 성장했고, 몸이 단단해졌고, 자신감을 얻었습니다. 나는 예전에 받아보지 못했던 대우를 받기 시작했습니다."

긍정적 혹은 부정적 심상의 영향

닉 왈렌다^{Nik Wallenda}는 1780년 오스트리아-헝가리 제국 시대부터 시작하여 겁 없는 도전을 해왔던 집안의 7대 후손이다. 그는 2011년 6월 4일, 푸에르토리코의 10층 빌딩인 콘다도 프라자 호텔의 두 타워 사이를 잇는 길이 41미터의 줄을 타고 건너는데 성공했다. 옛날에 그의 할아버지이자 지금까지도 가장 위대한 줄타기 곡예사로 꼽히는 카를 왈렌다^{Karl Wallenda}가 바로 이곳에서 줄타기 곡예를 하다가 바닥으로 떨어져 사망했기 때문에 이번 이벤트는 특별한 의미가 있었다. 카를 왈렌다는 이보다 더 긴 거리를 그물을 설치하지 않고서 건너갔는데, 나이가 들어서도 이처럼 숨이 막힐 듯한 줄타기 곡예를 계속했다. 그는 60대의 나이에도 3만 명이 보는 앞에서 370미터에 달하는 거리를 줄을 타고 건너간 적도 있었다. 그때 그의 나이가 65세였다. 그는 70대가 되어서도 여전히 20대에 했던 전설적인 묘기를 계속 보여주었다.

왈렌다의 부인은 왈렌다의 마지막 공연에 관한 텔레비전 인터뷰에서 이렇게 말했다.

"그날은 참 이상했어요. 남편은 공연이 있기 몇 달 전에는 다른 생각을 하지 않아요. 그런데 이번에는 처음으로 자기가 성공하지 못할 거라고 생각했어요. 자기가 떨어지는 모습을 보았다고 하면서요."

그녀는 이야기를 계속하면서 남편이 줄을 설치하는 것까지도 직접 확인했다고 말하고는 이렇게 덧붙였다.

"옛날에는 남편이 이런 것까지는 하지 않았습니다."

카를 왈렌다가 가졌던 부정적 심상과 여기에서 비롯되는 자신감의 결여가 이처럼 특별한 공연에서 그가 추락하게 된 원인이 되었다는 데는 의심의 여지가 없어 보인다.

닉 왈렌다는 세계 최초로 나이아가라 폭포와 그랜드 캐니언에서 줄을 타고 횡단하는 위업을 달성했고, 그 밖에도 목숨을 건 묘기를 여러 차례 보여주었다. 그는 할아버지가 추락했던 바로 그곳에서 줄타기 곡예를 마치고는 그 자리가 지난 몇 년 동안 계속 머릿속에서 맴돌았다고 말했다. 그러나 그는 조금도 두려워하지 않았다. 다시 말하지만 중요한 것은 자신감이었다.

긍정적인 심상의 효과

부정적인 심상이 당신의 자신감을 해친다면 긍정적인 심상은 당신이 자신감을 형성하는 데 크게 도움이 된다.

찰스 가필드Charles Garfield 박사는 심상 분야에서 대단한 권위를 갖고 있다. 그는 심리학 박사 학위뿐만 아니라 수학 박사까지 소지한 매우 독특한 사람이다. 나는 1981년 〈월스트리트저널〉에 나오는 어느 기사에서 그의 연구 활동에 대하여 처음으로 알게 되었다. 이 기사에서는 가필드 박사 본인이 직접 '멘탈 리허설Mental Rehearsal'이라고 부르는 것에 대한 자신의 연구를 소개했다. 그에 따르면, 유능한 경영자는 멘탈 리허설을 자주하고 그렇지 않은 경영자는 이것을 자주 하지 않는다는 것이다.

가필드 박사는 자신의 저서 《최고 실행자Peak Performer》에서 소비에트권의 실행 전문가들이 이탈리아의 밀라노에서 어떻게 자신의 이론을 뒷받침하게 되었는지를 설명했다. 가필드 박사는 아마추어 역도 선수였다. 그러나 몇 달 동안 시합에 출전하지 않았다. 시합에 출전했을 때 그의 최고 기록은 127킬로그램이었다. 비록 지난 일이지만 정기적으로 연습하던 시절에는 기록이 이보다 더 나았다. 소비에트권의 전문가들은 바로 그 당시의 가필드 박사에게 자신이 들어 올릴 수 있다고 생각하는 최고 기록이 어느 정도인지를 물었다. 그는 벤치 프레스라고 알려진 기구로 연습할 때는 136킬로그램까지 들어 올릴 수 있었다고 대답했다. 벤치 프레스란 선수가 벤치에 누워서 바벨을 들어 올렸다가 가슴을 향하여 내리는 것을 말한다. 그러면 당신은 바벨을 원래 있던 지점으로 되돌려 놓게 된다. 그는 혼신의 힘을 다하여 136킬로그램을 들어올렸다. 그는 이렇게 말했다.

"아주 힘들었어요. 방 안에서 문득 신들리지 않고서 어떻게 내가 그만큼 들어 올릴 수 있었을까 생각해보게 됐지요."

소비에트권의 전문가들은 가필드 박사에게 누워서 긴장을 풀라고 말했다. 그들은 가필드 박사에게 정신적으로 긴장을 풀 수 있는 운동을 하게 했다. 그다음 그들은 가필드 박사에게 천천히 부드럽게 일어나 보라고 했다. 가필드 박사는 자신이 그렇게 하는 동안 그들이 136킬로그램짜리 바벨에 30킬로그램을 더하는 것을 보았다. 평상시라면 절대 들어 올릴 수 없는 무게였기에 가필드 박사는 부정적인 심상을 갖기 시작했다. 소비에트권의 전문가들은 이런 부정적인 심상이 그의 마음속에 뿌리내리기 전에 새로운 심리 훈련을 시작했다.

"그들은 제가 마음의 준비를 할 수 있도록 단호하고도 철저하게 저에게 말을 걸었어요. 저는 제 마음속의 눈으로 제 자신이 벤치를 향해 가는 모습을 보았어요. 그리고 제 자신이 눕는 모습을 보았어요. 저는 대단한 자신감을 가지고서 166킬로그램을 들어 올리는 내 모습을 마음속에 그려보았어요."

그는 놀랍게도 166킬로그램을 들어 올렸다. 뿐만 아니라 예전에 이보다 더 가벼운 바벨을 들어 올릴 때와 비교하여 더 편하게 바벨을 들어 올리는 자신을 발견했다.

멘탈 리허설을 활용하라

나는 멘탈 리허설 기법을 몇 년에 걸쳐서 활용해왔다. 이것이 효과가 있을 뿐만 아니라 후유증 없이 쉽고도 힘들지 않게 사용할 수 있다는 사실을 당신이 곧 알게 될 것이라고 확신한다.

비결은 먼저 최대한 긴장을 풀고 긍정적인 심상을 그려보는 데 있다. 내가 하는 방법은 이렇다. 일단 누워서 최대한 긴장을 푼다. 그다음 내 발가락을 가지고 시작한다. 나 자신에게 내 발가락이 마비되고 있다고 말한다. 그리고 나 자신에게 이러한 암시를 몇 번에 걸쳐서 반복한다.

이러한 암시는 발가락에서 시작하여 발, 다리, 몸통까지 계속된다. 내가 이러한 암시를 반복할 때마다 내가 집중하고 있는 내 몸의 특정 부위가 긴장이 풀리면서 마비된다. 그렇게 긴장이 완전히 풀리고 나면 긍정적인 심상을 가지고 일을 시작한다. 마음속으로 상황에 관한 모든 것을 자세히 그려본다. 이러한 멘탈 리허설을 한 번 마치고 나면 이것을 또다시 반복한다. 앉은 자리에서 여러 번 반복하는데 특히 중요한 상황을 맞이할 때는 이러한 멘탈 심상 과정을 며칠 동안 하루에 여러 번 반복하기도 한다.

이것이 효과가 있냐고? 정말 놀라울 정도로 효과가 있다. 내가 이러한 심상 기법을 사용할 때는 실패하는 경우가 거의 없었다. 물론 현실이 항상 내가 미리 계획한 각본대로 움직이는 것은 아니다. 때로는 변화가 큰 의미를 갖는다. 그러나 긍정적인 결과를 여러 번에 걸쳐서 보고 얻는 성과는 대단한 효과를 갖는다. 나는 멘탈 리허설을 하고 나면 어떠한 상황에서도 자신감을 잃지 않는다.

자신감으로 무장한 비전은 한계가 없다

조지 워싱턴George Washington은 미국의 미래에 관하여 원대한 비전을 갖고 있었기 때문에 '미국 건국의 아버지'로 알려져 있다. 그는 자유와 해방을 표방하면서 완전히 새로운 국가를 마음속에 품고 있었다. 그는 그때까지 미국이 직면했던 그 어느 때보다도 힘든 시기를 살면서 자신의 비전을 형성했다. 그는 최고 사령관이자 미국 헌법에 입각한 첫 번째 대통령일뿐만 아니라 미국 제일의 선각자였다. 실제로 1775년 6월 대륙회의Continental Congress가 그를 최고 사령관으로 임명했지만 그는 오직 한 사람, 즉 자기 자신에 대한 사령관이었다.

당시까지만 해도 대륙군Continental Army이 존재하지 않았다. 만약 대륙 회의가 태도를 바꾸어 영국 국왕인 조지 3세에게 협력하기로 결정했다면 워싱턴은 외톨이 신세를 면치 못했을 것이고 반역자로 몰릴 가능성도

컸다. 그러나 원대한 비전을 갖고 있던 워싱턴은 자신의 군대를 이끌고 당시 세계 최고의 강대국을 상대로 6년에 걸친 전쟁을 치르면서 결국 승리를 거두었다.

워싱턴의 비전에 있어 한 가지 두드러진 사실은 어떠한 일이 있더라도 자기가 성공할 것이라는 확고부동한 자신감이 없었더라면 유지될 수 없었다는 것이다. 당신도 드러커가 제안했던 자신감을 형성할 수 있다. 단지 첫걸음을 내딛기만 하면 된다.

13장

드러커에게 결국 실패할 것이라는 확신을 주는 기업

드러커에게
결국 실패할 것이라는
확신을 주는 기업

드러커가 어떤 조직이나 기업이 실패하게 될 것이라고 생각하는 한 가지 확실한 방법이 있었다. 이것은 완전히 직관에 반하는 방법이지만 그럼에도 절대적으로 확실하고 드러커 자신의 컨설팅 업무에서 중요한 요소가 되었다. 간단히 말하자면, 어떠한 조직이라도 과거에 성공하게끔 만들었던 방법을 계속 유지하면 그 조직은 확실히 실패한다는 것이다. 이것은 매우 이상하게 들릴 수도 있지만 이 주장을 곰곰이 생각해보면 논리에 완전히 어긋나지 않고 이러한 '성공의 실패' 사례는 역사 전반에 걸쳐서 상당히 많다는 것을 알 수 있다.

'성공의 실패'에 관한 수많은 사례들

성공의 실패에 관한 사례들은 너무도 많기 때문에 우리는 먼 옛날까지 거슬러 갈 필요가 없다. 왜 기업이나 조직이 과거에 성공을 전해주었던 방법으로는 계속 성공하지 못하는가? 드러커가 설명했듯이 일반적으로는 환경이 급변하여 과거에 적용되는 법칙이 타당성을 잃어버렸기 때문이다. 이제 다음에 나오는 변화를 생각해보자. 이것은 항상 발생하는 평범한 변화지만 그 규모와 관계없이 과거의 성공을 무너뜨릴 만한 힘을 갖고 있다.

- 기술: 저렴한 자동차와 같은 새로운 제품이 등장하여 수송의 기본 수단으로 쓰이던 말이 쓸모가 없어졌다. 또한 마차용 채찍, 시내의 마구간, 말을 매는 말뚝, 마차처럼 말과 관련된 모든 것도 쓸모가 없어지거나 사라졌다. 이처럼 관련 산업이나 제품이 완전히 사라지고 관련된 모든 것이 실패로 끝난다.

- 경제: 경제가 깊은 침체에 빠져들거나 심각한 인플레이션이 발생할 수 있다. 경제가 침체에 빠져들면 고객은 가능한 한 지출을 하지 않으려고 한다. 반대로 인플레이션이 발생하면 고객은 자유롭게 지출할 뿐만 아니라 훨씬 더 짧은 기간 안에 이러한 지출을 한다. 일부 국가에서는 극단적인 인플레이션이 발생하기도 하는데, 국민들은 지폐를 지갑에 넣지 않고 손수레에 싣고 오기도 한다(정말 그렇다!). 과거에 성공했던 유형의 제품이나 서비스를 계속 생산하는 기업은 경제가 침체에 빠져드는 동안 파산한다. 그럼에도 아침 식사용 시리얼, 비누에서부터 영화를 만드는 기업에 이르기까지 많은 기업이 번성했다. 오늘날에도 여전히 세계적으로 인기 있는 모노폴리 보드게임을 위한 시장이 바로 대공황 시기에 형성되었다고 한다.

- 문화적 혹은 사회적 변화: 여성이 해변에서 맨살을 예전보다 훨씬 더 많이 노출하는 것은 지난 세기 중반부터 허용되었다. 비키니 수영복

이 1946년에 처음 개발되었는데 당시 개발자는 이 제품의 모델로 스트립 댄서(어떤 사람은 매춘부라고도 한다!)를 고용해야 했다. 그 시절 비키니 수영복 모델은 사진을 찍기 위해 거의 알몸으로 많은 사람 앞에 나타날 수 있는 사람이어야 했다. 오늘날에는 젊은 여성들이(그리고 나이든 여성까지도) 비키니 수영복을 입는 데 전혀 주저하지 않는다. 과거에 성공의 기반이 되었던 옛날식 여자 수영복을 계속 생산하던 기업은 결국 파산하고 말았다.

- 정치·법·규정: 과거에는 합법적이던 것들이 불법이 되고 이와 반대의 경우도 마찬가지다. 미국에서는 1920년 1월 17일부터 주류 판매가 금지되었다가 13년이 조금 넘게 지나고서 허용되었다. 이것이 기업, 경영, 범죄를 포함하여 많은 부문에 미친 영향은 이후 수많은 할리우드 갱 영화의 주제가 되었다.

- 경쟁 기업의 활동: 경쟁 기업이 당신이 미처 생각하지 못했던 활동에서 성공하면 당신은 심각한 국면에 처할 수 있다. 애플이 퍼스널 컴퓨터를 개발하여 이 시장을 지배했고 IBM은 훨씬 더 나중에 이 시장에 뛰어들었다. IBM은 퍼스널 컴퓨터 시장이 등장하리라고는 전혀 생각하지 못했다. 그러나 IBM은 이 시장에 뛰어들기로 결심하고는 탁월한 대응 전략을 가지고 신속하게 움직였다. 애플이 자사 퍼스널 컴퓨터의 운영 체제를 위한 소프트웨어 개발을 누구에게든지 허용하지 않은 반면 IBM은 이를 허용했을 뿐만 아니라 오히려 장려했다. 그 결과, 얼마 지나지 않아 IBM 운영 체제에서 주로 사용되는 게

임, 비즈니스 프로그램을 비롯한 소프트웨어가 애플의 운영 체제에서 사용되는 것보다 훨씬 더 많아졌다. IBM 운영 체제에 기반을 둔 컴퓨터는 이러한 전략을 통하여 순식간에 퍼스널 컴퓨터 시장으로 퍼져나가 시장을 지배하기에 이르렀다. IBM이 애플 시스템에 비하여 기술적으로 수년씩이나 뒤처진 제품을 가지고 뒤늦게 시장에 뛰어들었는데도 말이다.

- 예상하지 못한 주요 사건: 9·11 테러는 항공업계에 커다란 타격을 가했고 보안 장비와 인력에 대하여 훨씬 더 많은 수요를 창출했다. '대침체'는 커다란 타격을 가했고 이에 더디게 적응하던 많은 기업을 파산하게 만들었다. 아프리카, 아시아 혹은 미국에서 유행병이 발생하여 예전에 성공하던 제품이나 서비스에 막대한 영향을 가했다. 또한 일본, 한국, 중국이 저가의 품질 좋은 제품을 공급하면서 다른 국가에서는 예전에 성공하던 기업들이 당장 영향을 받았다.

스위스 시계는 한때 세계적으로 각광받았지만 평균 이상의 품질을 지닌 일본 시계 혹은 가격이 믿기 힘들 정도로 저렴한 중국 시계의 등장으로 크게 위축되었다. 가장 최근에는 이라크·시리아 이슬람 국가ISIS 혹은 이라크-레반트 이슬람국가ISIL가 2015년 11월 15일 밤에 파리에서 일으킨 연쇄 테러 공격으로 미국을 포함하여 전 세계가 혼란과 불안에 빠져들었다. 이러한 현상 역시 보안 산업에 영향을 미칠 뿐만 아니라 예전에 성공했던 제품이나 서비스 시장이 사라질 것임을 시사한다.

자만심이 클수록 더 세게 넘어진다

1980년대 중반에는 시장 규모가 10억 달러에 달하는 레코드판 산업이 거의 하룻밤 사이에 사라졌다. 콤팩트디스크 기술의 위협에 제대로 대처하지 못한 레코드판 제조업자들은 수백만 달러의 손실을 보았다.

한때 공학도라면 누구든 하나씩은 가지고 있던 계산자도 멸종의 길을 걸었다. 이것은 박물관을 제외하고는 더 이상 갈 곳이 없게 되었다. 휴대용 계산자는 손으로 조작되는 비전자非電子 아날로그식 계산기라고 할수 있다. 기본 모델에는 중앙의 미끄럼자와 두 개의 고정자가 있다. 커서라고 불리는 십자선을 가진 투명한 미끄럼 조각이 이 기본 모델을 완성한다. 공학도들은 이 장치를 가지고 다양하고도 복잡한 수학 계산을 할 수 있었다. 피켓Pickett과 케이플러스이K+E와 같은 기업들이 계산자 시장을 지배했지만 휴대용 전자계산기가 등장하고 2년 만에 계산자 시장은 사라지고 말았다.

이런 사례를 계속하여 들 수 있지만 당신은 이미 일반적인 개념을 이해했을 것이다. 마치 백열전구가 곧 꺼져버리기 직전에 가장 밝게 타오르는 것처럼 많은 기업이 사라지기 전에 불과 몇 년 동안(혹은 때로는 불과 몇 달 혹은 며칠 동안) 최고의 상태로 존재했다. 이들은 자신의 성공을 최대한 활용했지만 결국에는 드러커가 정확하게 말한 대로 때로는 예상했던 것보다 더 빨리 실패하고 말았다.

당신은 경영자들이 변화를 확실히 예상하고 이에 기꺼이 대비하는 모습을 떠올릴 수도 있다. 하지만 이것은 몇 가지 이유 때문에 쉬운 일이 아니다. 대부분의 경영자들은 옛날식 패러다임에서 조직의 성공을 이루어냈기 때문에 승진에 승진을 거듭하여 지금의 자리에까지 올랐다. 그들이 옛날에 했던 행위 덕분에 그들과 그들의 조직은 크게 성공할 수 있었다. 그들은 옛날 방식을 편안하게 여기는 반면 새롭고 입증되지 않은 아이디어를 불편하게 생각한다. 그들은 비록 깨닫지 못할 수도 있지만 자신이 아는 것, 편안하게 여기는 것에서 빠져나오는 것을 불안하게 생각한다. 그들은 과거의 작업 방식에 많은 것을 투자했고, 새롭게 투자하고 시작해야 하는 작업 방식을 회피하려는 경향이 있다. 오직 예외적인 사람들만이 새로운 작업 방식을 받아들일 수 있고 무엇이든 변하게 마련이라는 말을 할 수 있다. 그러나 우리가 원하든 그렇지 않든, 일단 무엇이든 변하게 마련이라는 사실을 인정하고 나면 새로운 모델이 고도의 지능을 요하는 것은 아닐 것이다.

나는 미래의 성공은 필연적으로 과거의 위대한 성공에 기반을 둔 것은 아니라는 사실을 인식했던 어느 조직의 리더에 관한 가장 두드러진 사례를 쓴 적이 있다. 그는 기업 경영자가 아니라 군대의 리더였다. 이름은 헨리 햅 아놀드Henry Hap Arnold였는데 2차 대전 당시 미국 육군 항공대US Army Air Forces 사령관이었다. 당신이 그의 생각을 이해하려면 먼저 당시 상황에 대한 내용을 알아야 한다.

2차 대전 이후로 미국 항공대에 독립적인 군대의 지위가 부여되고 나서 햅 아놀드는 공군의 최초이자 유일한 원수가 되었다. 그러나 이렇게 되기까지는 그 과정이 쉽지 않았다. 아놀드는 군 생활 내내 항공대의 핵심 인력인 조종사들이 완전한 경력 기회를 가질 수 있도록 항공대가 미국 육군으로부터 독립해야 한다고 강력히 주장했다. 항공대가 육군으로부터 독립하기 전에는 하늘을 날지 않는 육군 선임 장교로부터 통제를 받고 있었고, 조종사들은 비행 조직만을 지휘할 수 있었다. 조종사들은 하늘을 날지 않는 사단·군단을 이끌거나 그 밖의 임무를 맡을 수 없었다. 그들은 이러한 과정을 거치지 않고서는 미국 육군에서 최고의 자리에 오를 수 없었다.

미국 공군이 창설되고 얼마 지나지 않아 하늘을 나는 조종사들이 동등한 기회를 가질 수 있도록 평생에 걸쳐 싸워왔던 아놀드가 갑자기 당시로서는 조종사들에게 이단으로 여겨지는 주장을 글로 쓰기 시작했다. 아놀드 장군은 공군 장교들이 새로운 군대의 미래를 전망하면서 유연하고도 진취적인 자세를 가질 것을 촉구하고는 다음과 같이 적었다.

"우리는 미래의 관점에서 생각해야 한다. 우리는 공군력 자체가 쓸모 없어질 수도 있다는 사실을 명심해야 한다."

그는 공군 무기고에서 비행기가 가장 중요한 수단일 때 즉 우주항공 시스템과 무인 시스템이 실제로 존재하지 않고 실험용 시제품 단계에 있을 때 이런 말을 했다. 오늘날 무인 드론 조종사에 대한 수요는 항공기 조종사에 대한 수요뿐만 아니라 대륙 간 탄도 미사일의 발사 시스템과 우주항공 시스템에 투입되는 인력에 대한 수요에 필적할 정도로 커지고 있다. 이러한 상황은 아놀드 장군이 자기 주장을 글로 쓸 때는 전혀 예상하지 못했던 것이었다.

그럼에도 우리는 거의 매일 드러커의 경고에 주의를 기울이지 않아서 파산하는 기업에 관한 글을 읽을 수 있다. 얼마 전 나는 〈월스트리트저널〉에서 다음과 같은 헤드라인을 읽었다.

"콜롬비아하우스Columbia House가 종을 치다."

콜롬비아하우스의 소유주인 필름드 엔터테인먼트Filmed Entertainment, Inc는 미국 파산법 11장에 따른 파산 신청을 냈다. 콜롬비아하우스는 씨비에스CBS Inc 사업부의 일환으로 설립된 회사였다.

당신은 클럽 레코드에서 시작하여 테이프를 거쳐 마지막으로는 DVD를 팔기 위한 광고 우편물을 받아본 적이 있는가? 이 모든 것이 통신 판매를 하는 유명 레코딩하우스인 콜롬비아하우스가 보낸 것이다. 당신이 이 클럽에 처음 가입할 때는 테이프 혹은 CD 한 개를 1센트라는 낮은 가격으로 구매할 수 있었다. 이러한 영업 방식은 연간 14억 달러나 되는 매출을 발생시켰다.

콜롬비아하우스를 망하게 한 것은 기술만이 아니었다. 콜롬비아하우스는 기본 품목을 유행에 맞게 개선시켜놓았다. 문제는 소비자가 음악을 비롯한 그 밖의 작품을 구매하여 듣는 방식에 있었다. 결국 이러한 방식이 변하면서 콜롬비아하우스는 파산에 이르게 된 것이다. 콜롬비아하우스가 사업을 접을 때 회원 수가 여전히 11만 명에 달했지만 매출은 여러 해에 걸쳐 감소했다. 콜롬비아하우스에서는 마케팅과 유통에서 요구되는 근본적인 변화가 전혀 발생하지 않았던 것이다.

성공이 실패가 되는 것을 막아라

- 과거에 성공에 이르게 했던 것을 계속 유지하면 어떠한 이유가 되었든 한 가지 혹은 그 이상의 이유 때문에 미래에는 반드시 실패하게 된다는 사실을 인식한다.

- 조직은 과거에 성공에 이르게 했던 것 혹은 한때 성공의 진정한 본질이었던 것조차도 포기하려는 의지가 있어야 한다.
- 조직은 항상 혁신적인 변화를 위한 조치를 취할 준비가 되어 있어야 한다.
- 만일의 사태에 대비한 당신만의 시나리오와 함께 이러한 시나리오가 발생하기 전 혹은 발생하기 시작할 때 나타나는 부정적인 현상을 다루기 위한 방안을 계획한다.
- 주변에서 발생하는 모든 주요 사건을 계속 주시하고, 이것이 당신의 사업과 제품에 무엇을 의미할 것인가를 자문해본다.
- 실패를 예방하는 것은 혁신을 요구한다. 그리고 어떠한 기업에서든지 혁신은 두 가지 주요 과제 중 하나다(나머지 하나는 마케팅이다).

혁신은 다르다는 것을 의미한다

드러커는 컨설턴트에게 혁신은 다르다는 것을 의미하고 어쩌면 완전히 새로운 것을 의미한다고 보았다. 그러나 그는 혁신이 시작되고 촉진될 때마다 시간, 인재, 자본, 설비와 같은 자원이 요구된다고 생각했다. 이것은 드러커가 '포기'라고 하는 아주 중요한 개념을 도입하게 했다. 그렇다면 혁신적인 자세란 무엇을 의미할까?

드러커가 잭 웰치에게 했던 다음 두 가지 질문은 잭 웰치가 GE의 CEO로서 경이적인 성공을 이루는 데 크게 기여했다. "GE가 이 사업을 하지 않았더라면 지금 당장 이 사업에 뛰어들 것인가?" 그 대답이 "아니요"라면 "앞으로 어떻게 할 작정인가?"였다. 이 두 가지 질문은 성공적인 사업을 포기하게 만들었다.

웰치에 따르면, 드러커의 질문은 자신이 수익은 발생하지만 기대만큼 잘하지 못하는 사업을 미련 없이 버리게 만들었다고 한다. 그리하여 GE는 사업의 효율성을 높여 대단한 성공을 거둘 수 있었다. 웰치는 GE가 추진하는 사업 중에 시장에서 1위 혹은 2위가 아닌 것은 매각하거나 청산할 것을 지시했다. 이보다 거의 20년 전인 1964년에 출간된 드러커의 저작《창조하는 경영자Managing For Results》에는 드러커의 포기에 관한 이론과 관련하여 두 가지 사례가 논의되었다.

드러커가 웰치에게 했던 이 두 가지 질문은 실제로 웰치가 드러커의 이론을 성공적으로 적용했던 강력한 사례가 될 것이다. 이처럼 간단한 질문이 웰치가 GE에서 업적을 남기는 데 크게 기여했고, GE가 세계적으로 성공한 것은 순전히 리더이자 경영자인 웰치 덕분이었다.

포드의 착각

헨리 포드의 모델 T는 20세기에 세계적으로 가장 영향력 있는 자동차 모델이었다. 실제로 모델 T에는 '세기의 자동차The Car of the Century'라는 칭호가 주어졌다. 1908년부터 1927년 사이에 1,500만 대나 팔렸기 때문에 이러한 칭호를 충분히 받을 만했다. 비록 19년 동안 사소한 모델 변경이 가해지기는 했지만 모델 T는 초기 디자인을 그대로 유지하는 자동차로 인식되었다. 이것은 포드의 널리 알려진 선언, 즉 포드의 고객은 검정색 자동차만을 원한다는 주장을 잘 구현했다. 반면, 포드의 경쟁사인 제너럴모터스가 다양한 디자인과 옵션을 제공하기 시작했다. 그러자 헨리 포드는 짤막하면서도 재치 있는 농담으로 응수했다.

"모델 T의 디자인은 이미 정확했다. 따라서 이것을 변경할 필요가 전혀 없다."

최종적인 결과는 모델 T가 현대적인 제품과는 더 이상 경쟁할 수 없는 것으로 나타났다. 모델 T는 한때 포드가 성공하게 된 기반이 되었지만 모델 T의 디자인은 이미 오래 전에 폐기되었어야 했다. 포드는 그렇게 하지 않음으로써 이후로 40년 동안 시장 지배력을 제너럴모터스에 넘겨주어야 하는 대가를 치렀다. 결과적으로 줄어든 수익을 만회하기란 거의 불가능했고 "이것은 이미 정확했다"라고 말하던 포드의 용감한 선언은 잘못된 것으로 드러났다.

세밀함과 논리를 가지고 포기하라

드러커는 논리적으로는 이것이 '조직은 지금 하고 있는 모든 것을 포기할 준비가 되어 있어야 하고, 이와 동시에 새로운 것을 창출할 준비가 되어 있어야 한다는 것'을 의미한다고 생각했다. 포기는 지속적인 향상, 과거 성공의 활용, 혁신과 함께 실행되어야 한다.

드러커는 새로운 노력을 위한 제안을 할 때는 항상 과거에 노력했던 것 중에서 어느 것을 포기해야 하는지를 명확하게 설명해야 한다고 주장했다. 나는 연구개발 이사로 근무하던 직장에서 이것이 필요하다는 사실을 일찍부터 알게 되었다. 당시 나의 직장 상사는 전체 예산을 증액시키지 않고 제품 개발을 추진할 것을 주문했다.

드러커는 이 모든 과정이 체계적이어야 하고, 아무런 계획 없이 아무렇게나 진행되어서는 안 된다고 생각했다. 그는 의뢰인들과 함께 그들이 무엇을 하고 있는지 재고하면서 이러한 과정을 시작해야 한다고 보았다.

재고의 의미

드러커는 많은 의뢰인과 컨설턴트들이 간과하는 것에 대하여 진지하게 생각했다. 그것은 주변 환경과 그 속에서 조직의 행동을 재고하는 것을 말한다. 드러커는 재고를 포기로 가기 위한 일종의 전조라고 인식했다. 재고를 통하여 또 다른 성공을 위한 새로운 가능성에 따라 검토하고 분석하고 순위를 매겨야 할 행동, 프로그램 혹은 제품이 길게 나열된 리스트가 나온다고 보았다. 일단 이것이 나오면 가능성이 가장 높은 것에 우선권과 함께 이러한 가능성에 도달하는 데 필요한 자원이 주어진다. 가능성이 가장 낮은 것은 청산되어야 하고(보스턴컨설팅그룹이 만든 네 개의 셀이 나오는 매트릭스에서 '도그'를 생각하라), 중간에 나오는 것은 더욱 성공하기 위하여 앞으로도 계속 검토해야 할 대상이지만 여기에 한정된 자원을 많이 투입하지는 않는다.

드러커는 이 중에 흔히 쓰이는 방법은 그가 말하는 '좋은 의도Good Intentions'에 따라 프로그램과 행동에 대한 순위를 매기는 것이라는 사실을 확인했다. 드러커의 방법의 차이점은 좋은 의도가 아니라 실제로 관찰한 성과에 따라 순위를 매기는 것이었다. 드러커는 의뢰인들에게 이러한 과정을 제도화하라고 충고했다. 그리고 심지어는 이러한 과정을 반복하는 기간까지도 제시했다. 조직은 3년마다 모든 제품, 서비스, 정책, 유통 경로에 대하여 다음과 같은 질문을 해보라는 것이었다.

"우리가 그것을 하지 않았더라면 지금 당장 그것을 하는 데 뛰어들 것인가?"

이 질문은 환경이 변했고 어쩌면 훨씬 더 중요하게는 조직이 처음 활동을 시작한 이후로 혹은 그 사이에 새로운 것을 배웠다는 것을 가정한다. 드러커는 이 질문에 대한 답이 "아니요"라면, 그다음 행동은 더 이상의 연구를 위한 것이 되어서는 안 되고 항상 "앞으로 어떻게 할 작정인가?"를 물어야 한다고 강조했다. 드러커는 불필요한 조사나 연구를 싫어했고 오히려 실천에 주안점을 두었다. 자신의 컨설팅 업무에서 항상 실천을 강조했다. 오직 실천을 통해서만 실패를 피하고 성공을 이루어낼 수 있다고 보았다. 또한 그는 포기는 꼭 필요한 것이지만 이것이 기회가 되기도 한다는 사실을 계속 강조했다.

제품, 사업, 서비스를 포기하면 자원을 풀어놓을 수 있다. 우리는 자본, 인력, 시설, 장비, 시간과 같은 자원을 새로운 기회 혹은 가능성은 있지만 예전에는 눈길을 끌지 못했던 기회를 활용하는 데 투입할 수 있다. 이러한 기회를 '밀고 올라오는 우선권push priorities'이라고 할 수 있는데 이들이 우선순위 리스트에서 상위권으로 밀고 올라오면서 여러 번에 걸쳐 추가적인 투자를 발생시키기 때문에 쉽게 눈에 띈다.

포기에는 또 다른 장점도 있다. 비록 풀어놓은 자원이 어디에 투입될

지는 잘 모르더라도 말이다. 심리적으로 보면 포기는 지금은 존재하지 않는 과거의 무엇인가를 대신할 대체물을 찾도록 자극한다. 드러커는 포기를 미래에 영향을 미치게 될 제품, 서비스, 공정, 기술에 자극을 가하기 위하여 따분한 대상, 즉 기존 사업에 불을 붙이기 위해 필요한 것이라고 생각했다.

마지막으로 그는 미래를 예상하기 위해서는 스스로 미래를 창출하라고 권했던 것처럼, 변화를 관리하기 위한 가장 효과적인 방법은 스스로 변화를 창출하는 것이라고 믿었기 때문에 의뢰인들에게 포기는 '변화 경영Change Management'에도 도움이 된다고 말했다.

드러커는 은퇴할 무렵 다음의 세 가지 경우를 제시하면서 평생 동안 고심했던 포기의 개념을 잘 요약했다. 여기서 드러커는 그만 자제력을 잃고서 대담하게 "올바른 행동은 항상 분명한 포기에 있다"라고 말했다.

1. 제품, 서비스, 공정에 있어 아직은 좋은 시절이 몇 년 더 남아 있다고 생각될 때
2. 제품, 서비스, 공정을 계속 유지하자는 주장이 완전히 가치 없는 것으로 간주될 때
3. 기존의 제품 혹은 서비스가 (어쩌면 쇠퇴하면서도) 유지되어 새로운 제품 혹은 서비스가 부진하고 소홀히 취급될 때

드러커는 세 번째 경우가 포기를 위한 가장 중요한 원인이라고 했다. 스티브 잡스조차도 직원들에게 한때 유력했던 애플 II를 더 이상 중요하게 생각하지 않도록 하는 데 어려움을 겪었다. 애플 II는 애플이 시장에

뿌리를 내리도록 했고, 사람에 따라서는 이것을 컴퓨터 산업의 전부라고 생각했다.

나는 잡스가 매킨토시의 개발을 주도하면서 아직도 애플 II에 마음을 빼앗긴 직원들을 "따분한 프로젝트에 빠져든 친구들"이라고 말했던 것을 기억한다. 이러한 사실이 보도되었을 때 나는 잡스가 왜 그런 말을 했는지 이해하지 못했다. 드러커의 컨설팅 방법을 분석하고 나서야 나는 잡스가 무엇을 말하려고 했는지를 알 수 있었다.

포기를 위한 구체적인 기준 찾기

드러커는 포기를 위한 구체적인 기준을 제시하지는 않았다. 그는 셀이 네 개가 있는 혹은 아홉 개가 있는 매트릭스를 제시하지 않았고, 방정식도 제시하지 않았다(드러커는 아무것도 제시하지 않았다). 또다시 그는 생각할 것을 권했다. 포기할 가치가 있어 보이는 상품, 공정, 사업에 대한 선택 기준은 끝이 없을 정도로 많이 나올 수 있다.

대신 드러커는 몇 가지 지침을 제시했다. 예를 들어, 의사 결정에서 '경계 조건boundary condition'이라는 것에 주목할 것을 권했다. 이것은 의도한 목적, 달성해야 할 최소한의 목표와 그 밖에 충족되어야 할 조건들을 명확하게 나열한 것이다. 드러커는 언제 무엇을 포기해야 할 것인가를 알기 위해서는 경계 조건에 대한 분명한 생각이 있어야 한다고 보았다. 추론을 하자면 경계 조건에 대한 이해는 포기를 위한 기준을 개발하는 데 반드시 필요한 것이다.

비록 드러커가 의뢰인들과 그들을 돕는 사람들에게 '숫자의 횡포The Tyranny of Numbers'를 경계하라고는 했지만 가장 널리 사용되는 경영 도구로서 예산 과정은 포기할 만한 대상을 찾을 때 평가해야 할 체계적인 정보뿐만 아니라 그 밖의 계측 및 제어 지표와 함께 현재의 상황을 평가하고 분석하기 위한 공개 토론의 장을 제공한다고 말했다. 그러나 우리가 무엇을 포기하고 무엇을 남겨두어야 할 것인가를 결정하기 위하여 정량적인 기준을 따를 수는 있겠지만 여기서 또다시 '숫자의 횡포'를 경계해야 한다.

드러커의 생각은 《숫자의 횡포: 숫자는 왜 인간을 행복하게 못하는가 The Tyranny of Numbers: Why Counting Can't Make Us Happy》의 저자 데이비드 보일David Boyle의 생각을 떠올리게 한다. 나는 아직 이 책을 읽지 않았다는 사실을 고백한다. 그러나 아마존닷컴에 나오는 다음의 소개 글만으로도 내가 아는 드러커의 생각을 아주 잘 표현한다고 생각한다.

"우리가 지금처럼 측정을 많이 시도한 적이 없었다. 우리가 왜 숫자에 이처럼 사로잡혀 있는가? 숫자는 우리에게 진정 무엇을 말해줄 수 있는가? 우리는 너무나도 자주 실제로 측정할 수 없는 것들을 정량화하려고 한다. 우리는 사람들을 세지만 개인을 세지는 않는다. 우리는 지능이 아니라 시험 성적, 빈곤이 아니라 수당 청구자를 숫자로 나타낸다. 정부는 새로운 목표 1만 개를 설정한다. 정치인은 왜곡된 통계를 가지고 연설문을 채운다. 숫자를 세는 사람이 누구인가에 따라서 범죄 발생률은 올라가기도 하고 떨어지기도 한다. 우리는 모든 것이 측정만을 위해 설계된 세상에서 살고 있다. 측정할 수 없으면 무시될 수 있다. 그러나 중요한 문제는 숫자가 우리에게 말해주지 않는 것에 있다. 숫자는 설명을 하지 않고, 영감을 주지도 않고, 무엇이 무엇의 원인이 되는지를 정확하게 말해주지 않는다. 데이비드 보일은 이처럼 자기 생각을 열렬하게 펼치면서 독자에게 많은 생각을 하도록 자극하는 저작에서 우리가 숫자에 사로잡혀 있는 모습을 자세히 관찰했다. 그는 우리에게 직관, 창의성, 상상력, 행복과 같은 측정할 수 없고 계산할 수도 없는 대상을 무시하고 숫자를 심각하게 받아들이는 데 따르는 위험을 상기시켜주었다. 계산은 인간이 개발해낸 중요한 기술이다. 숫자로 표시된 척도는 중요한 도구다. 하지만 우리가 이러한 도구에 너무 집착한다면, 이것에는 한계가 있다는 사실을 명심하는 한해서만 그렇다."

계획은 반드시 실행으로 옮겨져야 한다

일단 포기할 만한 대상을 확인하고 포기를 위한 구체적인 기준을 설정하면 모든 것을 계획에 따라 진행해야 한다. 이러한 계획에는 구체적인 목적과 다양한 역할별로 필요한 인력, 각종 도구, 소요 예산, 정보와 그 밖에 포기를 마무리 짓기 위해 필요한 자원과 분명한 일정이 명시되어야 한다. 이는 신제품 개발 계획과도 상당히 비슷한 방식으로 진행된다.

드러커는 어떻게 포기하는가가 무엇을 포기하는가에 못지않게 중요하다고 생각했다. 세부적인 내용을 간과하면 포기의 시도 자체만으로 포기가 될 것이라는 기대를 하게 되고 이로써 포기가 뒤로 미루어질 수 있다. 그 이유는 간단하다. 포기 정책은 결코 인기를 끌지 못하고, 잭 웰치가 확인했듯이 많은 사람이 이에 적극적으로 반대할 것이기 때문이다. GE에서 포기는 GE와 웰치가 놀라운 성공을 거두게 했지만 웰치의 재임 첫해에 성과가 없는 사업을 버리고 새로운 사업을 인수하는 과정에서 10만 명이 넘는 직원을 해고하는 결과를 초래했다. 또한 이것은 웰치에게 '중성자 잭'이라는 달갑지 않은 별명을 갖게 했다. 그러나 웰치를 지지하는 사람들은 그가 포기를 통해 GE의 위상을 높였을 뿐만 아니라 궁극적으로는 직원, 주주에게 혜택을 가져다주었다고 말한다.

드러커는 이처럼 결정적이고도 체계적인 계획과 실행의 단계가 없었더라면 이 모든 것이 단지 '좋은 의도'로만 끝났을 것이고, 여기에는 관형어 '좋은'이라는 결과가 나타나지도 않았을 것이라고 덧붙였다.

꿈을 가질 것인가, 가지지 않을 것인가

여전히 수익성이 아주 좋고 성장 잠재력까지 있는 성공적인 제품, 조직, 전략, 사업을 버리는 것은 바보 같은 짓이고 심지어 위험하기까지 하다. 그렇다면 언제 미래를 향한 새로운 아이디어가 진보적인 생각을 변화시키지 않으면서 실패의 필연성을 저지할 것이고, 언제 이러한 아이디어가 자기 일에 전념하지 않으면서 귀중한 시간만 낭비하는 결과를 초래할 것인가? 드러커는 변화가 절실하게 요구되고 변화하지 않으면 당장 실패할 수밖에 없는 시점에서 성공을 위한 전술적인 개선이 효과가 있을 것이라는 데 동의했다. 그렇다면 우리는 주변 여건이 매우 중요하게 작용하기 시작하여 우리가 혁신적인 변화를 준비해야 한다는 것을 어떻게 인식할 수 있는가? 미안하지만 이 문제에 대해서는 관리자의 판단이 중요하다.

의뢰인들에게 하고 싶은 이야기

- 해당 산업뿐만 아니라 세계적으로 벌어지는 현상을 이해하기 위하여 노력해야 한다. 새로운 제품뿐만 아니라 주변 환경에서 나타나는 추세에도 익숙해져야 한다. 미래에는 이러한 환경도 간접적으로 사업에 영향을 미칠 수 있다. 이것은 계획을 세워 지속적으로 무역잡지와 신문을 읽고, 인터넷을 검색하고, 그 밖의 관련 미디어를 활용하여 여기에 나오는 내용이 현재 무엇을 의미하고 미래에는 무엇을 의미할 것인가에 대하여 생각해야 한다. 이러한 과정이 결코 중단되어서는 안 된다.

- 무엇이 일어날 것인가를 묻지 말고 현재의 상황과 앞으로 전개될 상황에 근거하여 무엇이 일어날 수 있는지를 물어보라.

- 지금 추진하는 사업에 대하여 만일의 사태에 준비하라. 만일의 사태가 발생한다면 당신은 무엇을 할 것인가?

- 상황이 어떻게 전개되는지를 면밀하게 관찰하라. 매출이 여러 분기에 걸쳐서 감소하면 그 이유를 찾아야 한다. 매출이 기대한 만큼 증

가하더라도 마찬가지다. 모든 것이 정상적으로 돌아갈 것이라고 무의식적으로 가정하지 마라. 정상적이라는 것은 존재하지 않는다. 특정 지역에서 매출이 증가 혹은 감소하면 반드시 그 이유를 찾아야 한다. 어떠한 것도 영원히 지속되지 않는다는 사실을 명심하고, 변화를 맞이할 마음의 자세를 갖추어라. 그다음 과거에 당신이 투자했던 시간, 자본, 자원을 잊어버리고 필요한 경우에는 즉각적인 조치를 취하라. 매몰 비용Sunk Cost(이미 지출하여 되돌릴 수 없는 비용을 말한다. 이미 실행중인 사업이나 정책에 의해 사용된 비용 때문에 새로운 계획을 세울 때 합리적인 판단을 위해서는 이미 써버리고 회수할 수 없는 비용에 대해서 고려해서는 안 된다-옮긴이)은 매몰된 비용일 뿐이라는 회계사들의 신조, 그 어떠한 것도 영원히 지속되지는 않는다는 사실을 잊어서는 안 된다.

- 단지 변화를 위하여 변해서는 안 되지만 모든 제품, 전략, 전술, 정책에 대하여 지속적으로 평가하기 위한 프로그램을 구축하라. 경쟁에서 선두를 유지하고 현재 추진하는 사업이 시대에 뒤떨어지지 않다는 사실을 확인하기 위하여 변화의 기회를 공격적으로 찾고 변화를 활용하라.

- 과거에 성공했던 방법에서부터 미래를 위하여 훨씬 더 성공할 수 있는 방법에 이르기까지 새로운 아이디어와 변화를 받아들여라. 당신은 이런 방식으로 단지 성공할 뿐만 아니라 크게 성공할 것이다.

드러커의 명성은 주로 관리자나 의뢰인에게 자연스럽게 다가오지 않는 것을 하는 것에서 나왔다. 드러커의 길을 따르려는 컨설턴트라면 바로 이 점을 명심해야 한다. 어떤 사업을 하더라도 실패는 있게 마련이고 성공의 씨앗이 잠복하고 있다는 말을 인정하기가 정말 어렵다. 말을 뒤집어서 해도 마찬가지다. 어떠한 성공에도 실패의 씨앗은 잠복하고 있다. 컨설턴트라면 이 점을 인식하고 의뢰인에게 한때 기업과 경영자에게서 사랑받던 것을 포기하도록 설득하여 미래의 성공으로 안내할 준비가 되어 있어야 한다.

14장

드러커는 의뢰인들의 혁신을 어떻게 도왔는가?

먼저 솔직하게 생각해보자. 우리가 추진하는 혁신의 대부분은 갑자기 번뜩이는 영감에서 나온 것이다. 나는 아침에 산책을 할 때 이러한 영감을 얻는 경우가 많았다. 이것은 내가 잠을 자는 동안에도 나의 정신이 바쁘게 움직였다는 것을 말해준다.

내 친구 조 코스먼은 믿기 힘들 정도로 생산적인 혁신가로 새로운 혁신 제품을 엄청나게 많이 생각해냈고, 그가 이러한 혁신을 조금이라도 추진할 시간과 자원을 가질 수 있었다는 사실은 기적과도 같았다. 어쨌든 그는 혁신 제품을 충분히 활용하여 드러커와 마찬가지로 1인 기업가로서 엄청난 부자가 되었다. 대부분의 혁신이 좋은 결과를 낳았고 혁신 제품이 등장할 때마다 100만 달러 혹은 그 이상을 벌게 해주었다. 몇 번 실패하기는 했지만 그의 성공률도 그의 생산성만큼이나 탁월했다는 데는 의문의 여지가 없었다. 코스먼의 '개미 농장Ant Farm'은 그의 가장 성공한 혁신 제품 중 하나였다.

코스먼의 개미 농장
: 20세기 가장 성공한 장난감 혁신 제품

코스먼의 유명한 '개미 농장'은 대단한 성공을 거두었다. 정확한 종류의 흙을 준비하고 약 30×30센티미터 크기의 목재 골격을 사용하여 그 주변에 사육자가 안에서 벌어지는 일을 관찰할 수 있도록 투명한 창유리를 설치하고는 그곳에 개미 집단을 구성하는 식으로 교육용 장난감을 만들겠다는 생각이 새로운 것은 아니었다. 코스먼이 자신의 버전을 소개했을 때 아마도 이것은 처음 나온 지 약 80년은 되었을 것이다. 그러나 바로 여기서 코스먼의 혁신이 시작되었다.

옛날식 버전은 어린이를 위한 대량 판매 시장을 조성하려고 하지 않았다. 투명한 창유리를 설치한 것은 이것이 쉽게 깨질 수 있고 위험하기 때문에 일종의 모험이었다. 개미 집단의 본래 개념은 교실에서 교사의 감독 하에 이것을 적용할 때 제대로 작동했지만 어린이의 장난감으로는 장려되지 않았다. 이것이 단지 유리가 깨지는 데 따르는 위험 때문만은 아니었다. 유리와 나무의 접촉면은 완전히 달라붙지 않아서 교사와 어린이에게는 실망스럽게도 개미들이 수시로 빠져나왔다. 부모들에게도 집안에 온통 개미들이 기어 다니는 사태가 달갑지는 않았을 것이다.

코스먼이 만든 개미 농장은 어린이가 집에서 가지고 노는 교육용 장난감을 표방한 것이었다. 따라서 이것은 교실 교육용이 아니라 개인 소유를 위하여 설계되었다. 더구나 이것은 일종의 자그마한 장난감 시스템이었다. 그는 목재 골격과 창유리를 투명한 플라스틱으로 대체했다. 이렇게 하면 가볍고 정상적으로 사용했을 때 깨지지 않는다. 따라서 어린이에게 더욱 안전하고 개미가 빠져나오기도 힘들며 제조원가도 훨씬 절감된다. 그러나 코스먼은 여기서 멈추지 않았다. '개미 농장'이라고 이름을 붙인 것조차도 일종의 혁신이었다.

그러나 개미 농장을 어떻게 전국의 소매점으로 유통시킬 것인가? 답은 간단했다. 이것은 또 다른 혁신이었다. 농장에는 가축이 있다. 따라서 코스먼은 개미 농장을 판매하면서 가축 보증서도 함께 우편으로 보냈는데 이것은 농장에 거주할 가축의 배달을 보증하는 문서였다.

코스먼은 혁신에 성공했기 때문에 이 제품을 가지고 엄청난 수익을 올렸다. 이 제품은 오늘날 그가 세상을 떠난 지 여러 해가 지났는데도 여전히 팔리고 있다. 코스먼은 당신이 일단 특정 제품, 서비스, 사업에 집중하면 번뜩이는 영감이 빠른 속도로 떠오를 것이라고 말했다.

번뜩이는 혁신

드러커는 번뜩이는 영감이 혁신을 위한 탁월한 전술이라고 생각했다. 그러나 그는 나에게 아이디어를 개발하기 위하여 시간, 자금, 인력을 활용하면 할수록 좋은 아이디어가 항상 더 많이 나올 것이라고 말했다. 그는 '참신한 아이디어the bright idea' 즉 모호하고 실체가 없으며, 실질적인 분석을 별로 하지 않은 상태에서 개발 과정에 갑자기 나타나는 혁신이 성공할 수 있다는 것을 인정했다. 그는 이와 같은 참신한 아이디어 하나만으로도 '홈런'을 칠 수도 있다는 데 반대하지 않았다.

또한 그는 참신한 아이디어 하나만으로도 수백만 달러의 수익을 창출한 여러 사례들을 나에게 말해줄 수 있다는 것에 만족스러워했다. 예를 들어 원래 이름은 '미끄럼 잠금장치Slide Fastener'인 지퍼, 볼펜, 에어로졸 스프레이 캔Aerosol Spray Can 등이 여기에 해당한다. 그러나 드러커는 이러한 것들이 표준이 아니며 목적을 가진 사업 활동으로서 혁신에 어떻게 접근하고 관리해야 하는가에 관한 모델로서는 무시되어야 한다고 말했다. 그는 목적을 가진 분석이 이러한 과정에서 한 부분을 차지하지 않는다면 해당 프로젝트에는 커다란 위험이 따른다고 말했다.

조 코스먼, 피터 드러커는 모두 나의 친구들이다. 그들은 여러 가지 측면에서 공통점이 많다. 코스먼은 자신의 번뜩이는 천재성을 발휘하여 또 다른 혁신 제품이라 할 만한 '마이 선 더 뮤지션My Son, The Musician'을 내놓고는 드러커의 혁신을 향한 접근 방식에 진심으로 동의했을 것이다. 또한 다른 사람들에게 혁신 방법에 관하여 컨설팅과 조언을 하기 위한 시간을 할애한 이후로는 드러커가 의뢰인에게 전했던 권고를 그 역시 그대로 전했을 것이다. 코스먼의 제품 마이 선 더 뮤지션은 그에게 한 가지 중요한 교훈을 전했다.

엄청난 매출을 기록하고도 시장에서 퇴출된 이유

조 코스먼은 마이 선 더 뮤지션을 가지고 엄청난 매출을 올렸지만 결국 이 제품 때문에 사업을 중단해야 할 지경에 이르렀다. 코스먼은 이 제품을 발명하고 나서 '마이 선 더 뮤지션'이라는 재치 넘치는 제품 이름을 생각해내고는 기술과 독창적인 혁신을 통하여 부모들이 자라나는 유아들을 상대로 변기 사용법을 가르치는 문제를 해결할 것으로 믿었다. 핵심 기술은 액체 감지 센서를 장착한 그릇 장치에 있었다. 액체 감지 센서가 뮤직 박스에 연결되어 있어 이 그릇이 오줌과 같은 액체를 감지하면 미리 선택해둔 놀이방 음악을 즉시 들려주기 시작한다. 그러면 유아들은 그 음악 소리를 알아듣는다. 코스먼은 이 제품에 적합한 연령대의 자기 아들을 상대로 시험해본 결과 마이 선 더 뮤지션은 항상 훌륭하게 작동했다.

코스먼은 드러커가 장려했던 목적을 가진 분석을 하지 않고 광고 카피를 쓰고는 제품 생산에 뛰어들었다. 또한 영업사원을 고용하여 제품을 널리 알리기 시작했다. 이 제품은 출시되기도 전에 엄청난 관심을 받았고 당연히 수요도 넘쳐났다. 어쩌면 코스먼이 만든 장난감 중에서 또 하나의 히트 상품이 될 것 같았다. 코스먼은 마이 선 더 뮤지션의 매출이 개미 농장을 포함하여 과거에 가장 많이 팔렸던 제품에 필적할 것으로 생각했다.

하루는 어느 유아 심리학자가 지역 소매점에서 이 제품을 보고는 그에게 안 좋은 소식을 전하려고 전화를 했고, 그는 이 전화를 받자마자 더 이상 제품에 대한 열정이 사라졌다. 마이 선 더 뮤지션의 그릇 장치를 적절하게 사용하여 유아들이 음악이 나온다는 것을 이해하는 순간 이것은 유아들에게 화장실에 가도록 확실히 장려한다. 더구나 이 과정에서 유아들은 음악을 들을 때마다 오줌 누는 것을 더욱 강하게 떠올린다.

이러한 연상 작용은 강력한 힘을 발휘한다. 당신은 러시아의 과학자 이반 파블로프Ivan Pavlov 박사가 개를 상대로 한 실험에 관하여 들어본 적이 있을 것이다. 그는 개에게 음식을 줄 때마다 종을 흔들었고, 그 개는 음식을 볼 때마다 침을 흘리곤 했다. 얼마 지나지 않아 그 개는 파블로프 박사가 음식을 주든 말든 종소리만 듣고도 침을 흘렸다. 종소리와 침을 흘리는 불수의적不隨意的 생리 반응에는 강력한 연상이 형성된 것이다. 코스먼은 생각 끝에 자신의 제품은 완벽하게 작동하지만 문제가 있다는 결론에 이르렀다.

충분한 분석 없이는 실패하고 만다

우리는 유아들이 마이 선 더 뮤지션의 사용을 중단하고 나서도 오랫동안 이 음악이 유아들에게 학습 효과를 나타낼 것이라는 사실을 금방 이해할 수 있다. 그리고 불행하게도 이 효과는 아이가 어른이 되고 나서도 남게 된다. 코스먼은 다른 심리학자들을 만나서도 이러한 문제를 확인했다. 마이 선 더 뮤지션은 처음에는 엄청나게 많이 팔렸지만 시간이 지나면서 이것을 사용했던 부모들에게서 소송이 잇달았고, 코스먼은 결국 이 사업을 접어야 했다.

  마이 선 더 뮤지션을 통한 혁신은 아주 참신한 아이디어였다. 드러커가 말했듯이 문제는 '참신한 아이디어가 혁신의 기회 중에서 가장 위험하고 성공하기 힘든 것'이라는 데 있었다. 또한 드러커는 참신한 아이디어를 통하여 투자비 이상으로 돈을 버는 경우는 500건 중에 겨우 한 건에 불과할 것이라고 생각했다. 이러한 혁신을 위하여 참신한 아이디어에 의존하는 것은 라스베이거스에서 도박을 하는 것과 마찬가지며 결국에는 거의 확실하게 이와 비슷한 결과에 이를 것이라고 말했다.

이에 대한 해결 방안은 혁신 아이디어를 체계적인 과정을 통하여 분석하는 데 있다고 주장했다. 또한 이것은 목적을 가진 혁신이며 특수성, 사업 분야, 기능적 영역과는 무관하게 모든 기업이 추구해야 할 종류의 혁신이라고 보았다. 드러커는 참신한 아이디어를 포기하는 것이 표준 처리 절차Standard Operating Procedure로 자리를 잡아야 한다고 강력하게 권고하면서 이와는 다른 접근 방식을 제안했다.

분석을 통해 의외의 성공을 거두다

드러커는 기대하지 않았던 제품이 참신한 아이디어보다 훨씬 더 낫고 성공적인 혁신을 위한 기회의 풍부한 원천이라고 보았다. 그러나 모든 분야에서 이러한 제품은 관리자들이 자신이 기대했던 것에 집중하기 전 이미 간과될 뿐만 아니라 적극적으로 거부될 때가 많았다.

예를 들어, 2차 대전 당시에는 군용 차량에 쓰이는 고무에 대한 수요가 특히 많았다. 일본이 고무가 많이 생산되는 지역을 차지하고 있었고 일본과 전쟁을 치르던 미국은 고무가 더욱 절실해졌다. 합성 고무가 있기는 했지만 가격이 매우 비쌌다. 따라서 GE는 저렴한 합성 고무를 개발하기 위한 프로젝트를 추진했다. 1943년 GE의 어느 엔지니어가 이러한 시도의 일환으로 붕산과 실리콘유를 결합한 적이 있었다. 안타깝게도 이러한 결합을 통해 나온 이상한 물질은 경화되지 않았다. 따라서 기대했던 제품, 즉 합성 고무를 대체할 제품을 개발하는 데는 실패하고 말았다.

그러나 이 엔지니어는 이렇게 나온 물질이 기대하지 않았던 뜻밖의 성질을 가지고 있음을 확인했다. 이것은 공중에서 떨어뜨리면 튀어 올라왔고, 찢어지지 않고서 훨씬 더 큰 사이즈로 늘어날 수도 있었다. 그리고 위에서 누르면 신문과도 같은 이미지를 찍어낼 수 있어서 신문의 이미지를 전달할 수 있었다. 눈이 휘둥그레진 엔지니어가 관리자에게 이것을 보여주었다. 그러나 관리자 역시 놀라기는 했지만 기대했던 제품에만 집중한 나머지 고무를 대체하기 위하여 만들었던 그 제품에서 다른 가능성을 보지 못했기 때문에 아무런 성과가 없었다. 많은 노력을 기울였지만 원래의 목적과는 전혀 관계가 없어 보이는 이 제품에 대하여 실질적인 분석을 하지 않았고, 결과적으로 이 제품은 관심을 끌지 못했다. 그리고 몇 년이 지나 전쟁은 끝이 났다.

어느 날 피터 호지슨Peter Hodgson이라는 광고 컨설턴트가 고무 제품이 갖는 문제를 대체품을 가지고 해결하기 위하여 특별한 제품을 찾던 중 이처럼 독특하고도 기대하지 않았던 제품을 접하게 되었다. 언젠가 누군가가 당신이 망치라면 모든 것이 못처럼 보인다고 했다. 호지슨은 망치였다. 그는 그 제품을 기대하지는 않았지만 혁신적인 선물이라고 생각하고는 그것이 갖는 독특한 성질을 사람들에게 보여주기 위해 어느 파티에 가지고 나왔다. 다른 광고 컨설턴트들도 그 자리에 나올 것이었기 때문에 그들이 이것을 어떻게 생각하는지 무척 궁금했다. 그 제품은 그날 파티에서 큰 인기를 끌었다.

호지슨은 그 제품에 대하여 목적을 가지고 분석을 하고는 파티에서 관심을 끌 것으로 생각했다. 그리고 이에 147달러를 투자했다. 이러한 분석과 얼마 안 되는 투자를 통해 그는 어린이에게 집중하기 위해 자신의 표적 시장을 변경했다. 그러고는 이 '액체-고체Liquid Solid'를 공 모양을 한 30그램짜리 플라스틱 용기에 포장했다. 이제 제품에 새로운 이름을 달아야 할 차례였다. '실패한 합성 고무Failed Synthetic Rubber'는 확실히 아니었다. 그것은 사람들의 마음에 와 닿을 것 같지 않았다. '로구Raw Goo(가공되지 않은 찐득찐득한 것을 의미한다 - 옮긴이)'라는 이름 역시 부모들이 집안 곳곳을 지저분하게 만드는 물건에 현금을 지출할 것 같지 않았다. 그는 제품 이름을 '실리 퍼티Silly Putty'라고 정했다.

이 이름의 제품은 코스먼의 개미 농장을 능가하는 장난감 역사상 가장 성공한 제품 중 하나가 되었고 세계적인 명성을 얻었다. 호지슨과 그의 후원자들은 이 제품으로 엄청나게 많은 돈을 벌었지만 이것을 처음 만들었던 GE는 한 푼도 벌지 못했다. 이것은 기대하지 않았던 참신한 아이디어였지만 이것을 발명했던 GE 엔지니어는 호지슨이 보았던 것을 보지 못했다. 이것은 기대하지 않았던 제품이었지만 GE에는 장난감 사업부가 없었고 이러한 방향에서 가능성을 볼 수 있는 사람도 없었다. 반면 호지슨은 다른 가능성을 볼 수 있는 폭넓은 배경을 가지고 있었다. 그는 기대하지 않았던 제품에 관한 드러커의 조언을 따랐고, 앞을 향해 돌격하기 전에 분석을 했다.

부조화가 혁신을 성공으로 이끌기도 한다

부조화 역시 기대하지 않았던 것을 의미하지만 다른 방식에서 기대하지 않았던 것을 뜻한다. 어떤 사람이 특정한 결과를 기대했지만 정반대의 결과가 나올 수도 있다. 때로는 이것이 수익성 높은 사업으로 이어지기도 한다. 1950년대에 누군가가 시장을 지배하는 기업이 수익성이 더 높다는 사실을 확인했다. 이런 사실은 포트폴리오 경영과 널리 알려진 BCG 매트릭스를 낳았다. 여기에서는 상대적으로 시장 점유율이 높은 것이 바람직한 것으로 여겨졌고, 이들이 '캐시 카우Cash Cow' 혹은 '슈팅 스타Shooting Star'가 되었다. 당신 회사의 '시장 점유율'이 높으면 성공과 높은 수익 또한 당신의 것이었다. 많은 기업들이 이러한 시류에 편승하여 단순히 시장의 개념을 확장하는 식으로 매출을 늘려서 시장을 지배했다.

그러나 일부 기업들이 자신이 아는 것이 거의 없거나 전혀 없어서 결과적으로 제품이나 서비스를 통하여 기여할 것이 별로 없는 산업에 뛰어들었다. 그런 까닭에 자신이 뛰어날 수 있는 영역에 특화한 작은 기업들이 성공하여 높은 수익을 올렸다. 이들이 적절한 가격이야 어찌되었든 고객에게 가장 좋은 제품을 제공할 수 있는 부문에 집중함으로써 실제로는 시장을 확장시키기보다 축소시켰음에도 더 많은 수익을 올릴 수 있었던 것이다. 이것이 바로 기대하지 않았던 결과였다. 작은 기업들은 이러한 방식으로, 즉 이러한 부조화를 통하여 특정 시장 세그먼트에서 강력한 경쟁사인 규모가 큰 기업을 물리칠 수 있었다.

이름난 커피 판매회사인 스타벅스는 처음에는 작은 기업이었지만 시장에서 자신이 규모가 큰 경쟁사보다 고객을 더 잘 만족시켜줄 수 있는 부조화를 발견하고는 성장의 길을 달렸다. 그러나 스타벅스도 대기업이 되고 나서는 고객이 아니라 시장 확장에만 집중하는 함정에 빠져들기도 했다. 스타벅스 회장인 하워드 슐츠Howard Schultz는 뉴스 리포터 케이티 쿠릭Katie Couric과의 인터뷰에서 "우리의 전략은 서비스를 통한 성과가 아니라 확장에 있습니다"라고 설명했다.

이러한 확장이 커다란 수익이 아닌 커다란 손실을 초래했다. 그러나 다행스럽게도 슐츠는 자기가 하고 있는 일에서 부조화를 발견하고는 더 큰 재앙이 닥치기 전에 전략을 수정했다.

과정이 요구하는 혁신

'과정이 요구하는' 혁신은 "필요는 발명의 어머니"라는 옛 속담과 관련이 있다. 세상에는 무엇인가를 찾아내려 하고 이것을 찾는 방법을 알아낼 때까지 계속 파고드는 사람이 있다. 백열전구에 적합한 필라멘트를 찾기 위하여 실험을 거듭했던 에디슨이 바로 이러한 사람이었다. 문제는 필라멘트가 계속 타버리는 데 있었다. 따라서 에디슨은 타버리지 않고 작동하는 필라멘트를 찾을 때까지 다양한 종류의 필라멘트를 계속 실험했다. 내가 이 이야기를 처음 들었을 때는 에디슨이 적합한 필라멘트를 찾기 전까지 실험을 999번 한 것으로 알았다. 그다음에는 실험을 1,000번 했다는 이야기도 있고, 2,000번 했다는 이야기도 있었다. 몇 주 전에는 1만 번 했다고 하는 사람도 보았다. 나는 직접 이 이야기를 확인해보고 싶었다. 여기 이런 과정을 통해서 내가 알아낸 사실이 있다.

우선 에디슨이 전구를 최초로 발명한 사람이라고는 볼 수 없다. 실제로 1802년 험프리 데이비Humphrey Davy라는 사람이 전구를 처음 만들었다. 그러나 이것은 불과 몇 초 동안에만 불을 밝혀주었고 실생활에서 사용하기에는 너무 밝았다. 그러다가 1840년 영국의 발명가 워렌 드 라 루

Warren de la Rue가 쓸 만한 전구를 만들었지만 필라멘트가 백금 소재였기 때문에 상용화하기에는 너무 비쌌다.

또 다른 발전은 탄소종이를 사용하여 필라멘트를 만든 영국의 물리학자 존 윌슨 스완John Wilson Swan에 의해 이루어졌다. 그는 1850년부터 이 작업을 시작하여 30년 동안 여기에 몰입했고 상용화하지는 않았지만 제대로 작동하는 전구를 만들었다.

마지막으로 캐나다의 두 발명가, 헨리 우드워드Henry Woodward와 매튜 에반스Mathew Evans가 탄소봉을 만들었는데 이것 역시 제대로 작동했다. 하지만 상용화에는 실패했고 자신들의 발명품을 에디슨에게 팔아넘겼다. 바로 이때부터 에디슨이 두 발명가로부터 바통을 이어받아 백열전구 만드는 작업을 맡게 되었다.

에디슨은 1870년대 후반에 이 작업에 몰두했다. 1879년 1월이 되어서 그와 그의 동료들은 약 3,000개의 필라멘트를 시험했지만 이 필라멘트들은 여전히 겨우 몇 시간 동안만 타버리지 않고 버텨냈다. 1880년 연말, 드디어 에디슨은 탄소 면사를 사용하여 1,500시간 지속되는 16와트 전구를 만들어냈다. 에디슨 자신은 이렇게 말했다.

"나는 필라멘트 소재로 가장 적합한 물질을 찾기 위해 6,000가지 식물의 성장을 조사했고, 온 세상을 샅샅이 뒤지고 다녔다."

따라서 내가 가장 최근에 들었던, 실험을 1만 번 했다는 말이 진실과 그리 많이 떨어져 있지는 않는 것 같다. 999번이 되었든 1만 번이 되었든 과정이 요구하는 혁신은 이 발명가가 자신이 원하는 것을 만들어내기 위하여 성공할 때까지 노력했기 때문에 효력을 발휘했다.

산업과 시장 구조의 혁신

사람들은 같은 방식을 고수하는 경향이 있다. 영원히 그렇게 한다. 이런 모습은 산업, 시장 그리고 솔직하게 말한다면 모든 곳에서 일관되게 나타나고 있다. 나는 관리자, 컨설턴트, 교수, 군인을 거치면서 나에게 선의를 가진 사람(그리고 그다지 선의를 갖고 있지 않은 사람)에게서 "당신은 그것을 그런 식으로는 할 수 없습니다"라는 말을 수없이 많이 들어왔다. 나는 다른 사람이 제안한 것이 법, 윤리, 도덕에 어긋나지 않으면 그런 제안 듣는 것을 좋아한다. 또한 나는 사람들이 일을 여러 해에 걸쳐서 같은 방식으로 하는 모습을 여러 번 보았다. 그들이 그런 방식으로 시작하게 된 이유가 사라진 지 오래되었는데도 말이다.

드러커가 바로 이런 이유 때문에 혁신은 주로 '타가수정他家受精'에서 나온다고 주장했다. 드러커가 말하는 타가수정이란 완전히 다른 산업 혹은 전문 분야 출신의 사람이 자신의 오랜 환경에서 빠져나와 완전히 다른 환경에서 일하는 것을 말한다. 때로는 특정 제품이나 산업, 시장에 관한 경험을 갖고 있지 않은 것이 해가 되고 관리자가 오류를 범하는 원인이 되기도 한다. 그러나 나는 이러한 오류가 경험보다는 판단력의 부족에서 더 많이 나온다는 사실을 깨달았다. 실제로는 높은 자리에 있는 관리자들이 "당신은 그것을 그런 식으로는 할 수 없습니다"라는 말을 받아들이지 않았기 때문에 주요 혁신을 창출할 수 있었던 것이다.

1980년대 초반 의예과 학생이던 마이클 델Michael Dell은 자신의 기숙사 방에서 텍사스 주 전역을 대상으로 컴퓨터 업그레이드 키트를 판매할 수 있는 면허를 취득할 수 있다는 것을 알았다. 그는 간접비용을 최소화하여 가격을 낮추고는 판매 계약을 끊임없이 성사시켰다. 이것은 델이 소매점에서 컴퓨터를 판매하는 기존의 방법에 도전장을 던지고는 고객에게 직접 다가가는 방법이었다. 이러한 혁신은 컴퓨터 판매에 새로운 바람을 일으켰고, 고객이 낮은 가격으로 자기 컴퓨터를 설계할 수 있도록 했다. 2014년 연말 기준, 델의 순자산은 224억 달러에 이른다고 한다.

또 다른 억만장자 빌 바트만은 한때 〈포브스〉 매거진에서 미국 25위의 부자로 부상하고는 로스 페롯Ross Perot의 바로 앞자리를 차지했다. 내가 원장으로 있는 CIAM에서 자문위원회 위원이기도 한 빌은 경이로운 일들로 책 한 권을 채울 정도로 성취한 것이 많은 정말 대단한 사람이다. 그의 저작인《회복하기》를 읽어볼 것을 강력히 추천한다.

빌은 어떤 산업을 완전히 뒤집는 매우 혁신적인 방법으로 엄청나게 많은 재산을 모았다. 이 산업은 추심업이었는데 이 업종에서 표준적인 방법은 채무자를 찾아가서 빚을 완전히 갚도록 위협하는 것이었다. 영화 〈대부Godfather〉에 나오는 불멸의 대사인 "당신이 거절할 수 없는 제안"을 하는 것이다. 빌은 약속어음을 헐값에 매입했다. 그러나 평판을 떨어뜨리거나 가족에게 피해를 주거나 신체에 손상을 가할 것이라고 위협하기 위해 사람을 고용하지 않고, 채무자가 직장을 찾거나 경력을 재구축하거나 대출금에 대한 구조조정하는 것을 지원하기 위해 헤드헌터, 개인 코치, 취업 상담사를 고용했다. 그리하여 채무자는 자존감을 유지하면서 빚을 모두 갚을 수 있었다. 이것이 바로 혁신이며, 구체적으로 말하자면 시장 구조의 혁신이다! 그리고 물론 빌은 이렇게 다른 사람들을 도우는 과정에서 돈도 많이 벌었다.

인구 변화와 혁신의 가능성

인구 통계는 인구 구조의 특징을 보여준다. 이러한 특징에는 교육, 종교, 인종 집단, 문화, 소득, 자녀수를 비롯하여 측정이 가능한 여러 요인들이 포함되어 있다. 우리는 이러한 특징이 정태적이지 않다는 점을 이해해야 한다. 다시 말하자면, 이러한 특징은 시간이 지나면서 변한다. 오늘날의 사람들은 몇 세대 이전 사람들에 비해 오래 살고 대체로 나이가 들어서도 더 건강한 편이다. 그들은 오늘날의 80세는 과거의 60세와 같다고 말한다.

당신은 바로 여기서 혁신의 원천을 볼 수 있지 않는가? 이러한 변화는 건강을 향한 폭발적인 관심을 일으키고는 건강 유지를 위한 조직, 건강에 관한 소식지, 영양제, 노인들을 위한 온천 등이 등장하게 했다. 나는 오늘 조간신문에서 새로운 기술이 어떻게 퇴직자들을 더 건강하고도 오래 살게 해주는지, 이러한 과정에서 어떻게 인생을 즐기게 해주는지 보여주는 기사를 읽었다.

때로는 인구 통계가 초고속으로 변할 수도 있다. 예를 들어, 미국 인구는 1950년 이후로 두 배가 되었다. 더구나 인구 구성의 변화를 보면 매우 인상적이다. 〈뉴욕 데일리 뉴스New York Daily News〉의 어느 기사에서는 이런 내용이 나온다.

"최근의 인구 조사와 연합통신사가 실시한 여론 조사에 따르면, 대략 2043년이 되는 다음 세대에는 라틴 아메리카계 사람이 아닌 백인이 다수파의 지위를 잃게 되는 역사적인 변화가 도래할 것이라고 한다."

그러나 지금까지 교육비는 훨씬 더 빠른 속도로 상승했다. 내 아들은 혼자 힘으로 MBA과정을 마쳤는데 4만 달러가 들었다고 했다. 아들이 졸업한 학교는 10년이 지나서 학생들에게 교육비로 12만 달러를 부과했다.

교육에 관한 드러커의 해결 방안과 예언

지금으로부터 약 20년 전에 드러커는 미래의 관리자 교육은 온라인으로 진행될 것이라고 예언했다. 그의 예언은 어느 정도는 기술과 편의성에 근거한 것이지만 컴퓨터 사용 능력이 확대되고, 컴퓨터가 일반에게 보급되는 속도가 관리자 교육에 대한 수요의 증가 속도보다 훨씬 더 빠르게 나타나며, 교육이 훨씬 더 저렴한 비용으로 제공될 수 있다는 사실에도 근거했다.

전통적인 교육자들은 '통신 교육'을 경시했다. 그들은 2,000년 전 고대 그리스에서 그랬던 것처럼 교육은 교실 강의를 통해 교사와 학생이 서로 얼굴을 마주보면서 진행되어야 한다고 생각했다. 그들은 교실에서 반드시 토론을 해야 하고 질문과 이에 대한 대답이 있어야 한다고 주장했다. 그렇지 않으면 교육 효과가 나타나지 않을 것이라고 생각했다. 학생들은 온라인으로 정보와 아이디어에 노출될 수 있지만 이런 식으로는 제대로 배울 수 없다는 것이었다.

여기서 드러커의 생각이 다시 한번 옳았다. 연구 결과에 따르면, 많은 경우에 온라인 교육이 교실 교육보다 진도가 훨씬 더 빠르고 효과적이라고 한다. 현재(2016년 기준) 공화당 대통령 후보이자 플로리다 주지사 출신의 젭 부시Jeb Bush와 노스캐롤라이나 주에서 주지사 직을 연임하여 최

장기 주지사의 기록을 세운 민주당의 제임스 백스터 헌트James Baxter Hunt, Jr
는 2011년에 교육비 상승에 관한 내용을 담은 공동 연설을 한 적이 있다.
그들의 연설 내용은 이후에 고등교육 전문지 〈인사이드하이어에드Inside
Higher Ed〉에 게재되었다. 다음은 연설 내용 중에서 일부를 발췌한 것이다.

"2010년 미국 교육부가 발간한 〈온라인 교육에 관한 검토Review of Online
Learning Studies〉에 따르면, 평균적으로는 교육 과정의 전부 혹은 일부를 온
라인을 통해 교육받은 학생들이 같은 과정을 전통적인 교실 강의를 통
해 교육받은 학생들보다 성적이 더 잘 나오는 것으로 나타났다. 세계적
으로 저명한 학자 미키 샤샤Mickey Shachar와 요람 노이만Yoram Neumann이 같은
해에 실시한 연구에서도 이 주제에 관한 20년에 걸친 연구 결과를 분석
했는데, 전체 사례의 70퍼센트에서 통신 교육을 받은 학생들이 전통적인
교실 교육을 받은 학생들보다 학업 성적이 더 나은 것으로 나타났다."

오늘날 하버드, 스탠퍼드, 서던캘리포니아를 비롯하여 전통 있는 대
학교들이 온라인 프로그램을 운영하고 있다. 보스턴대학교는 박사과정
까지도 전적으로 온라인으로 제공한다. CIAM도 여섯 개 강좌가 교실
강의로 진행되고, 다섯 개 강좌가 온라인 강의로 진행되는 이른바 혼합
형 혹은 하이브리드형 MBA 프로그램을 개설했다. 이후 3년 동안의 경
험을 축적하여 혼합형 프로그램의 특징을 모두 지니고 있는 100퍼센트
온라인 프로그램을 개설했다. 이것이 지닌 특징과 드러커가 권장하는
또 다른 개념을 활용하여 11개월에 프로그램을 마치는 것에서부터 온라
인 교육이든 교실 교육이든 매 코스마다 실제로 컨설팅을 하며 경험을
쌓는 것에 이르기까지 학생들에게 보다 많은 것을 제공할 수 있었다. 또
한 이 모든 것을 다른 대학원보다 훨씬 더 저렴한 학비를 받고 제공했다.

인식의 변화에 따른 혁신 기회

우리가 사물을 어떻게 바라보는가는 상당히 중요하다. 심리학에서는 아주 옛날부터 전해져 내려오는 그림이 하나 있는데 이것은 지금도 많은 교과서에 수록되어 있다. 나는 이 그림을 처음 보고는 깜짝 놀랐다. 그것은 아주 애매한 그림이었는데 젊고 매력적인 여성과 늙고 추한 여성이 같은 그림에 동시에 나온다. 결과는 당신이 이 그림을 어떻게 보는가에 달려 있다. 당신이 이 그림을 보자마자 어떻게 인식하는가에 따라 젊은 여성을 볼 수도 있고 늙은 여성을 볼 수도 있다. 일단 둘 중 하나를 보게 되면 다른 모습을 보기가 매우 어려워진다. 내 경우에는 다른 모습을 보기 위해 눈길을 돌리거나 눈을 감아야 했다. 처음에는 두 가지 모습을 모두 인식하는 데 어려움이 있었다. 물론 반복을 하고 나서는 젊은 여성의 모습과 늙은 여성의 모습을 번갈아가면서 인식할 수 있었다. 나는 이 그림을 교실에서 학생들에게 어떻게 하면 잘 보여줄 수 있을까 생각해보았다.

나는 몇 번의 실험을 하고 나서 그림을 보는 사람들에게 먼저 몇 개의 선을 그려 넣은 이미지들을 보여주는 것으로 그들이 보는 것을 통제할 수 있다는 것을 알았다. 처음에는 그림을 보는 사람들이 젊은 여성 혹은 늙은 여성만을 보았지만 같은 그림에서 두 여성을 모두 볼 수는 없었다.

나는 각각의 그림을 수정해보았다. 수정한 그림 중에서 어느 하나를 본 사람들은 젊고 매력적인 여성만이 보인다고 했다. 나는 이 그림을 한 종류의 봉투에 넣고, 사람들이 늙고 추한 여성만이 보인다고 했던 그림을 다른 종류의 봉투에 넣었다. 나는 교실에서 사악한 표정을 지으면서 젊은 여성만이 보인다고 했던 그림이 들어간 봉투를 교실의 절반에 해당하는 왼편에 앉은 학생들에게 건네고, 늙은 여성만이 보인다고 했던 그림이 들어간 봉투를 나머지 절반에 해당하는 오른편에 앉은 학생들에게 건넸다. 그런 다음 모두에게 봉투를 열고 안에 있는 그림을 10초 동안 본 뒤 다시 봉투 속에 집어넣으라고 했다. 마지막으로 두 개의 이미지가 존재하고 이들 모두 인식될 수 있는 애매한 그림을 스크린에 비추었다.

그러고는 천진난만한 표정으로 이렇게 말했다.

"젊고 매력적인 여성을 본 사람은 손을 들어 보세요?"

왼편에 앉은 학생들의 손이 올라갔다. 오른편에 앉은 학생들은 어리둥절해하는 표정을 짓고 있었다. 나도 어리둥절한 표정을 지어보였다.

"늙고 추한 여성을 본 사람은 손을 들어 보세요?"

오른편에 앉은 학생들의 손이 올라갔다. 이제는 왼편에 앉은 학생들은 어리둥절해하는 표정을 짓고 있었다. 이거 재미있군!

인식은 항상 상대적이고 당신이 사물을 어떻게 바라보는가에 달려 있다. 비록 많은 인식들이 착시 현상에 달려 있지만 때로는 당신의 기분, 가치관, 믿음 혹은 이번 강의실에서 했던 실험처럼 당신이 예전에 경험했던 것을 통해 보거나 알고 있는 것에 달려 있기도 하다. 옛날 인디언 우화에 따르면, 장님들이 코끼리의 한 가지 부위(발, 코, 꼬리, 귀, 상아)를 더듬어보고는 이것을 바탕으로 전체 모습을 상상하면서 코끼리에 대하여 서로 다르게 인식했다고 한다.

경찰이 피의자들을 세워놓고 목격자에게 보여주는 것도 여기서 말하는 주장을 뒷받침한다. 우리는 텔레비전이나 영화에서 이런 장면을 본

적이 있다. 경찰이 피의자를 체포하여 다른 사람들과 함께 목격자를 향해 서 있도록 한다. 여기서 다른 사람들은 범인이 아니다. 목격자는 서 있는 사람들 중에서 범인을 지목한다. 이것이 확실한 증거가 될 수 있는 가? DNA 검사가 도입되고는 이런 식으로 유죄 판결을 받은 사람들 중에서 많은 사람이 죄가 없는 것으로 나타났다. 〈타임Time〉에는 이런 기사가 실려 있다.

"이노센스 프로젝트Innocence Project(억울하게 유죄 판결을 받은 사람들을 위해 증거 채취 및 감식 기술 등 과학적 기술을 동원하여 무죄를 입증할 수 있도록 도와주는 미국의 인권 단체 – 옮긴이)에 따르면, DNA 검사를 통하여 유죄 판결이 뒤집어진 사례 중에서 72퍼센트가 목격자들이 범인을 잘못 인식한 데 기인했다고 한다. 미시간대학교와 공동으로 사업을 추진하는 국립무죄등기소The National Registry of Exonerations에 따르면 1,434건의 무죄 석방 중에서 507건이 목격자가 범인을 잘못 인식하여 유죄 판결을 받은 것으로 드러났다."

우리는 어떻게 인식을 혁신의 원천으로 활용할 것인가? 품질검사관이 옷에서 찢어진 곳을 발견하고 불합격 판정을 내리면 그 제품은 폐기된다. 그곳이 그리 심하게 찢어지지 않았다면 가격을 많이 할인하고 판매할 수도 있다. 그러나 1960년대에 히피 세대Hippie Generation가 등장하면서 찢어지거나 색이 바랜 옷이 유행하기 시작했다. 거의 하루아침에 옷의 모양이 변형되고 색이 바래지고 닳아서 해어지는 것은 물론 찢어진 청바지가 젊은 세대를 상징하게 되었다. 청바지 제조업체들은 바람직하다고 여겨지는 것에 대한 이처럼 새로운 인식에 대응하기 위하여 과거에는 불량품으로 여겨지던 옷을 의도적으로 만들기 시작했다. 예전에는 구세군조차 받아주지 않던 옷이 자부심의 상징이 되었다. 결국 사람들이 어떻게 인식하느냐가 가장 중요하다. 인식이 변하면서 혁신은 이러한 인식을 활용할 수 있다.

어떻게 인식하느냐가 가장 중요하다

지금으로부터 몇 년 전, 스페인에서는 수잔나 세우마^{Susana Seuma}라는 여성이 교통사고로 한쪽 다리를 제대로 쓸 수 없게 되었다. 양쪽 다리를 모두 써야 하는 직업에 종사하던 그녀로서는 이 사고로 직업을 잃은 셈이었다. 비극이 이런 상처를 안길 때는 미래를 위하여 지금까지 하던 일을 제한하거나 포기하는 것이 좋은 해결 방안이다. 세우마가 선택한 길은 대단히 혁신적일뿐만 아니라 독특했다. 그것은 인어가 되고 싶은 그녀의 숨은 욕망과 (적어도 물속에서의) 이동 방법에 의존하는 것이 그녀가 새로운 직업에 도전하기 위한 좋은 해결 방안이라는 인식에 근거했다. 그녀는 항상 인어가 되고 싶어 했다.

알다시피 인어란 물고기의 꼬리와 여성의 상체를 지닌 생명체를 말한다. 그리하여 세우마는 부채 모양의 지느러미를 몸에 달고, 희미하게 비치는 스판덱스를 입었다. 그녀는 이런 장식품을 몸에 걸치고서 수영하는 방법을 익히고는 2013년 '시레나스 메디터레이니언 아카데미^{Sirenas Mediterranean Academy}'를 설립하여 지금까지 500명에 달하는 학생들에게 인어가 되는 방법, 혹은 적어도 인어처럼 수영하는 방법을 가르쳤다.

지식이 힘이라면 새로운 지식은 새로운 힘이다

당신은 새로운 지식이 당장 혁신과 경쟁 우위의 원천이 될 것으로 생각할 수 있다. 이러한 원천은 기업에 자신이 속한 산업에서 우위를 갖고자 하는 정신을 심어주고 여러 가지 요구들을 충족시켜주는 데 도움이 된다. 이러한 요구들 중에는 혁신이 도입될 때까지 인식되지 않았던 것도 더러 있다. 유감스럽게도 새로운 지식이 당장 혁신과 경쟁 우위의 원천이 되지는 않는다. 새로운 지식이 가치 있는 혁신에 적용되기까지 때로는 몇 년, 때로는 몇 십 년 혹은 이보다도 더 오랜 시간이 걸리기도 한다.

알렉산더 플레밍^{Alexander Fleming}은 1928년에 페니실린을 발견한 것으로 유명하다. 그러나 문서로 기록된 최초의 치료는 14년이 지난 1942년까지도 나타나지 않았다. 하지만 곰팡이류를 치료 수단으로 사용하는 것에 대한 최초의 논문은 1870년대로 거슬러 올라간다. 이러한 사실은 지식과 혁신 사이에 걸리는 시간이 상당히 길다는 것을 의미한다. 그러나 잠깐 기다려보라. 빵에서 나오는 항생 물질인 청색곰팡이류는 중세 시대에 전쟁에서 부상당한 사람들이 상처에서 빨리 회복하는 데 도움이 되었다고 한다. 따라서 더욱 정확하게 말하자면, 지식과 혁신 사이에 걸리는 시간이 수백 년이 될 수도 있다.

인터넷 개발에 필요한 지식은 1960년대 초반에 이미 알려졌다. 게다가 인터넷과 친밀한 관계에 있는 퍼스널 컴퓨터에 필요한 지식은 1962년에 이미 알려져 있었다. 첨단 기술을 요구하지 않는 아이디어조차도 이것이 실현되기까지 엄청나게 오랜 시간이 걸리기도 한다. 마케팅 계획을 생각해보자. 2차 대전 이전의 사례들을 한번 찾아보라. 아마도 당신이 원하는 것을 얻지 못할 것이다. 2차 대전 이후에 〈저널 오브 마케팅 Journal of Marketing〉에 실린 논문들이 전쟁 도중 더 많이 알려졌던 전략 계획과 비슷한 마케팅 계획에 관한 아이디어를 거론하기 시작했다. 그러나 대부분의 조직들이 혁신을 하고 프로세스를 채택하고 이를 통하여 마케팅 계획을 수립하기까지는 20년이 더 넘는 시간이 소요되었다.

이것이 의미하는 바는 "저기 언덕 대지에 금이 있을 것이다"라는 것이다. 다시 말하자면 드러난 지식, 오늘날 사용할 수 있는 지식은 혁신의 원천이지만 아직은 미래를 위하여 개발되지 않은 상태에 있다.

드러커는 혁신을 해야 한다고 말했다. 그러나 그는 이 정도에서 멈추지 않았다. 그는 새로운 아이디어의 최고의 원천을 가지고 조직의 성공을 이루어내고 이를 유지하기 위하여 무엇을 피해야 하는지, 혁신에 어떻게 다가가야 하는지를 말해주었다. 드러커는 혁신에 다가가기 위한 구체적인 방법과 자신의 의뢰인들이 효과적이고도 성공적으로 혁신할 수 있도록 지원하는 데 있어서 무엇인가를 확실하게 피하기 위하여 모두가 공유하고 있어야 하는 한 가지 방법을 찾아냈다. 컨설턴트인 당신은 드러커와 같은 방법으로 당신의 의뢰인들을 지원할 수 있다.

15장

드러커의
그룹 컨설팅과
IATEP™

드러커의
그룹 컨설팅과
IATEP™

당신이 두 명 혹은 그 이상의 의뢰인들을 대상으로 동시에 컨설팅을 한다면 당신은 그룹 컨설팅을 하는 것이다. 따라서 워크숍, 세미나, 교육 훈련뿐만 아니라 단순하고도 상당히 오래된 형태의 교실 강의는 모두가 그룹 컨설팅의 형태를 띤다.

드러커의 경력을 살펴보면 그가 세미나, 워크숍, 교실 강의와 함께 로스앤젤레스의 어느 명문 대학원이 매년 주관했던 행사인 '드러커와의 하루A Day with Drucker'를 통하여 그룹 컨설팅을 엄청나게 많이 해온 것을 알 수 있다.

드러커의 그룹 컨설팅

나는 교실에서 드러커의 강의를 들을 때부터 로스앤젤레스 지역의 기관들이 개최하는 드러커 세미나에 관한 많은 것을 기억한다. 다수의 기관들이 세미나를 개최하면서 드러커를 발표자로 초청하곤 했다. 로스앤젤레스 지역의 두 명문대학교 중 하나인 UCLAThe University of California Los Angeles는 매년 '드러커와의 하루'라는 행사를 주관했는데 이 자리에는 늘 드러커를 찾는 사람들로 북적였다. 그는 다른 기관이나 기업이 초청하는 자리에서도 마찬가지로 많은 사람들로부터 관심을 끌었다.

드러커는 항상 응용을 강조했지만 그는 정규 강의에 크게 의존하는 유럽식 교육을 받은 사람이었다. 이런 이유로 때로는 그에게 교실에서 학생들의 참여를 이끌어내는 것이 어려울 때가 많았다. 이는 질문을 하고 대답을 할 때조차도 분명하게 드러났다. 학생들이 생각하기에 때로는 드러커가 제기하는 질문에 네 명 내지 다섯 명의 지원자가 먼저 대답하고 그들의 대답이 충분한 것으로 인정받기에는 부족하여 거부될 때까지 손을 들고 참여하지 않는 것이 더 현명하게 보였다. 이렇게 할 때만 학생들은 충분한 것으로 인정받는 대답을 할 수 있었다.

그러나 드러커는 학생들 스스로 답을 이끌어내도록 하기 위해서가 아니라 학생들의 생각을 자극하기 위해 질문할 때 상당한 효과를 보았다. 그리고 앞서 지적했듯이, 그의 의뢰인들은 때로는 다른 컨설턴트들에 의해 그래왔던 것, 즉 무엇을 할 것인가에 관하여 정확한 지시를 받는 것 대신에 이러한 유형의 질문을 받는 것에 익숙하지 않았다. 또한 드러커의 컨설팅 절차는 자기 교수Self Teaching에 관한 그의 개념을 뒷받침했다.

당신이 누군가가 관찰한 적이 있고 인용이 가능한 사실에 바탕을 두지 않는 대답을 하면서 어떤 이론을 과감하게 주장한다면, 당신은 틀림없이 누군가로부터 도전을 받게 된다. 당신이 드러커의 저작을 인용한다면, 당신은 당신이 인용한 것이 정확하다는 확신을 가져도 된다. 물론 이럴 때에도 드러커에게 드러커가 했던 말을 인용하는 것은 좋은 생각이 아니다.

드러커는 때때로 교실에서 사례 연구를 활용하기도 했다. 이러한 사례 연구는 하버드 비즈니스스쿨의 사례 연구 방법론과는 다르지만 기본 아이디어에는 분명히 비슷한 데가 있다. 당시 하버드 비즈니스스쿨의 주장은 대학원생들이 다양한 사례에 대한 해결 방안을 조사하고 찾기 위하여 자세한 분석을 하고 나면 졸업 후에 당장 일반 관리 업무를 맡기 위한 최상의 준비가 갖춰진다는 것이었다.

드러커는 깊이 있는 이해를 위하여 응용은 반드시 필요하다고 생각했고, 우리에게 배운 지식을 실제로 응용하지 않는다면 아무런 쓸모가 없다는 사실을 끊임없이 상기시켰다. 이러한 점에서는 고대 중국의 사상가 공자가 드러커를 훨씬 앞서 있다. 공자는 "들은 것은 잊어버리고, 본 것은 기억하고, 직접 행동한 것은 이해한다"라고 말했다. 드러커도 행동과 이해를 강조했다. 그는 자신의 세미나에서 이런 말로 끝맺음을 할 때가 많았다.

"나에게 내 발표가 좋았다는 말은 하지 마세요. 당신이 월요일 아침부터는 무엇을 지금과는 다르게 행동할 것인지를 말해주세요."

다시 말하지만, 그의 강연 혹은 어느 특별한 날에 그의 수업 중에 진행되는 토론에서 느끼는 불편한 기분과는 상관없이 그는 응용과 행동을 강조했다. 우리는 행동을 통하여 드러커를 이해할 수 있고, 이러한 이해를 통하여 그가 가르친 것을 숙달할 수 있으며, 의뢰인들에게 그들 자신의 문제 혹은 전략에 대한 가장 효과적인 해결 방안을 찾도록 도와줄 수 있다.

몇 년 전, 나는 새로운 브랜드를 가지고 출범하는 대학원의 원장으로 취임하면서 관리자로서 현역에 종사하기 때문에 시간이 없는 학생들을 위하여 내가 할 수 있는 최선이자 가장 빠른 방법을 실행에 옮기고 싶었다. 그들은 고급 학위 과정과 관련하여 이러한 정보가 절실하게 필요했고 최대한 빨리 얻기를 원했다. 나는 웨스트포인트에서 시작하여 군 생활을 하는 동안 교육받았던 가장 강력한 방법, 드러커의 개념, 그 밖의 연구 중심 대학교에서 개발한 교육 방법을 결합하여 나와 CIAM의 동료들이 IATEP™이라고 부르는 것을 내놓았다.

성과 증진을 위한 이론의 즉각적인 응용

IATEP™은 '성과 증진을 위한 이론의 즉각적인 응용'을 의미한다. 여기에는 가르치고 배우는 환경에 관한 드러커의 가장 중요한 개념들이 들어 있다.

- 한 가지 주제를 스스로 숙달하도록 지원하는 교육의 혜택
- 배움에서 자기 교수가 갖는 특별한 가치
- 완전한 이해를 위한 즉각적인 응용

드러커가 진정한 이해를 위한 행동 혹은 응용의 필요성을 설명하기 위해 옛사람의 생각을 공자에게서 찾았지만 실제로는 이 세 가지 개념들을 생각해낸 또 다른 선구자들이 있었다. 즉 드러커보다 시간적으로 훨씬 앞서서 배움에 관한 견해를 밝혔던 고대 사람으로는 공자만이 유일하지는 않았다.

로마인의 생각

로마의 철학자 세네카Seneca는 어떤 과목을 가르치는 것은 그것을 배우는 데 크게 도움이 된다는 드러커의 충고를 뒷받침하는 데 중요한 역할을 했다. 세네카는 지금으로부터 수천 년 전에 무엇인가를 배우기 위한 최선의 방법은 그것을 가르치는 것이라는 사실을 정확하게 이해했다. 드러커도 이러한 주장을 계속 반복했다.

"어떤 과목을 가르쳐야 하는 사람만큼 그 과목을 많이 배울 수 있는 사람은 없다."

드러커에게 있어 컨설팅과 그룹 컨설팅을 시작하고 나서부터 배우기 위하여 가르치는 데 따르는 장점이 분명하게 나타났다.

드러커 모델이 갖는 결정적인 요소는 드러커 자신이 실천했던 자기 교수의 사례에서 나타난다. 2장에서 나는 드러커가 대학교에서 경영학을 전공하지 않았고, 오랜 세월이 지나 자신이 학생들에게 특별히 주장하는 직업으로서 사회생태학자가 되기 위하여 사회생태학을 따로 전공하지도 않았다는 사실을 말했다. 그는 공식적으로 함부르크대학교에서 법학을 전공했고, 프랑크푸르트대학교에서 국제법 전공으로 박사학위를 받았다. 그는 결코 경영학을 정식으로 전공하지는 않았다.

그러면 그가 어떻게 '현대 경영학의 아버지'가 되었을까? 그 이유는 '스스로 학습했다'는 사실에 있다. 이것은 이처럼 중요한 모델에서 드러커의 세 번째 개념에 해당한다. 스스로 학습하는 것은 지금까지 컨설팅에서든 학습에서든 제대로 활용되지 않았던 커다란 잠재력을 지닌 놀라울 정도로 효과적인 방법이기 때문에 상당히 중요한 개념이다. 드러커는 의뢰인들에게 질문을 할 때 이 방법을 활용했다. 잭 웰치가 GE CEO로 재직하던 시절에 드러커가 던졌던 유명한 두 가지 질문을 다시 한번 생각해보라.

"당신이 할 수만 있다면 어떤 사업을 포기하고 어떤 사업을 유지할 것인가? 또한 당신이 그 사업을 포기할 수 있다면 앞으로 어떻게 할 작정인가?"

IATEP™이란 무엇인가?

IATEP™은 내가 2010년 CIAM을 공동 설립한 직후에 CIAM에서 사용하기 위하여 개발한 일종의 시스템이다. 우리는 그룹 환경에서 가르치는 것이 그룹 컨설팅과 비슷하다고 생각했다. IATEP™은 드러커의 세 가지 개념을 그룹 컨설팅을 위하여 교실에서 최적화하려는 목적으로 개발되었다. 우리는 MBA프로그램에서 많은 것을 요구했다. 우리(그리고 우리 학생들)는 가능한 한 모든 지원을 요구했다. 내가 공식적으로 정의한 것은 '자기 교수, 이해, 실천을 위한 이론의 즉각적인 응용을 통하여 성과가 영원히 증진되는 선진 학습과 교수 모델'이었다.

오늘날 '역진행 수업Flipped Classroom(수업 내용을 온라인으로 먼저 학습한 뒤 수업을 진행하는 학습 방식 - 옮긴이)'이라는 것이 가르치고 배우는 데 혁신적인 개념으로 여겨지고 있다. 그러나 이것은 혼합형 온라인 수업 방법과 지금까지 100년 넘게 이어져오고 학교 현장에서 처음 제안되고 채택되었던 기본적인 수업 방법을 결합한 것에 불과하다. 이것과 관련하여 간단하게 한마디 덧붙이자면, 내가 드러커의 독창적인 생각과 통합하고 결합했던 상당히 중요한 것들을 19세기에 개발된 방법을 통해 배웠다.

중세 이후로 거의 모든 교수 모델에서 사용된 방법은 교사가 자신에게 존경심을 품은 학생들에게 지식을 전수하기 위해 강의를 진행할 것을 요구한다. 역진행 수업에서는 이처럼 기본적인 요소가 뒤집어진다. 학생들은 교실 밖에서 해당 과목을 스스로 학습하고 나서 자신의 지식을 교수 혹은 그룹 컨설팅의 리더, 그 밖의 참석한 사람들 앞에서 시범 설명하는 형식으로 보여준다. 최근 역진행 수업은 많은 주목을 받고 있지만 이것이 새로운 수업 방식은 전혀 아니다.

IATEP™에서는 드러커의 기본 개념을 더욱 개선하는 마지막 한 가지 요소를 포함하는데 이것은 매우 중요하고 자기 교수, 학습, 교실과 현실 세계에서의 시범 설명과 같은 요소에 의해 시작된 프로세스를 완성한다. 이 마지막 요소는 완전한 숙달을 위하여 아주 중요하다. 드러커는 교실에서의 토론을 위하여 자기 자신의 예를 사례 연구로 활용했다. 그는 이 작업을 어느 누구에게도 뒤지지 않을 만큼 최대한 효과적으로 했다. 그럼에도 사례 연구 방법은 토론으로서든 혹은 다른 것으로서든 일종의 모의실험과도 같은 방법이었다.

따라서 이 방법은 단 하나의 약점을 가지고 있었는데, 그럼에도 이것은 심각한 약점이다. 이 방법은 생기가 없다. 학생들은 어떠한 상황에서도 다루기 힘든 의뢰인이나 팀원, 오해, 잘못된 정보, 광고와는 다르게 아무런 효과가 없는 기술, 날씨, 구변 좋은 학급 친구가 제시한 잘못된 해결 방안, 주어진 상황에서 최선의 해결 방안이나 전략의 실행을 가로막는 그 밖의 수많은 환경적인 요소와 같은 현실적인 문제에 직면하지 않는다. 그러나 실제의 조직을 위하여 컨설팅을 실제로 수행하는 것을 교육 과정에 포함시키면 이론과 실천이라는 진정한 과제가 분명하게 드러난다. 이처럼 드러커의 원칙과 이론을 현실 세계에 응용하는 것은 훈련 혹은 교육을 위한 그룹 컨설팅에 있어 한 가지 유용한 차원을 보태준다.

역진행 수업과 기본 모델의 의미

우리는 드러커의 저작에서 드러커의 더할 나위 없는 완전한 천재성을 엿볼 수 있다. 나는 우리가 드러커와 같은 천재의 어깨 위에 서 있다는 생각이 든다. 따라서 잠시 '역진행 수업'의 개념을 살펴보고 이것이 가르치는 것을 통하여 가장 잘 배울 수 있다는 드러커의 개념(이 개념 자체는 고대 사람들의 생각에서 나온 것이기도 하다)과 어떻게 연관되는지, 우리가 어떻게 드러커의 컨설팅 아이디어를 발판으로 삼을 수 있는지 보여주려 한다.

몇 달 전 우리 대학원에 새로 들어온 사서가 경영대학원 프로그램을 위한 것으로서 역진행 수업이라고 알려진 혁신적인 강의 시스템을 홍보하는 이메일을 받았다. 놀랍게도 나는 이 시스템의 전체적인 개념에 IATEP™를 구성하는 아이디어 중 많은 것이 포함되어 있다는 사실을 확인했다. 따라서 내가 역진행 수업이라는 용어를 이해하려고 구글 사이트를 뒤지는 것은 자연스러운 일이었다. 나는 검색을 통해 2008년에 콜로라도 주에서 조나단 버그만Jonathan Bergmann과 아론 샘즈Aaron Sams라는 이름의 고등학교 화학 교사 두 명이 결석한 학생들을 위하여 수업을 보충하려고 했었다는 사실을 알았다. 이때 그들은 강의를 하고 이것을 온라인에 올리는 방법을 생각해냈다. 이것은 결석한 학생뿐만 아니라 복습을 원하는 학생에게도 유익했다. 기본 아이디어는 교실 강의에 의존할 필요가 없는 학생들을 위하여 평소의 강의식 접근 방법을 뒤집는 것이었다. 그래서 이 학생들은 교실 밖에서 먼저 자습을 할 수 있었다. 그들은 교실에 들어와서는 자기가 아는 것을 시험을 통하여 보여주기도 하고, 연습 문제를 풀거나 협력 학습에 참여했다. 여기서 한 가지 중요한 사실은 이 시스템이 시간이라는 희소 자원을 최대한 활용했고 이것의 기본 개념이 비록 오늘날의 기술로부터 확실히 도움을 받기는 했지만 실제로는 그것과 별로 관련이 없었다는 것이다.

나는 자료를 더 찾아보고는 역진행 수업이 '테이어 방법Thayer Method'과 관련이 있다는 사실을 알아냈다. 웨스트포인트 출신인 나는 당장 이 방법에 관심을 갖기 시작했다. 실바누스 테이어Sylvanus Thayer 대령은 나의 모교인 웨스트포인트의 공식 명칭인 미국 육군사관학교의 기본 틀을 잡은 사람으로 '육군사관학교의 아버지'로 불린다. 웨스트포인트는 어느 부분에 있어 IATEP™의 원전이 되었다.

테이어 대령(엄밀히 말하면, 그는 퇴역 하루 전에 1계급 명예 특진을 하여 테이어 준장으로 불릴 수도 있다)은 웨스트포인트의 조기 졸업생 중 한 사람으로 1808년 7학기 만에 졸업했다. 그는 1817년부터 1833년까지 웨스트포인트에서 교장으로 근무하여 지금까지 가장 오랫동안 교장으로 근무한 사람으로 꼽힌다. 그는 이렇게 17년 동안 근무하면서 웨스트포인트를 완전히 새롭게 만들었다. 테이어가 재임 기간 동안 이루어놓은 업적과 개발해놓은 교수 방식의 중요성은 이러한 것들이 지금도 웨스트포인트에서 활용되고 있다는 사실에서 뚜렷이 나타난다.

테이어가 등장하기 전에 웨스트포인트는 정치권으로부터 많은 영향을 받았고 누구를 입학시킬 것인지 졸업 요건을 어떻게 정할 것인지 심지어는 졸업할 때까지 생도 신분을 유지하면서 몇 학기를 다녀야 하는지에 이르기까지 학교 경영에 있어서도 문제가 많았다.

입학에는 연령 제한과 심지어는 학력 제한도 없었기 때문에 생도들의 연령대는 10세에서 37세까지 다양했다. 초기에는 신체 장애 때문에 소형 화기조차 다룰 수 없는 지원자(그는 팔이 하나만 있었다)도 입학 허가를 받았던 것으로 기억한다. 테이어는 이 모든 것에 질서를 부여했다. 생도들은 정해진 코스를 수강하고 일정한 기간 안에 필수 코스를 성공적으로 마쳐야 졸업할 수 있었다. 입학에는 신체적·정신적 기준을 정해 놓았다. 미국은 신생국가였고 엔지니어가 필요했다.

따라서 테이어는 웨스트포인트를 미국 최초의 공학 교육 기관으로 변모시켰다. 그리고 모든 생도는 자신의 의지와는 관계없이 공학을 수강해야 했다. 졸업생들은 철도, 교량, 항만, 도로, 파나마 운하, 펜타곤 건설에 투입되었고 원자 폭탄 개발도 감독했다. 어쩌면 테이어는 그 밖의 것도 했을 것이다. 그가 바로 테이어 방법에 등장하는 인물이 아닐까? 나는 구글을 검색하고는 테이어 방법에 나오는 인물이 바로 '육군사관학교의 아버지'와 동일 인물이라는 것을 확인했다.

테이어 방법

앞서 말했다시피, 웨스트포인트 졸업생인 나는 테이어 방법이 무엇을 의미하는지 정확히 안다. 이제 나는 독자들에게 한 가지 표본을 보여주려 한다.

내가 웨스트포인트 생도로서 맞이하는 첫 학기 첫 날의 수학 시간이었다. 담당 교수는 하드커버로 된 교과서 여섯 권을 보여주었다. 그는 이 책들을 번갈아가며 손에 쥐고는 제목을 불러주었다.

"대학 대수학, 평면 삼각법, 구면 삼각법, 평면 기하학, 공간 기하학, 미적분학."

이어서 그는 이렇게 말했다.

"마지막 책인 미적분학은 앞에 나오는 몇 개의 장만을 다룰 것입니다. 그러나 크리스마스 이전까지 생도 여러분은 다른 책 다섯 권을 가지고 거기에 나오는 내용 전부 그리고 연습 문제까지도 다 끝내야 합니다."

우리는 농담을 하는 줄 알았다. 그런데 농담이 아니었다.

첫 시간 수업이 시작되기 전에 우리는 이미 강의 일정표를 받았다. 그리고 그가 말한 대로 우리는 모든 교과서에 나오는 모든 장을 다룰 것이고, 우리 스스로 수많은 예제를 풀고서 내용을 확실히 이해했는지 확인해야 한다는 것도 알았다.

그다음 그는 "첫 시간 수업에 대해 질문은 없습니까?"라고 물었다. 나는 그 교수가 우리가 알아야 할 것을 당연히 가르쳐줄 것으로 여겼기 때문에 특별히 질문할 것이 없다고 생각했다. 그런데 우리 모두 잘못 생각하고 있었다. 앞에서 내가 두 명의 고등학교 혁신자들이 테이어 방법을 적용하고는 시간 부족을 극복하는 방법을 찾아낸 사실을 말하지 않았는가? 나는 그들이 그랬다고 생각한다.

이 이야기를 뛰어넘어 어느 박사과정 학생이 자신의 지도교수에 대해 쓴 글을 잠시 소개하려고 한다. 이 지도교수는 웨스트포인트에 초빙 교수로 와서 가르친 적이 있었다.

"스타펠 박사Dr. Stapell는 웨스트포인트에서 가르친 경험을 이야기하면서 우선 웨스트포인트 교수들에게 주어진 첫 번째 규칙에 대하여 설명했다. 그것은 교수들이 강의를 해서는 안 된다는 것이었다! 이게 무슨 말인가? 대학에서는 가르치기 위하여 강의를 하지 않는가? 그리고 당신은 이곳이 오랜 군사적 역사와 함께 이처럼 전통적인 교수법, 즉 한 사람의 전문가가 다수의 젊고 자기 본분을 지키는 생도들에게 강의를 하고 정보를 제공하는 교수법을 강조하는 권위주의적인 접근 방식을 가진 학교라고 생각하지 않았는가? 교수들이 웨스트포인트에서 강의를 하지 않는다고? 전혀 하지 않는다고? 스타펠 박사에 따르면 이러한 교육 방법은 완전히 실행에 기반을 둔 것이라는 주장이었다."

다시 1955년 나의 웨스트포인트 첫 수학 시간으로 돌아와서, 담당 교수는 우리에게 이렇게 말했다.

"생도 여러분은 모든 과목마다 수업 시간에 다루는 내용을 스스로 학습하게 될 것입니다. 여러분이 수업 시간에 들어오면 내가 그 내용에 대해 질문이 있는지를 물어볼 것입니다. 질문이 있으면 내가 대답을 해줄 것입니다. 모든 질문에 대한 대답을 할 때 여러분 각자에게 교과 진도에 맞춰 수업 시간에 풀어야 할 문제가 주어질 것입니다. 이 문제들은 여러분이 풀었던 문제와는 다릅니다. 여러분은 이 문제를 제한된 시간 내에

칠판에 풀어야 합니다. 이 반에는 생도 수가 열 다섯 명이고 칠판도 정확하게 열다섯 개가 있습니다. 내가 중단할 것을 지시하면 여러분은 쓰는 것을 멈추어야 합니다. 그다음 나는 여러분 각자에게 나하고 생도들 앞에서 풀이 과정을 설명하라고 할 것입니다. 나는 수업이 끝나고 매일 채점을 할 것이므로 여러분은 매일 복습하고 점수를 확인하게 될 것입니다. 나는 여러분에게 문제를 모두 풀어보고 답을 이해했는지 확인할 것을 강력하게 권합니다. 여러분은 스스로 학습해야 할 책임이 있습니다. 그리고 매일 점수가 매겨질 것입니다."

이것이 바로 내가 처음 접했던 '테이어 방법'이었다. 이후로 4년 동안 매일 수업 시간마다 일정한 변화가 있기는 했지만 말이다. 생도들은 수시로 시험을 보면서 주요 과목을 복습할 수 있었다. 테이어 방법의 기본 특징은 교수가 강의를 하지 않는다는 데 있다. 교수는 생도들의 학습을 도와준다. 생도들은 모든 과목을 스스로 학습해야 한다. 이제 드러커가 했던 말로 돌아와서, "어떤 과목을 가르쳐야 하는 사람만큼 그 과목을 많이 배울 수 있는 사람은 없다."

테이어 방법은 모든 과목에서 사용되었고 생도들에게는 힘이 들었지만 놀라울 정도로 효과가 있었다.

나는 졸업을 하고 나서 공군 장교로 임관되었다. 나에게 주어진 첫 번째 임무는 B-52 핵폭격기의 조종사 겸 폭격수였다. 냉전 시대에 우리는 일본이 20년 전에 진주만 공습을 했던 것처럼 소련이 미국을 상대로 기습 공격을 감행할 경우에 대비하여 오랜 시간 동안 지상 대기를 해야 했다. 공군은 우리가 비번일 때는 대학원 과정을 수강하도록 권장했다. 나는 오클라호마 주립대학교에서 강의를 들었는데 이 학교에서는 웨스트포인트에서의 학점을 인정해주었다. 당시 오클라호마 주립대학교에서 학부과정을 마치려면 130학점을 이수해야 했는데 나는 웨스트포인트에서 4년 동안 244.4학점이라는 엄청나게 많은 학점을 이수했다. 따라서 얼마 후 시카고대학교와 같은 일류대학교가 나를 정규 학생으로 받아준 것도 전혀 놀라운 일이 아니었다. 생도 시절에 내 학점이 그리 좋은 편이 아니었는데도 말이다! 4년 동안 보통의 대학생들이 이수하는 학점의 거의 두 배에 달하는 학점을 이수했다는 사실이 당신의 관심을 끌지 않는다면 무엇으로 당신의 관심을 끌어야 하는지 나는 잘 모르겠다.

테이어가 자신의 방법을 어떻게 개발했는지는 잘 모른다. 우리가 아는 것은 그가 웨스트포인트에 입학하기 전에 다트머스대학교 졸업생 대표로 고별 연설을 했다는 것뿐이다. 그는 웨스트포인트를 졸업하고 나서 미국과 영국 사이에 있던 1812년 전쟁에 참전하여 버지니아 주 노퍽에서 요새 구축을 이끌었다. 전쟁이 끝나고는 유럽에 몇 년간 파견되어 특별 임무를 맡았고, 프랑스의 에콜 폴리테크니크Ecole Polytechnique에서 공부했다. 확실히 먼로 대통령이 1818년에 그를 웨스트포인트 교장으로 임명하여 이 학교에 대한 개혁 과제를 맡긴 것은 그의 공학 지식이나 혁신 능력을 높이 평가했기 때문이었을 것이다. 그는 육군을 제대하고 다트머스대학교로 돌아가 웨스트포인트에서 공학 교육을 시작했던 것처럼 이 학교에서도 공과대학의 설립자라는 영예를 안았다.

시간을 최대한 활용하는 것 그 이상의 의미

우리가 테이어 방법으로 시간을 절약할 수 있었던 것은 상당히 바람직한 일이지만 여기에는 그 이상의 의미가 있다. 웨스트포인트는 기본적으로 지도자를 양성하기 위한 기관이다. 그렇지 않은가? 따라서 4년 동안 교과목을 포함하여 많은 것을 가르쳐야 한다. 그러나 중요한 것은 학생들이 무엇을 배우는가에 있다.

미국의 대표적인 교육 기업으로 꼽히는 '프린스턴 리뷰The Princeton Review'는 틀림없이 배우는 양을 고려했을 것이다. 프린스턴 리뷰는 웨스트포인트의 순위를 항상 높게 매겼다. 그러나 몇 년 전에는 웨스트포인트를 미국 1위의 공립 인문대학으로 꼽았다. 거의 비슷한 시기에 미국의 격주간 경제 잡지 〈포브스〉는 웨스트포인트를 미국 1위의 칼리지로 꼽았고, 〈유에스 뉴스 앤 월드 리포트US News and World Report〉는 미국 3위의 공과대학으로 순위를 매겼다. 인문학과 과학에서 모두 두각을 나타내는 학교가 웨스트포인트 말고 또 어디 있겠는가?

테이어 방법은 무엇 때문에 효과가 있는가

오늘날 역진행 수업이 널리 알려지면서 이에 대한 많은 연구가 진행되었다. 여기서 역진행 수업을 실행했던 사람의 생각을 소개하려고 한다.

"실시간으로 진행되는 교실 강의를 이해하지 못하는 학생이 있다면 그 학생으로 봐서는 안타까운 일이다. 교사는 전체 학생들을 위하여 수업 진도를 맞추어야 하기 때문에 일부 학생들에게는 너무 느리게 느껴지고 또 다른 일부 학생들에게는 너무 빠르게 느껴진다. 기본적인 강의 내용을 온라인으로 전달하면 학생들이 이해하지 못한 부분을 되돌려서 보거나 이미 알고 있는 내용을 고속으로 감아 넘어갈 수 있다. 학생들은 자기가 언제 무엇을 봐야하는지를 스스로 결정한다. 이것은 적어도 이론적으로는 자기주도적인 학습을 가능하게 한다. 이제 더 이상 교실 강의가 학생들이 익히지 않은 내용을 습득하는 시간이 아니다. 이러한 시간은 주로 수동적인 과정이다. 대신 교실에서는 학생들이 연습 문제를 풀거나 쟁점을 토론하거나 구체적인 프로젝트를 진행한다. 교실에서는 학생들이 자신의 교육에 더욱 직접적으로 관여하도록 상호작용을 하는 환경이 조성된다. 역진행 수업에서는 교사가 학생들이 온라인으로 배운 것을 응용할 수 있도록 안내하는 역할을 담당한다."

드러커는 컨설팅 의뢰인과 학생들이 문제를 해결하고, 의사 결정을 하고, 일을 성공적으로 추진하기 위하여 자신의 원칙을 그들의 쟁점에 응용할 때 그들 스스로 생각하도록 했다. IATEP™은 이와 똑같이 의뢰인과 학생들을 대상으로 가르치고, 배우고, 안내하는 방법이다. 조금만 생각해보면 드러커의 생각을 당신의 그룹 컨설팅에도 적용할 수 있다.

16장

모든 컨설턴트가
알아야 할
중요한 개념

당신이 인력 배치 혹은 인적 자원 문제를 컨설팅한다면, 어느 교수가 빠져들었던 함정에 빠져들지 않도록 '인간에게는 한계가 없다'는 것을 알고 있어야 한다.

예전에 로렌스 피터Laurence J. Peter라는 교수가 쓴 책이 유행한 적이 있었다. 피터는 서던캘리포니아대학교에서 교육학을 가르치는 교수였다. 1968년 그는 자신이 '피터의 원리Peter Principle'라고 부르는 것을 제시했다. 어떤 사람은 이것이 서던캘리포니아대학교에서 나온 학문적으로 가장 유명한 원리라고 말한다. 아마도 이 원리는 가장 많은 관심을 받은 것이기도 했다. 그러나 당신은 로렌스 피터가 피터 드러커가 아니라는 사실을 기억해야 한다.

간단히 말하자면, 피터의 원리는 "조직 안에서 구성원들은 자신의 무능이 극에 달하는 수준까지 승진한다"는 것을 의미한다. 바로 이러한 수준에서 구성원들은 더 이상 승진할 수 없다. 이 원리는 예외를 두고 있지 않기 때문에 결국 피터의 원리에 따라 조직의 모든 자리는 자신의 업무를 처리할 수 없는 사람으로 채워진다. 더구나 이때까지 조직이 이루어낸 일들은 아직 자신의 무능이 극에 달하는 수준까지 도달하지 않은 구성원들이 해낸 것이다. 따라서 외부의 개입

없이는 조직은 조만간 무능한 사람들로 채워진다. 비록 그들이 예전에는 대단한 능력을 보여주고 뛰어난 실적을 올렸다고 하더라도 말이다.

한 가지 해결 방법은 무능한 사람들이 조직에 최소한의 피해를 가하고 심지어는 조직에 의미가 있는 일을 가까스로 만들어낼 때도 있기 때문에 조직의 일을 실제로 해줄 수 있는 사람이 있는 한, 우리가 그들의 무능을 관대한 마음으로 웃으면서 참아주는 것이다. 그러나 많은 사람들은 피터 교수(다시 말하지만 피터 드러커가 아니다)가 이러한 제안을 농담조로 비꼬듯이 한 것이라고 생각했다.

피터의 원리가 새로운 일을 맡기 위해 승진한 사람이 그만한 자격이 되어야 한다는 사실을 경고하고 있지만, 이것의 요점은 이러한 승진이 불가피하고 조직은 이처럼 자신의 무능이 극에 달하는 수준까지 승진한 사람들을 강등시킬 수 없기 때문에 결국 그들이 조직에 해가 되지 않는 곳으로 비켜나게 하고는 새로운 무능한 사람을 위한 자리를 만들어낸다는 것이다.

드러커는 이러한 개념을 전혀 받아들이지 않았다. 컨설턴트라면 '인간에게는 한계가 없다'는 드러커의 믿음을 인정하는 것이 중요하다. 과거의 실패가 미래의 실패를 의미하지는 않는다. 이 말은 비록 컨설턴트가 일을 잘못 부여받은 사람 혹은 자기 의지를 가지고 일을 하지 않는 사람을 보았다고 하더라도 그들이 자신의 직업 활동에서 능력의 한계에 도달한 것은 아니라는 사실을 의미한다.

따라서 컨설턴트는 조직의 쟁점을 검토하면서 인간에게는 한계가 없다는 사실을 인정해야 한다. 이것은 한때 인기를 끌었던 명제에 대한 드러커의 반론이다.

드러커는 "No!"라고 말한다

피터의 원리를 지지하는 사람들은 자신의 무능이 극에 달하는 수준까지
이른 것으로 인식하지 않는다. 이러한 사실은 로렌스 피터의 저작에 대
한 그들의 견해가 변하지 않게 한다. 그 이유는 그들이 자신은 여전히
가야할 길이 있지만 다른 사람들(특히 조직에서 윗사람 혹은 경쟁자)은 이미 최
종적으로 조직에 부정적인 수준에 도달했고 이러한 범주로 여겨질 것이
라고 주장할 것이기 때문이다. 대다수가 자신은 아직 무능이 극에 달하
는 수준에 도달하지 않은 것으로 생각하기 때문에 아마도 로렌스 피터
의 저작은 재능은 없어 보이지만 운이 좋거나 연줄이 있어 보이는 경쟁
자와 맞서 싸우고 있는 사람들에게는 안도감을 줄 것이다.

　로렌스 피터의 저작은 인기를 끌었고 미국에서 베스트셀러가 되었다.
드러커는 이 모든 것이 터무니없는 일이고, 그 책의 제목에 자기 이름이
나오게 되어 누군가가 자기한테 피터의 원리의 저자인지를 물을 때는
아주 짜증이 났다고 말했다.

　드러커는 조직 내 사람들의 능력과 중요성에 대하여 자신이 갖는 강
한 믿음이 아닌 다른 여러 가지 이유로 피터의 원리에 반대했다. 그는
우선 전체적인 아이디어가 지나치게 단순하다고 생각했다. 그는 많은
사람이 조직 내의 높은 자리에 계속 올라가면서 실패를 경험한다는 사
실에는 이의를 제기하지 않았다. 이것은 대부분 조직의 구성원이 혼자

힘으로 혹은 조직의 도움을 받아 적당한 훈련을 받는다면 스스로 피할 수 있는 것이기 때문에 엄청난 낭비라고 생각했다. 그는 좀 더 사려 깊은 인력 배치와 승진 결정이 이처럼 바람직하지 않은 현상을 줄일 수 있다는 점에서는 로렌스 피터와 생각이 같았다.

그러나 정신노동을 하는 사람, 즉 자신이 말하는 '지식 노동자Knowledge Worker'가 조직의 노동력에서 더욱 중요해지면서 그 수가 점점 많아지는 관리자들이 기술의 발전으로 특정한 상황에서 업무를 적절히 수행하지 못하는 자리에 배치될 가능성이 있다고 생각했다. 다시 말하자면, 일 자체가 순수하게 육체노동을 하는 것이라면 그 성과를 측정하기가 상당히 쉽다. 그리고 육체노동을 하는 사람은 육체노동을 요구하는 다른 일자리로 쉽게 옮겨갈 수 있다. 냉정하게 말하자면 도랑을 파는 사람은 어디를 가더라도 도랑을 파게 되고 다양한 상황에서도 자기가 맡은 일을 적절하게 해낼 수 있다. 그러나 지식 노동자의 기술을 새로운 일에 적용하는 것은 때로는 이보다 훨씬 더 어려울 수 있다.

드러커는 평소에 "우리에게 직원들을 좌절하게 만드는 일을 맡길 권리는 없다. 좋은 사람의 사기를 꺾을 권리도 없다. 우리는 훌륭한 젊은 인재들에게 희생을 요구할 정도로 이들을 충분히 보유하고 있지 않다"라고 말했다. 그러나 이 말은 이제는 더 이상 일을 능숙하게 수행할 수 없는 수준에 오른 사람에게는 적용되지 않는다. 결국 적절한 사람에게 적절한 일을 맡기는 것은 관리자의 책임이다. 이보다 훨씬 더 중요하게는 조직의 구성원들이 자신의 무능이 극에 달하는 수준까지 오르는 것은 조직 전체에 위험한 일이다.

피터의 원리가 조직 전체에 미치는 위험성

피터의 원리는 조직 전체가 의사 결정을 할 능력이 안 되는 무능한 사람으로 넘쳐나기 전에 이처럼 무능한 사람을 해고해야 한다는 주장이 명백한 해결 방안으로 보이기 때문에 조직에 위험하다. 해고는 확실히 개인에게 부정적인 영향을 미친다. 그러나 드러커는 해고가 조직에도 영향을 미칠 수 있다고 보았다.

- 무능한 사람에 대한 조치가 조직 내에 잘 알려지고, 이해가 되고, 합의가 되는 것이 아니라면 해고 혹은 덜 중요한 자리로의 재배치가 조직 구성원의 사기와 관리자의 공정성을 바라보는 시각에 영향을 미칠 수 있다.
- 아마도 이른바 '무능한 사람'이 예전에 오랫동안 업무에서 성공적인 성과를 보였을 수도 있다. 따라서 해고 혹은 재배치가 조직의 입증된 역량이나 경험이라는 자산에 손실을 초래할 수 있다.

IBM에 100만 달러의 손실을 입힌 사람

IBM의 설립자 토마스 왓슨Thomas Watson이 새로 승진한 부사장이 첫 번째 과제에서 실패하고 이로 인하여 회사에 100만 달러(현재의 가치로 환산하면 1,000만 달러 혹은 2,000만 달러가 된다)의 손실을 입히자 그를 자기 사무실로 호출했다. 젊은 부사장은 최악의 상황에 대하여 마음의 준비를 하고서

IBM 회장에게 보고를 하기 위해 사무실로 향했다. 그는 왓슨의 사무실로 들어오면서 "해고 소식을 전하려고 저를 부르셨습니까?"라고 말했다. 왓슨은 "당신을 해고한다고? 최근에 우리는 당신을 교육하는 데만 100만 달러를 투자했다고"라고 외쳤다. 아마 드러커가 들었으면 박수를 쳤을 것이다.

피터의 원리에 숨어 있는 압박

피터의 원리가 사실로 인정받는다면 이것은 직원들에게 무능하게 보이지 않도록 실패하면 안된다는 엄청난 압박을 가한다. 그러나 실패는 일을 하다보면 불가피하게 나타나고 우리는 항상 실패할 가능성 위에 놓여 있다. 이러한 실패에 대해서는 위험과의 합리적인 균형을 고려하여 판단을 내려야 한다. 실패를 전혀 하지 말아야 한다는 생각은 성공을 위해 반드시 필요한 요소라고 할 수 있는 위험을 받아들이거나 책임감을 갖는 데 전혀 도움이 되지 않는다. 실패율 제로는 달성이 가능하다. 그리고 특정한 상황에서는 이것을 추구해야 하고 달성해야 한다. 예를 들어, 핵시설 주변에서는 당신이 취급하는 생성물의 치명적인 특성이 생태계에 심대한 영향을 미칠 수 있는 실패에 대해서는 무관용의 원칙을 주장해야 한다.

그러나 모든 상황에서 실패를 피하는 것은 가치 있는 목표가 아니다. 예를 들어, 성취와 발전은 관리자 혹은 컨설턴트가 추구해야 할 목표다. 실패를 피하는 것을 주요 목표로 설정하면 위험을 피하는 것을 강조하게 되고 결과적으로 발전하지 못한다. 구성원들이 무능하게 보이지 않으려고 실패를 최대한 하지 않으려는 조직은 드러커가 말하는 조직의 성공에 반드시 필요한 두 가지 주요 요소 중 하나인 혁신을 이루어내지 못한다. 어떠한 조직이라도 혁신 없이는 경쟁자에 의해 압도당할 것이다. 조직의 구성원들은 실패를 두려워하기보다는 오히려 불가능에 과감하게 도전해야 한다. 이것이야말로 그들과 조직이 특별한 것을 성취할 수 있는 유일한 방법이다. 그리고 성공을 향해 가는 진정한 길이다.

피터의 원리에 가하는 또 하나의 치명타

피터의 원리는 어떤 관리자가 한 가지 특정한 업무를 제대로 해내지 못한다면 그는 이와 같은 수준 혹은 그보다 더 높은 수준의 업무는 그것이 어떤 것이 되었든 제대로 해내지 못한다는 것을 암묵적으로 가정한다. 또한 이 원리는 관리자가 무능한 모습을 보이며 어떤 업무에서 실패하고 나면 그는 다른 업무에서 성공하기 위하여 다시 일어날 수 없다는 것을 가정한다.

이 두 가지 가정은 모두 잘못되었고, 따라서 공정하지 못할 뿐만 아니라 인간의 잠재력 측면에서 엄청난 낭비를 초래한다. 그 이유는 역사를 돌이켜보면 같은 조직 혹은 비슷한 조직에서 한 가지 업무에 무능했던 사람이 다른 업무 혹은 심지어는 그보다 더 높은 수준의 업무에서 대단한 성공을 거둔 사례가 넘쳐나기 때문이다.

피터의 원리가 갖는 오류를 입증하다

로렌스 피터가 한번은 고위 성직자의 조직에 관해 말한 적이 있다. 내가 제시하게 될 세 가지 사례는 이러한 범주에 속하지는 않지만 이야기의 서막을 여는 것으로는 여전히 가치가 있을 것이다.

로랜드 허세이 메이시Rowland Hussey Macy는 경영학을 공부하여 졸업한 뒤 소매점을 운영했지만 실패하고 말았다. 한 번 더 시도했지만 또다시 실패했다. 이런 시도가 네 번이나 반복되었고, 그는 이럴 때마다 실패했다. 사실 메이시는 기업가였지 피터가 명시하는 고위 성직자로 이루어진 조직의 구성원은 아니었다. 그러나 그가 소속된 어느 포춘 500대 기업의 소매업 부문에서 피터의 원리를 받아들였더라면 메이시는 첫 번째 시도 이후 소매업, 사업, 기업가정신에서 무능하다는 이유로 방출되고 말았을 것이다. 그랬다면 그는 결코 성공하기 위한 기회를 얻지 못했을 것이고, 지금 우리는 그에 대해 전혀 아는 바가 없었을 것이다.

메이시는 다섯 번째 시도에서 비록 첫날에는 겨우 11.08달러의 매출을 기록했지만 결국 성공했고 그 후 엄청난 재산을 모았다. 그가 사업을 시작한 지 150년도 더 지났지만 메이시백화점Macy's은 지금도 여전히 존재한다. 불황이 닥치면 다른 백화점들과 마찬가지로 어려움을 겪기는 하지만 메이시백화점은 거의 800개에 달하는 점포를 갖추었고, 최근에는 다가오는 휴가철을 위하여 임시 직원 8만 5,000명을 고용할 예정이라고 한다. 이것은 엄청난 성공을 거두기 전에 자신의 무능이 극에 달하는 수준까지 네 번씩이나 오른 사람으로서는 대단한 업적이라고 할 수 있다.

윈스턴 처칠의 이야기는 확실히 흥미로운 사례다. 지금도 여전히 반론을 제기하는 사람이 있겠지만 처칠 자신은 연합국이 전투를 조금만 더 지속했더라면 자신의 실패가 자원과 인명 손실의 측면에서 그만한 가치가 있었을 것이라고 주장했다. 또한 자신이 최종적으로 성공했더라면 전쟁을 일찍 끝내고 사상자 수를 100만 명이나 줄였을 것이라고 했다. 그는 1차 대전에 대해 언급하며 터키 전선에서 자신이 책임지고 시작하고 지속했던 갈리폴리 전투에 대하여 구체적으로 설명했다.

그러나 처칠의 계산이 정확했다고 하더라도 그는 정치적으로 이 전쟁이 오래 지속되지 않을 것이라는 점을 알았어야 했다. 따라서 사람들은 그가 나중에 크게 성공하지 않았더라면 그의 실패가 피터의 원리를 입증하는 것이라고 말할 수도 있었다. 결국 정치인들은 처칠의 장점을 알게 될 것이었지만 그럼에도 처칠은 1차 대전 동안 로렌스 피터가 정의하는 자신의 무능이 극에 달하는 수준에 도달한 해군 장관이었다.

이제 당시에 일어난 일을 설명하겠다. 해군 장관 처칠은 영국 전시 내각을 상대로 1차 대전에서 연합국이 가장 크게 패했던 다르다넬스 해협의 갈리폴리 상륙 작전을 벌이도록 설득하는 데 성공했다. 이 작전은 연합국에게 최악의 패배를 초래했고, 사상자 수는 20만 명이 넘었다. 처칠은 해군 장관직에서 물러나야 했고 이보다 훨씬 더 낮은 자리로 강등되었다. 영국의 웨스트포인트라 할 샌드허스트Sandhurst 출신으로 군 경험이 풍부했던 그는 영국 육군에 자원했다. 한때 육군과 해군의 장성, 육군 원수까지도 호령하던 그는 프랑스 전선에서 중령으로 근무했다. 그는 온갖 위험을 두려워하지 않았다. 참호 속에서 함께 지내던 전우들이 적의 포격으로 온몸이 갈기갈기 찢겨갔지만 처칠 자신은 전쟁에서 살아

남아 성공한 전투 장교가 되었다. 그러나 그는 해군 장관으로서는 처참한 실패를 맛보았다.

그럼에도 바로 이런 사람이 1차 대전 당시에는 해군 장관, 2차 대전 당시에는 영국 총리라는 훨씬 더 높은 자리에 있으면서 영국뿐만 아니라 전 세계를 구원했다. 2차 대전 당시에는 영국만이 유일하게 살아남아 히틀러와 그의 하수인들에 맞서고 있었다. 더구나 이처럼 한때 무능했던 사람이 지금은 20세기 그리고 영원히 영국의 가장 위대한 정치가로 추앙받고 있다.

정치인들은 피터의 원리가 갖는 오류를 입증하기 위한 확실한 사례를 제공한다. 로널드 레이건Ronald Reagan은 공화당 대통령 후보 지명 대회에서 두 번이나 패배했지만 세 번째 도전에서 드디어 후보 지명을 받는 데 성공하고는 미국 대통령이 되었다. 아브라함 링컨Abraham Lincoln은 거의 하는 일마다 실패했다. 그는 사업에 실패하고는 일리노이 주의회 의원에 출마했지만 낙선했다. 그 후 사업을 다시 시작했지만 또다시 실패했다. 나중에 주의회 의장 선거에 출마했지만 역시 낙선했다. 하원의원 공천을 받는 데 실패했고, 미국 국유지 관리국US Land Office에 들어가려고 했지만 실패했다. 또한 상원의원에 출마했지만 실패했고, 2년 뒤에는 부통령 지명을 받는 데 또다시 실패했다. 그랬던 그가 1860년에 미국 16대 대통령이 되어 북군을 구원했다. 내가 아는 한 링컨 대통령을 비방하는 사람들조차도 그를 무능한 인간으로 생각하지 않는다. 하물며 역사학자들은 더더욱 아니다.

고위 성직자의 조직과도 가장 비슷한 곳 중의 하나가 바로 군대다. 그러나 당신은 다름 아닌 콜린 파월Colin Powell 장군이 자신의 무능이 극에 달하는 수준에 도달한 인물로 쉽게 분류된다는 사실을 아는가? 다행히 피터의 원리가 갖는 오류를 입증하면서 그는 그런 인물로 분류되지 않았다. 그는 별이 하나인 준장으로서 중요한 순간에 자기 상관의 마음에 들지 않는 행동을 했고, 심각한 실수를 두 번이나 저질렀다. 결과적으로 별이 두 개인 그의 상관은 그의 능력을 두고 그다지 좋지 않은 평가를 내렸다. 준장 중에서 50퍼센트만이 소장으로 진급하기 때문에 파웰은 자기가 어느 쪽 50퍼센트에 들어갈 것인지에 대하여 확신하고 있었다. 이로 인해 그의 군 생활이 끝날 수도 있었다. 그것만으로도 충분하지 않은 듯이 마치 자신이 성희롱이라도 했던 사람처럼 생각되었다. 그는 스스로에게 이런 질문을 했다. '스트라이크가 세 개라고? 그럼 아웃되는 게 아닌가?' 그것은 그가 무능한 사람으로 비쳤다는 뜻이었다.

상황이 이러했지만, 파웰은 지난 30년 동안 뛰어난 실적을 기록했기 때문에 소장으로 진급할 수 있었다. 그리고 물론 중장과 대장으로 진급하고는 이후 미군에서 가장 높은 장군인 합동참모본부 의장이 되었다.

드러커가 피터의 원리에 반대한 것은 컨설턴트에게 무엇을 의미하는가?

아마도 드러커는 회계 장부에서 인간에게 양의 값을 부여하는 첫 번째 사람이었을 것이다. 인간은 비용이 아니라 자산이다. 그리고 외부에서 조직을 바라보는 컨설턴트들은 이러한 사실을 반드시 명심해야 한다. 드러커의 컨설팅은 이러한 접근 방식을 취하고 있고 당신이 드러커의 원칙을 따르고자 한다면 그의 접근 방식을 취해야 할 것이다.

따라서 인간이 자신의 무능이 극에 달하는 수준에 도달했다는 말은 옳지 않다. 그들이 과거의 과제에서 엄청난 성공을 이루어낸 점을 고려하면 다른 과제에서는 실패할 수도 있는 일이다. 당신은 다른 조치를 권하거나 취하기 전에 다음과 같은 사항들을 감안해야 한다.

- 그것이 적절한 사람에게 적절한 일을 맡기는 것인가?
- 로마는 하루아침에 이루어지지 않았다. 시간이 더 많이 필요한가?
- 필요한 자원을 얻을 수 있는가?
- 당신이 도움을 줄 수 있는가?

당신이 컨설턴트라면 적절한 후보자를 찾는 작업, 즉 적절한 사람에게 적절한 일을 맡기는 작업에 당신이 할 수 있는 일은 많지 않다. 이것은 당신이 개입하기 전에 벌어지는 일이다. 그러나 드러커가 제시한 나머지 세 가지는 모두 관심, 양육, 발달과 관계가 있다. 당신은 이 세 가지 모두에 확실히 영향을 미칠 수 있다. 그리고 당신이 일찍 개입한다면 적절한 사람에게 적절한 일을 맡기는 데도 도움을 줄 수 있다.

적절한 사람에게 적절한 일을 맡기는 것

이 문제가 가장 중요하지만 그럼에도 관리자들과 컨설턴트들이 가장 많이 간과하기 때문에 이에 대하여 나는 많은 고민을 했다. 이 과정은 컨설턴트가 모습을 드러내기 오래 전에 이미 시작되고 완료되었을 것이다. 그러나 무엇인가를 하기에는 너무 늦었다고 하더라도 당신은 충분한 도움을 주기 위해 혹은 심지어는 전체 과정에 대한 책임을 지기 위해 조기에 개입하는 것이 좋다. 드러커는 조직을 강화하기 위해 직원을 적절한 곳에 배치해야 한다고 말했다. 따라서 이러한 생각에서 출발하기로 하자.

드러커는 조직을 강화하기 위하여 직원을 배치하는 과제에 있어 다음의 세 가지 주요 원칙을 제시했다.

1. 직무가 요구하는 것이 무엇인지를 생각하라.
2. 직무를 위해 당장 후보자 한 명을 결정하기보다는 후보군에 세 명 내지 네 명을 포함하라.
3. 이 분야에 정통한 동료와 의논을 하지 않은 채 최종적인 선택을 하지 마라.

직무가 요구하는 것

직무가 요구하는 것에 대하여 깊이 생각하지 않은 탓에 부실하게 설계된 직무는 어느 누구도 할 수 없는 불가능한 직무가 될 수 있다. 이처럼 불가능한 직무는 성취하고자 했던 일을 부실하게 성취하거나 전혀 성취하지 못하는 결과를 낳는다. 불가능하거나 거의 불가능에 가까운 직무는 파멸의 위험이 있고 기껏해야 부족하고도 소중한 인적 자원을 잘못

배치한 것이 된다.

직무를 적절하게 설계하기 위해서는 직무의 목표와 직무가 요구하는 것에 대한 분석이 진행되어야 한다. 이러한 분석은 직무를 수행하는 데 정말 중요한 몇 안 되는 요구를 결정하기 위한 것이다. 이렇게 하여야만 관리자가 반드시 필요한 직무에서 몇 안 되는 중요한 영역을 강화하기 위하여 인력을 배치하지 않고 모든 요구를 최소한으로만 충족시키는 후보자를 배치하는 것을 방지할 수 있다.

직무의 필수적인 요구 조건을 밝혀내는 것

직무가 요구하는 것을 깊이 생각하는 것은 관리자가 직무를 성공적으로 완수하기 위하여 확보해야 하는 기본적인 요구 조건을 밝혀내는 것을 의미한다. 이러한 것들을 밝혀낸다면 부적절한 요소에 근거하여 선택할 가능성이 최소화된다.

호감도라는 요소를 가지고 출발해보자. 훌륭한 전문가들은 서로 좋아하는 감정 없이도 함께 일을 할 수 있다. 호감도는 성공을 보장하지 않는다. 우리 모두 조직 내의 모든 수준의 일에서 상당히 호감 가는 사람이 자기가 맡은 일을 비참할 정도로 실패하는 모습을 본 적이 있다. 그러나 애초에 상사와 부하직원이 적어도 서로 반목하지 않을 때는 성공의 가능성이 더 높아진다.

몇 년 전 나는 임원을 모집하는 일을 했던 적이 있다. 그때 나는 임원을 모집하기 위한 중요한 절차로서 3~5명의 후보자를 먼저 추려서 고용 담당 임원에게 제출해야 한다는 것을 알았다. 이들 후보자 모두 기본적인 요구를 충족시켰고, 헤드헌터가 고용 담당 임원이 '직무 내용을 포함한 작업 지시서'에 이러한 요구를 작성하는 작업을 도왔다. 그런데 이 후보자들은 성격, 배경, 외모가 모두 달랐다. 과거에 임원을 모집한 경험이 많았던 어떤 사람이 나에게 말했듯이 이것은 서로가 '궁합이 맞아야 한다는 것'을 보여준다. 그는 "때로는 어떤 후보자는 상사가 될 사람을 개인적으로 좋아하지 않을 수도 있습니다. 때로는 상사가 될 사람이 그 후보자를 좋아하지 않을 것입니다. 그리고 서로가 서로를 좋아하지 않을 수도 있습니다. 그러나 후보자가 3~5명이 있으면 이들 중 적어도 한 사람이 상사가 될 사람을 좋아할 것입니다. 반대의 경우도 마찬가지고요. 그러나 이 모든 경우에도 각 후보자들은 직무가 요구하는 것들을 충족시키고 있습니다"라고 말했다.

이런 경우가 결코 이상한 일은 아니다. 임원을 추천하는 헤드헌터 업계에서는 이런 말이 있다.

"후보자가 의뢰인과 직접 만나면 모든 것이 백지화된다."

이 말이 의미하는 바는 많은 경우에 있어 이력서에 나오는 경험이나 업적보다는 성격이나 궁합이 중요하다는 것이다. 후보자의 이러한 측면을 고려하는 것이 특별히 잘못된 것은 아니다. 성격과 새로운 조직에 적응하는 능력은 상당히 중요하다. 하지만 궁합을 포함하여 고민 끝에 밝혀낸 직무가 요구하는 기본적인 것들에 대한 충족 여부를 간과해서는 안 된다. 우리는 직무가 요구하는 것들을 깊이 생각한 뒤 필요한 영역을 강화하기 위하여 인원을 배치해야 한다. 후보자가 만약 직무가 필수적으로 요구하는 것들을 충족시키지 않았다면 그것을 맡기기 위해 승진을 시키거나 고용해서는 안 된다.

후보자를 여러 명 확보하라

승진 혹은 고용을 위한 선택을 할 때 후보자를 한 명 내지 두 명만 가지고 고민하는 경우가 많다. 관리자들은 이 과정에서 일을 서둘러서 처리하거나 한 명의 후보자에게 지나칠 정도로 깊은 인상을 갖는다. 그러나 충분히 생각하면서 적어도 예비 후보자들은 확보해놓아야 한다. 드러커에 따르면, 정확한 방법은 세 명 내지 네 명의 후보자를 가지고 고민해야 하고, 이들 모두가 조직을 강화하기 위하여 인원을 배치할 때 최소한의 자격을 갖추고 있어야 하며, 이러한 작업을 처음부터 제대로 진행해야 한다는 것이다.

때로는 이러한 지혜를 간과하는 원인이 고용 담당 임원이 직무가 기본적으로 요구하는 것들에 근거하여 모든 후보자의 자격을 검토하기 전에 그들의 적응 능력에 대하여 가정을 하는 데 있다. 따라서 직무가 요구하는 것들을 정확하게 못박아두는 것이 크게 도움이 될 것이다.

어떤 조직의 사례를 들어보자. 이곳에 1년 동안 몸담은 인사부장이 사내의 특정 관리자를 더 높은 자리에 임명하기를 원했다. 그러기 위해서는 그가 자기 상사에게 이 사람에 대한 추천서를 보내고 상사가 이에 대하여 승인을 해야 했다. 상사는 내부 후보자 중에서 그 자리에 적합한 최소 두 사람의 이력서를 추가로 요구했다. 또한 상사는 인사부장이 특정 관리자를 승진 대상자로 추천하게 된 특별한 이유에 대하여 궁금하게 생각했다. 인사부장은 허수아비 후보자들을 동원하는 오래된 책략을 사용했다. 그는 그 자리에 오를 수 있는 후보자로 두 명이 아니라 세 명을 추가로 뽑았다. 이렇게 하는 것이 자기가 승진 후보자로 많은 사람을 대상으로 고민했고 자기가 미는 후보자가 실제로 매우 우수하다는 인상을 줄 것이라고 생각했다. 사실 그는 추가로 뽑은 세 명의 후보자들은 특별한 데가 없다고 생각했다. 실제로는 바로 이런 이유 때문에 이들을 뽑았다. 그는 이렇게 하여 네 명의 이력서를 상사에게 제출했다. 그는 자신의 책략에서 정직하지 못한 면을 보여주었을 뿐만 아니라 두 가지 중요한 잘못을 범했다.

첫째, 그는 직무가 요구하는 모든 것에 대하여 깊이 고민하지 않았다. 물론 그의 상사는 그렇지 않았다. 또한 그는 후보자들에 대한 자신의 개인적인 지식과 의견에만 의존했고 사내에서 그들이 맡은 업무의 또 다른 측면을 검토하지 않았다. 이것은 아주 안 좋은 결과를 초래하지만 그는 자신이 제출하는 이력서조차도 읽어보지 않았다. 그는 단순히 자기가 미는 후보자를 위해 자기가 써준 강력한 추천서를 첨부하기만 했다.

인사부장이 잘 몰랐던 것은 추가로 뽑은 세 명의 후보자들 중에서 한 명이 오랫동안 그 조직에서 몸담아 오면서 좋은 평판을 얻고 많은 업적을 쌓아왔다는 것이다. 그러나 작년에 그는 특별 과제를 맡기 위해 본사를 떠나 있었다. 따라서 인사부장은 그에 대해서 잘 몰랐다. 그의 배경이나 입증된 경력이 마침 비어 있는 자리가 요구하는 조건에 특히 잘 맞아떨어졌다. 따라서 조건에 매우 적합한 그 사람이 주요 후보자로 추천을 받았어야 했다.

이것이 바로 인사부장의 상사가 또 다른 후보자들의 이력서를 보자고 했던 한 가지 이유였다. 그의 상사는 그 사람이 고려 대상에 포함조차 되지 않았다면 그 이유를 알고 싶었다. 그는 그 사람이 고려 대상에 포함되었지만 선택되지 않았다면 자기가 이번 인사를 최종 승인하기 전에 중요한 정보를 놓치고 있는 것은 아닌지 확인하고 싶었다. 어쨌든 인사부장이 그 사람의 이력서를 제출하게 된 것은 운이 좋았다. 만약에 제출하지 않았더라면 곤란한 지경에 빠졌을 것이다. 그러나 그가 이력서를 자세히 검토했더라면 자신이 가장 좋은 후보자를 그 자리에 추천하지 않고 있다는 사실을 금방 알았을 것이다. 물론 그가 그 후보자에 대하여 다른 사람들에게는 알려지지 않은 무엇인가를 알 수도 있었을 것이다. 그러나 이 경우에는 전혀 그렇지 않았다.

그의 상사는 확실히 인사부장이 그 자리에 가장 적합한 사람을 추천하고 있지 않다는 것을 알았다. 그는 인사부장과 직접 만난 자리에서 인사부장이 누가 확실한 후보자가 되어야 하는지 혹은 이러한 후보자의 배경에 대하여 잘 모르고 있다고 판단했다. 어쩌면 인사부장은 자기가 그 조직에 몸담고 있는 동안 그 후보자가 본사에 없었기 때문에 용서받을 수도 있다. 그렇다고 하더라도 고위급 관리자로서 그의 능력에 대해서는 좋지 않은 평가를 받을 수밖에 없다.

그가 적절하지 않은 관리자를 승진시켰다면 가장 적절한 관리자를 배치하지 않은 것에 대한 책임은 두말할 것도 없고 조직 내에 많은 문제를 일으켰을 것이다. 인사부장과 그의 상사는 직무가 요구하는 것과 후보자들의 자격에 관하여 논의하고는 인사부장이 처음에 추천했던 후보자가 아니라 간과했던 후보자를 그 자리로 승진시켜야 한다는 데 뜻을 같이 했다.

당신의 선택을 동료들과 함께 의논하라

앞에서 언급했던 인사부장이 이번 일을 두고 자신의 직원 혹은 동료와 함께 의논했더라면 상사 앞에서 쩔쩔매는 상황을 맞이하지는 않았을 것이다. 여기서 나는 드러커가 어떠한 인력 배치라도 그것은 집단의 결정이라는 말은 하지 않았다는 사실을 강조하고 싶다. 인력 배치는 집단의 결정이 아니며 당신과 의논한 사람이 당신에게 잘못된 정보를 주거나 잘못된 추천을 하더라도 그 결과에 대한 책임은 여전히 당신에게 있다.

그러나 가능할 때마다 당신의 계획을 공유하고 다른 사람으로부터 의견이나 생각을 듣는 것이 좋다. 당신이 다른 사람이 추천하지 않는 누군가를 승진시키기로 결심하더라도 적어도 당신은 당신의 결정이 갖는 함정을 알게 될 것이고, 당신이 염두에 두고 있는 다양한 후보자에 대하여 다른 사람이 어떤 생각을 갖고 있는지 더 많이 깨닫게 될 것이다.

과제를 처리하고 나서 해야 할 일

당신이 과제를 이미 처리했거나 혹은 컨설턴트로서 과제를 수행하는 데 도움을 주었다고 해서 이것으로 당신의 일이 끝난 것은 아니다. 당신은 그다음 발생하는 일에 대하여 책임을 져야 하고, 해당 과제에 대하여 계속 관심을 갖고 보살펴야 한다. 새로운 사람을 임명한다고 해서 모든 것이 저절로 잘 굴러가지는 않는다. 그 사람을 훈련시키는 것을 포함하여 길을 최대한 많이 닦아놓아야 한다.

물론 당신은 새로 승진한 사람이 이 일을 하도록 내버려둘 수도 있다. 이번 인사가 올바른 선택이라면 그 사람이 새로운 자리의 어떤 영역에서 지원 혹은 추가적인 훈련이 필요한지를 스스로 알 수도 있다. 그러나 무엇을 주저하는가? 새로 임명받은 사람이 어떨지는 잘 모르지만 당신이 이미 알고 있는 것들은 많다. 그 사람이 힘들게 노력하도록 내버려두는 것이 자기개발의 한 부분이 아닌 이상 주저할 이유가 무엇인가? 당신이 추천한 사람이 성공하는 것이 당신에게도 좋은 일 아닌가?

당신은 승진한 사람의 업무를 대신하는 것을 제외하고는 그가 자신이 맡은 업무를 성공적으로 완수할 수 있도록 가능한 모든 것을 지원해야 한다. 어느 퇴직한 CEO가 얼마 전에 승진한 부사장들에게 부하직원들을 통솔하는 것에 관하여 말했듯이, "당신은 그들이 실패하게 내버려두어서는 안 된다!"

일이 잘 진행되고 있는가?

관리자들 모두 새로 맡은 일을 성공적으로 잘할 수 있다면 좋은 일이다. 그러나 항상 그런 것은 아니다. 특히 새로운 자리에 올라 새로운 일을 맡은 임원뿐만 아니라 새로운 사업을 벌이는 조직의 경우에는 더욱 그렇다. 새로운 일이든 기존에 하던 일이든 이것은 새로운 자리에 오른 사람에게 어려운 과제를 던져준다. 관리자들은 새로운 자리에 오른 사람에게 직무가 요구하는 것들을 분명하게 펼쳐놓거나 처음 몇 주 동안에는 그 사람과 수시로 미팅을 가지는 등 그가 맡은 일을 대신해주는 것을 제외하고는 다른 방식으로 도움을 주거나 무엇보다도 그가 실패하지 않도록 지원하면서 그가 처한 어려움을 덜어줄 수 있다.

따라서 새로운 과제를 맡은 사람을 서둘러서 교체하지 않도록 해야 한다. 사람에 따라서는 새로운 과제를 진전시키는 데 시간이 필요하기도 하고 때로는 과제 그 자체가 예산, 인력, 장비, 시설과 같은 자원이 적절하게 할당되었는가에 대하여 충분한 검토 없이 만들어졌을 수도 있다. 더구나 새로운 자리에 오른 사람이 일을 하거나 계획을 수립하는 방식에 따라 과제가 변할 수도 있다. 즉 당신은 과제를 정확하게 예상할 수 없다. 어떠한 과제라도 여기에 접근하는 데는 다양한 방식이 있고, 그 과제는 그 자리에 있는 사람의 능력이나 생각에 달려 있기 때문이다.

상사로서 혹은 컨설턴트로서 당신은 도움을 주기 위하여 그 자리에 있다는 사실을 명심하고 "당신은 그들이 실패하게 내버려두어서는 안 된다"는 권고를 결코 잊어서는 안 된다.

드러커의 인간에 대한 접근 방식

관리자들이 자신의 무능이 극에 달하는 수준까지 승진한다는 생각은 위험한 신화다. 어떤 관리자가 자신이 맡은 일을 제대로 수행하지 못한다면, 물론 그는 그 일을 더 이상 맡지 말아야 한다. 그러나 드러커는 실패를 이유로 관리자를 더 이상 생각하지 않고 자동 해고하는 것은 그야말로 인간을 소모품으로 취급하는 것이라고 주장했다. 조직 내에는 비슷하게 힘든 일이라도 그 관리자라면 성공적으로 추진할 수 있는 일이 있을 수도 있다. 그 일을 찾아주거나 그 일을 찾을 때까지 그 사람을 대기 상태에 두어야 한다. 과거에 오랫동안 일을 잘해왔던 사람을 한 번 실패했다고 버려서는 안 된다. 어떠한 경우라도 당신은 다음과 같은 방식으로 상당한 주의를 기울여서 이러한 문제를 최소화해야 한다.

- 자리가 요구하는 조건을 깊이 고민하고, 조직을 강화하기 위하여 직원을 배치한다.
- 한 사람을 결정하기 전에 자격을 갖춘 복수의 후보자를 확보한다.
- 승진을 결정하기 전에 당신의 생각을 동료들과 공유한다.
- 과제를 이미 처리했다고 해서 당신의 일이 끝난 것은 아니다.
- 해당 과제에 대하여 책임감을 갖고 계속 관심을 쏟으며 보살펴야 한다.

이렇게 하면 당신은 적절한 사람이 적절한 일을 맡도록 승진시키는 데 있어 뛰어난 성공률을 얻게 될 것이다. 승진한 사람이 일을 시작할 때도 그 사람이 올바른 출발을 하도록 돕는 것은 여전히 당신의 책임이다. 당신의 성공률은 이러한 영역에서도 동시에 높아야 한다.

여기서 말한 조치들을 취하면 당신의 조직은 최고의 자격을 갖춘 관리자들이 넘쳐나면서 최고의 지위를 향해 거침없이 달려갈 것이다. 그것이 당신의 조직이라면 이러한 조치를 취하는 것은 당신의 책임이다. 당신이 컨설턴트로서 이러한 문제에 개입하여 권고와 조언을 한다면 당신 또한 성공을 위한 중요한 책임을 지게 된다. 이 모든 것이 인간의 가치, 즉 '인간에게는 한계가 없다'는 드러커의 원칙과 관련이 있다.

17장

경영 컨설턴트로서
생각해야 할 10가지

우리는 드러커가 경영 컨설턴트가 되어 컨설팅 업무를 수행해가는 독특한 과정을 통해, 성공적인 컨설팅 경력을 쌓는 데 유용하게 쓰일 만한 것들을 많이 배울 수 있을 것이다. 컨설팅 분야에서 드러커의 사례를 통하여 내가 얻은 것을 여기에 소개하려 한다.

1. 이 책을 통하여 배우고 얻은 기회가 반드시 좋은 것도 아니고 반드시 나쁜 것도 아니다. 단지 이러한 가르침과 기회가 있었을 뿐이다. 시저 밀란Caesar Millan은 드러커에게서 배운 것이 아무 것도 없다. 그는 심지어 멕시코에서 미국으로 불법 이민한 사람이기도 했다. 대학교를 다니지 않았지만 개 조련사가 되어서 개에 관한 텔레비전 프로그램을 오랫동안 성공적으로 이끌어갈 정도로 충분히 많이 배웠다. 또한 애완동물에 관하여 수임료를 받고 컨설팅 서비스를 제공하는데 이것은 예전에 드러커가 했던 것과 크게 다르지 않다. 우리는 모두 훌륭한 혹은 심지어 위대한 컨설턴트가 되기 위한 자원을 가지고 있다. 우리는 모두 분석하고 기록할 수 있다. 다만 우리 스스로 어떤 자원을 가지고 있고 이것을 어떻게 활용할 것인가를 깨달아야 한다.

2. 독립 컨설턴트로서 좋은 일을 많이 하고, 명성을 얻고, 돈을 벌기 위해 거대한 컨설팅 기관을 설립할 필요는 없다. 드러커는 대단한 명성을 지니고서도 자신이 직접 전화를 받았다. 다른 사람들이 우리에게 하지 말라는 것을 해서는 안 될 이유가 없는 것이다.

3. 정직은 최선의 방책일 뿐만 아니라 당신이 장기적으로 성공하기를 원한다면 유일한 방책이다. 당신은 이 말을 절대로 흘려 들어서는 안 된다. 다양한 분야에서 정직하지 않아서 파멸의 길을 갔던 유명인들을 얼마나 많이 보아왔는가? 따라서 당신은 단기적으로는 손해를 보더라도 어떠한 경우에도 반드시 진실함을 잃지 말아야 한다.

4. 장애물은 항상 등장한다. 내가 아는 어떤 사람은 컨설팅 사업을 처음 시작할 때 맨 먼저 닥친 일이 바로 누군가로부터 소송을 당한 것이었다. 그가 소송에서 승리하기까지는 3년이나 걸렸다. 당신이라면 의뢰인을 얻기 위하여 분투하는 동안 이러한 문제에 어떻게 하면 가장 잘 대처할 수 있는가를 생각해보라. 드러커는 히틀러와 같은 하찮은 인물이 정권을 잡게 되면서, 명문대학교에서 대학원 강의를 하는 교수가 되는 목표를 15년이나 뒤로 미뤄야만 했다. 하지만 그는 자신이 해야 할 일을 하면서 결국 자기가 처음 정했던 목표를 달성했을 뿐만 아니라 이보다 훨씬 더 많은 것을 이루었다.

5. 당신의 직업 활동 혹은 컨설턴트로서의 활동에 필요한 교육을 다른 사람에게 의존하지 마라. 기업 관리자들 중에는 자기가 고등 교육을

받거나 원하는 강좌 혹은 세미나에 참석할 수 있도록 회사가 비용을 지원해야 한다고 주장하는 이들도 있다. 그것을 기대하지 마라. 드러커는 아들이 대학에 진학하기를 바라던 부모에게조차도 의지하지 않았다. 그는 견습생으로 일하기도 했고 법학과 학생과 정규직 사원의 신분을 동시에 유지하기 위해 분투하면서도 독서를 통하여 스스로 공부하는 데 많은 시간을 보냈다. 드러커는 초인이 아니다. 다만 2차 대전 이전의 독일과 오스트리아에서 거주하는 상황에서 자기가 앞으로 해야 할 일을 생각했고, 전쟁이 끝난 뒤 그것을 미국에서 실천에 옮겼다. 그는 부모의 도움이나 기업 혹은 정부의 지원을 기대하지 않았다.

6. 베스트셀러를 쓴다고 해서 이것이 당신의 성공을 보장하지는 않는다. 그러나 그것이 확실히 당신에게 해롭게 작용하지는 않는다. 그리고 당신의 타이밍이 정확하거나 당신에게 운이 따른다면, 그것이 당신을 당장 정상에 올라서게 해줄 수도 있다. 또한 누구나 노력하려는 의지만 있다면 글을 쓸 수 있고 글 쓰는 법을 배울 수 있다. 드러커는 처음 출발할 때 영어조차도 제대로 구사하지 못했다.

7. 우연한 발견은 도움이 된다. 그러나 우리는 이것을 하나의 과정으로 생각해야 한다. 많은 것을 시도하고, 월폴이나 드러커처럼 책도 많이 읽어서 긍정적인 우연한 발견이 당신에게 일어나도록 하라.

8. 드러커의 멘토인 마빈 바우어는 의뢰인의 활동에 대하여 언급하지 말라고 권고했다. 아마 드러커는 그러한 일에 우연히 마주쳤을 것이다.

결과적으로 그는 GM의 전설적인 CEO 알프레드 슬론에게 나쁜 인상을 주고 말았다. 물론 드러커는 그를 불쾌하게 만드는 내용을 쓰지 않았다고 생각할 수도 있다. 그러나 이것은 쟁점이 아니다. 중요한 것은 불쾌한 일을 당한 사람이 어떻게 생각하는가에 있다. 드러커는 좀 더 신중했어야 했다. 당시 그가 슬론을 만났더라면(그리고 그는 분명히 그렇게 할 수 있었다.) 아마 그에게서 심한 질책을 당했을 것이다. 그러나 드러커는 이 일을 통해 교훈을 얻었고 이후로 당신은 드러커가 GM에서 했던 것처럼 의뢰인의 활동을 공개적으로 언급하는 경우를 찾아볼 수 없었을 것이다.

9. 진정한 전문가는 의뢰인이다. 때로는 드러커가 의뢰인들에게 무엇을 해야 하는지에 대하여 말했다기보다는 그들 스스로 자신들에게 말하도록 유도했다고 주장할 수도 있다. 어쩌면 그는 답을 제시하고 파워포인트 자료를 가지고 발표하기 보다는 질문을 많이 함으로써 의뢰인들로부터 매력을 조금은 잃어버렸을 수도 있다. 드러커의 경영 컨설팅 모델은 백마를 타고 나타나 사람들에게 무엇을 해야 하는지 말해주면서 올바른 길을 가게 해주는 사람, 누군가가 "저 마스크를 쓴 사람은 누구인가?"라고 물을 때 "이랴!" 하고 외치며 말발굽 소리와 함께 어딘가로 빠르게 사라지는 사람의 이미지는 아니다.

10. 비록 드러커가 자신의 가치관, 원칙, 천재성을 통하여 우리에게 많은 것을 남겼지만 드러커의 가장 가치가 있는 기여는 그가 우리에게 '생각하는 방법을 가르친 데 있다'고 믿는다. 그다음 그는 우리가 그것을 실

행에 옮길 것을 기대했다.

나는 이 책의 끝맺음을 드러커가 했던 방식대로 하고 싶다.

"나에게 내 이야기가 좋았다는 말은 하지 마세요. 당신이 월요일 아침부터는 무엇을 지금과는 다르게 행동할 것인지를 말해주세요."

2016년 2월

캘리포니아 패서디나에서

의뢰인과 전문가들이 말하는 '피터 드러커 컨설팅'

피터 드러커의 컨설팅과 철학은
나에게 어떠한 영향을 미쳤는가?

프랜시스 헤셀바인

오래 전이라 할 1976년, 철광석과 석탄이 많이 나고 인심 좋기로 소문난 펜실베이니아 주 서부의 존스타운이라는 산골 마을에 살던 나는 갑자기 소녀와 여성들을 위한 조직으로 세계에서 가장 규모가 큰 미국 걸스카우트의 신임 CEO가 되어 뉴욕에 나타났다. 그때 나는 소장하고 있던 피터 드러커의 모든 저서와 필름을 가지고 왔다. 이전까지 나는 두 곳에서 CEO를 역임했는데 당시 우리의 리더십과 의사 결정의 대부분은 순전히 드러커를 따르는 것이었다. 드러커의 철학과 지혜가 바로 우리를 위해 있는 것이라고 생각했다.

기존의 상명하복식의 위계질서를 허물고 우리만의 걸스카우트 관리 시스템을 구축하고는 직원들이 조직 전체에 걸쳐 옮겨 다니면서 근무할 수 있도록 했다. 이것을 '순환 관리Circular Management'라고 불렀는데, 이 시스템은 효과가 있었고 300만 명이 넘는 소녀와 여성 회원들을 위한 흥미진진한 시스템으로 자리를 잡았다. 우리의 믿음은 바로 이러했다.

"오직 최고만이 소녀와 여성들에게 봉사하는 사람들을 위해 적합하다."

미국 걸스카우트 회장으로 부임하고 나서 13년이라는 믿기 힘든 시간이 지난 1990년, 나는 열정이 넘치던 마지막 해를 보내고는 세계 최고의 사람들로 이루어진 조직을 떠났다. 이어 책을 쓸 준비를 했고 그동안 미뤄왔던 여행을 떠나고 싶었다. 그러나 미국 걸스카우트를 떠난 지 6주가 지나던 어느 날 나는 '비영리기관 경영을 위한 피터 드러커 재단Peter F. Drucker Foundation for Non-profit Management'의 CEO가 되고 말았다. 나는 이사장이 될 것이라고 생각했지만 드러커가 한사코 "당신이 CEO가 되어야 합니다. 그렇지 않으면 우리 재단이 제대로 돌아가지 않습니다"라고 단호하게 말했다.

결국 나는 세계의 소녀와 여성들을 위한 가장 큰 조직을 이끌다가 자금도 직원도 없지만 단지 피터 드러커를 좋아하는 마음으로 그의 철학을 이 나라는 물론 전 세계로 전파하려는 사람들이 모인 아주 작은 재단의 CEO가 되었다.

처음 몇 해 동안에는 드러커가 우리 이사회에 참석하려고 클레어몬트에서 뉴욕까지 날아왔다. 또한 우리가 주관하는 컨퍼런스가 열릴 때마다 달려와서 강연을 해주었다. 우리가 캘리포니아로 갔을 때도 드러커와 함께 있는 시간은 무척 즐거웠다.

2005년 드러커가 우리 곁을 떠났고 '프랜시스 헤셀바인 리더십 인스티튜트The Frances Hesselbein Leadership Institute'라는 새로운 이름을 갖게 됐지만 우리는 여전히 '비영리기관 경영을 위한 피터 드러커 재단'이다. 우리는 드러커가 했던 유명한 말인 "먼저 생각하고 나중에 말하라" "말하지 말고 질문하라"를 항상 마음속에 새기고 있다. 우리는 어디에서든지 적절한 때에 드러커가 했던 말을 인용한다. 그는 지금도 여전히 우리에게 영감을 주고 있고, 앞으로도 항상 그럴 것이다.

드러커처럼
최고의 질문자가 되라

페니(펑) 리

2013년 나는 CIAM이 배출한 제1회 MBA 졸업생 중 한 사람이 되었고, CIAM의 초대 행정실장 중 한 사람이 되기도 했다. 나는 드러커의 방법을 활용한 컨설팅을 배우는 과정에서 컨설팅 과제를 열한 개나 수행했다. 내가 가장 많이 배우고 응용한 것은 드러커가 '적절한 질문을 하라'는 간단한 비결을 가지고 그처럼 성공한 컨설턴트가 되었다는 사실이었다.

내가 드러커의 방법론, 즉 적절한 질문을 하라는 말을 처음 들었을 때는 나 자신이 배울 것이 그다지 많지 않은 사람이라고 생각했다. 중국에서 텔레비전 방송 리포터로 8년 동안 일한 경험이 있던 내가 일상적으로 하던 일이 바로 질문을 하는 것이었기 때문이다. 나는 거의 매일 내가 살던 지역의 텔레비전 시청자들이 온갖 종류의 사람들이 하는 일을 잘 이해할 수 있도록 그들을 만나서 인터뷰를 진행했다. 그것은 곧 '사람들 에게 흥미를 일으킬 만한 사건'을 취재하는 일이었다.

어느 날 나는 루이 왕Rui Wang이라는 뇌성 마비를 앓은 여섯 살짜리 중 국 소년을 만났다. 여태껏 그처럼 어린 소년을 만나서 인터뷰를 한 적이 없었다. 루이는 집에 머물면서 매일 아침 학교로 가는 쌍둥이 형을 바라 보기만 해야 했다. 뇌성마비 때문에 몸을 제대로 움직일 수 없었던 것이 다. 루이는 할아버지의 도움을 받아 매일 열심히 걷는 연습을 했다. 루 이의 부모가 루이가 뇌성마비에서 결코 회복될 수 없다는 말을 듣고는 아이를 돌보려고 하지 않았기 때문에 루이의 할아버지가 대신 루이를 양육하고 있었다.

루이는 땀을 뻘뻘 흘리면서 걷기 위해 안간힘을 썼다. 그런 루이에게 나는 가장 먼저 이런 질문을 했다.

"루이, 이렇게 매일 걷는 연습을 하느라 무척 힘들겠구나?"

루이는 "아니에요. 전혀 힘들지 않아요"라고 씩씩하게 대답했다.

하지만 나는 이 작은 소년이 지칠 대로 지쳐 있는 것을 눈치 채고는 이렇게 말했다.

"루이 너 참 씩씩하구나. 그런데 네가 땀을 많이 흘리고 있는 모습을 보니까 무척 힘들어 하는 것 같아. 사실대로 말해주지 않을래?"

"예, 조금 힘들기는 해요."

"잠깐 쉬지 않을래?"

"내가 열심히 연습하지 않으면 좋아지지 않아요. 그러면 나는 할아버지, 형 그리고 이 나라에 짐이 된다고요!"

그때 내가 해야 할 일은 이 아이에게 계속 질문을 하는 것이었다. 또한 나는 우리가 대화를 나누는 동안 루이가 쉴 수 있다고 생각했다. 루이가 그런 사실을 비록 깨닫지는 못하더라도 말이다. 그래서 나는 루이와 대화를 최대한 많이 하려고 했다. 내가 더 이상 대화를 이어갈 수 없게 됐을 때 루이에게 마지막으로 했던 질문은 바로 이것이었다.

"루이, 너는 꿈이 무엇이니?"

루이는 무척 신이 난 표정으로 대답했다.

"네, 저한테는 꿈이 있어요! 저는 언젠가 형과 함께 학교에 가서 형 옆자리에 앉아서 선생님한테 공부를 배우고 싶어요."

눈물이 나오려는 것을 겨우 참으면서 루이에게 작별 인사를 건넸다.

루이의 다큐멘터리를 통하여 나는 시청자들에게 이 용감한 작은 소년의 총명하고도 사려 깊은 모습을 보여주었다. 루이의 순수하고도 천진난만한 마음은 희망으로 가득했다. 루이는 결코 꿈을 잃지 않았다. 많은 사람들이 내가 만든 다큐멘터리를 보고는 감동의 눈물을 흘렸고, 우리 방송국에 전화하여 루이를 돕겠다고 나섰다. 그들은 루이가 꿈을 이룰 수 있도록 돕고 싶은 마음이 넘쳤다. 그 결과, 루이를 돕기 위한 성금이 답지했고 루이는 병원에서 치료를 받을 수 있게 되었다. 나는 루이가 나중에 형과 함께 학교에 다니는 모습을 보고는 매우 자랑스러웠다.

따라서 내가 CIAM의 MBA 프로그램에서 첫 번째 컨설팅 의뢰인을 만났을 때는 질문하는 데 있어서만큼은 이미 내가 특별한 능력, 어쩌면 드러커보다도 훨씬 더 뛰어난 능력을 갖추고 있다고 생각했다. 하지만 내가 해야 할 일은 드러커의 유명한 5가지 질문을 하는 것이었고, 이것이 전부였다.

의뢰인은 로스앤젤레스에서 전세버스 회사를 운영하는 사람이었는데 자기 회사를 어엿한 여행사로 확대하려는 생각을 가지고 있었다. 그는 자기가 이미 버스를 소유하고 있기 때문에 전 세계를 대상으로 여행객을 모집하기만 하면 된다고 생각했다. 나는 내가 배웠던 드러커의 5가지 유명한 질문, 즉 드러커가 의뢰인에게 물었던 질문을 떠올리고는 임무, 고객, 계획 등을 하나씩 물었다.

질문: 당신의 임무는 무엇입니까?

대답: 수익을 더 많이 내는 것입니다.

질문: 당신의 고객은 누구입니까?

대답: 모든 사람입니다!

질문: 당신의 고객이 원하는 가치는 무엇입니까?

대답: 우리는 가장 저렴한 가격에 서비스를 제공하려고 합니다.

질문: 당신은 무엇을 달성하기를 원합니까?

대답: 우리가 전 세계를 대상으로 고객을 유치할 수 있는 방법을 알고 싶습니다. 특히 중국과 인도의 고객을 많이 유치하고 싶습니다. 현재로서는 이 두 나라를 겨냥하고 있습니다(이 대답은 다른 4가지 대답에 비해 더 많은 의미를 갖고 있었다).

질문: 당신의 계획은 무엇입니까?

대답: 계획이라고요? 당신이 저한테 사업 계획과 함께 제가 정확하게 무엇을 해야 하는지 말해줘야 하는 것 아닙니까! 그러면 저는 당신의 제안을 따르겠습니다.

나와 의뢰인의 첫 번째 미팅은 이처럼 간단하게 끝났다. 내가 드러커처럼 질문을 잘하는 컨설턴트라고 생각한 것이 확실히 잘못되었다는 것을 깨닫고는 앞으로의 일이 걱정되었다. 당시 나는 내가 의뢰인에게 도움이 되도록 그로 하여금 원하는 정보를 드러내게 하는 방법을 전혀 몰랐다! 그때 비로소 내가 텔레비전 방송 리포터로 일하면서 인터뷰 대상자에게 했던 질문과 컨설턴트가 되어 의뢰인들에게 그들의 사업에 관하여 해야 하는 질문에는 커다란 차이가 있다는 것을 깨달았다.

언젠가 드러커는 컨설턴트는 의뢰인만큼 사업에 대하여 정확하게 이해할 수 없다고 말했다. 컨설턴트는 의뢰인의 쟁점 혹은 문제에 대한 답을 주는 사람이 아니다. 대신 정확한 컨설팅 과정은 의뢰인이 문제를 다른 각도에서 살펴볼 수 있게 하여 앞으로 무엇을 해야 할 것인가를 스스로 생각할 수 있도록 적절한 질문을 하는 데 기반을 둔다.

나는 드러커가 1990년대에 코카콜라를 상대로 했던 컨설팅 보고서를 복사했다. 보고서의 제목은 '1990년대에 코카콜라사가 직면한 과제'였다. 드러커는 서문에서 다음과 같은 점을 분명히 밝혔다.

"이 보고서는 많은 질문을 제기하고 있지만, 이에 대한 답을 제공하려 하지 않는다."

드러커는 이 보고서에서 의뢰인에게 무엇이 잘못되었는지 혹은 앞으로 무엇을 해야 하는지 말하지 않고 자신의 유명한 5가지 질문보다 훨씬 더 많은 질문을 했다. 그러나 나는 드러커가 의뢰인에게 했던 질문이 실제로는 "증진해야 할 것은 무엇인가?" "어떤 대안이 있는가?"와 같은 것들을 묻기 위한 유도 질문이라는 것을 알 수 있었다.

드러커가 의뢰인들이 조직에 대하여 컨설턴트보다 훨씬 더 많이 안다고 말한 것으로 볼 때 의뢰인들이 어떤 조치가 잘못된 것인지, 어떤 조치가 문제해결에 적절한 것인지에 대하여 많은 생각을 해왔을 수도 있을 것이다. 그러나 컨설턴트는 현장의 생생한 지식을 가진 사람이 아니다. 오히려 의뢰인들이 이런 지식을 가졌다. 따라서 컨설턴트가 해야 할 일은 의뢰인들이 잘못된 아이디어나 조치를 없애고 올바른 조치를 인식하도록 돕는 것이다.

우리는 드러커의 원칙과 방법을 명심하고는 마케팅 연구에 기초하여 더 나은 질문을 할 수 있었다. 예를 들어, 첫 번째 질문인 "당신의 고객은 누구입니까?"를 질문할 때 나이, 교육 수준, 민족, 직업과 같은 인구 통계적 요인과 소득, 주택 소유, 소비자 행동과 같은 생활양식 요인을 분석하고는 이에 관하여 더 많은 질문을 할 수 있었다. 의뢰인이 누가 고객이 될 수 없는지 혹은 어떤 인구 집단을 표적 시장으로 고려해서는 안 되는지에 관하여 우리와 함께 생각하게 만들었다.

7주가 지나 의뢰인에게 아시아 관광객들을 유치할 수 있는 방안에 관한 심도 있는 컨설팅 보고서를 제출하고는 그로부터 상당히 긍정적인 반응을 얻었다. 그는 우리에게 자신의 임무를 훨씬 더 확실하게 알게 되었다고 말하고는 자기가 지금까지는 문제를 해결하기 위해 가격 인하에만 치중했지만, 이번 사업의 경우에는 양질의 서비스를 제공하는 데 치중해야 하는 이유를 설명했다. 드러커가 말했듯이 우리가 집중해야 하는 것은 적절한 대답을 하는 것이 아니라 적절한 질문을 하는 것이었다.

나는 CIAM에서 동료들과 함께 다양한 기업을 대상으로 열한 개의 컨설팅 프로젝트를 마치고는 컨설턴트는 답을 주는 사람이 아니라는 것을 배웠다. 우리의 역할은 적절한 질문을 하고, 현명한 자세로 의뢰인들에게 그들이 일부 가정에 대하여 문제를 제기하고 원래의 쟁점과 문제를 재구성하도록 지원하기 위해 그들과 함께 조직에 대하여 배우는 것이다. 의뢰인들은 적절한 질문을 받고는 스스로 더 나은 해결 방안을 생각할 수 있을 뿐만 아니라 최적의 해결 방안에 도달하기 위하여 같은 문제를 다양한 각도에서 바라보는 방법을 배울 수 있다.

내가 루이에게 했던 질문이 사람들의 실질적인 도움을 이끌어낸 것을 자랑스럽게 여기지만, 그때 내가 사용했던 질문 기술이 컨설팅에서 적절한 질문을 이끌어내는 데는 도움이 되지 않았다고 생각한다. 그 기술은 루이를 위한 것이었다. 루이가 이미 문제를 정확하게 인식하고서 대답을 했기 때문이었다. 내가 했던 것은 시청자들에게 루이가 생각하고 실천하는 것을 보여주는 것이 전부였다. 그리고 어떤 의미에서는 이번 글에서도 그때 내가 했던 것을 반복하고 있다. 내가 하고 있는 것은 당신에게 드러커의 질문과 대답을 보여주는 것이다. 즉, 드러커가 생각하고 실천하던 것을 보여주는 것이다.

* 페니(핑) 리Penny(ping) Li
CIAM의 입학 행정실장으로 재직 중이다. CIAM이 배출한 제1회 MBA 졸업생 중 한 사람으로 재학 시절에는 드러커의 방법을 활용하여 열 개 컨설팅 과제를 수행하여 여러 컨설팅 의뢰인에게서 감사장 혹은 감사의 영상을 받았다. 그녀는 어느 유엔 기관의 경쟁력을 높이기 위한 프로젝트를 개발했는데, 여기에서 드러커의 컨설팅 절차를 응용하도록 권장했다. 또한 텔레비전 방송사가 뇌성마비 어린이를 지원하기 위하여 주관하는 자선 행사를 기획해 15만 달러를 모금하여 6,000명을 지원했다. 그녀는 학생들이 드러커의 컨설팅 원칙을 적용하여 컨설팅하는 모습을 담은 비디오 작품을 연출하기도 했는데 이것이 매년 오스트리아 비엔나에서 열리는 제6회 드러커 포럼Drucker Forum에서 결승에 오르기도 했다.

드러커와의
컨설팅 경험

에릭 맥러플린

나는 클레어몬트대학원대학교를 다니면서 피터 드러커의 강의를 많이 들었고 박사학위 자격시험을 보았으며, 교수 자리를 처음 얻을 때 그에게 추천서를 받을 만큼 운이 참 좋은 사람이다.

내가 다니던 컨설팅 회사는 건강관리 업종에만 집중했고, 나는 동료 컨설턴트와의 관계에 몹시 지쳐 있었다. 그곳에서 나는 경영진에게 자기 제품이 얼마나 놀라운 성과를 이루어낼 수 있는지를 선전하는 영업 사원들의 모습을 여러 번 목격했다. 그들이 작성한 컨설팅 보고서는 일정한 양식을 따랐는데, 항상 의뢰인의 이름과 로고가 여러 페이지에 걸쳐서 두드러지게 눈에 띄었다. 또한 그 보고서에는 수많은 표와 그래프, 도표, 데이터가 포괄적인 성질을 띠고 있었기 때문에 그 어떤 조직에도 적용되는 권고안이 들어 있었다. 이런 식으로 '고객의 요구에 맞춘' 제품을 가지고 적게는 수천 달러, 많게는 수십만 달러를 컨설팅 비용으로 청구했다.

피터 드러커의 컨설팅 방식은 주요 컨설팅 회사가 이처럼 일정한 양식에 따라 보고서를 작성하거나 권고안을 제시하는 방식과는 정반대로 진행된다. 드러커는 의뢰인들에게 무엇을 해야 하는지 말하지 않았고 변화에 집중하면서 조직의 존재 이유를 다시 생각하게 만들었다.

드러커는 옛날 소크라테스가 그랬던 것처럼 단지 묻기만 하고는 대답을 유심히 들었다. 컨설팅에 대한 그의 철학은 그 어느 것도 미리 예단하지 않고 포장 단계로 넘어가는 제품을 선반에 쌓아두지 않는 것이었다. 그는 단지 듣기만 하면서 계속 질문을 던졌다.

언젠가 그는 수업 시간에 학생들에게 미국의 어느 대형 철도회사의 경영진을 상대로 컨설팅한 경험을 말해준 적이 있다. 그가 "이 회사에서는 어떤 일을 합니까?"라고 묻자 그들은 망설임 없이 "우리는 원재료를 효과적으로 또 비용 효율적으로 옮기고 있습니다"라고 대답했다. 드러커는 "그것은 당신이 그 일을 하면서 취하는 일련의 조치를 말하는 것이지 당신이 하는 진정한 일은 아닙니다"라고 말했다. 그 회사의 경영진은 깜짝 놀랐고 아무런 대꾸도 하지 못했다.

드러커는 회의 전 의뢰인에게서 받은 회사 정보를 바탕으로 이야기를 계속 이어갔고, 그들에게 이 회사가 토지를 매입하거나 수용하는 방식을 통해 미국에서 가장 큰 지주가 되었다는 사실을 알려주었다. 그들이 철도를 건설하여 기관차와 화물 열차가 달릴 수 있었던 것은 바로 이 토지를 사용할 권리를 부여받았기 때문이었다.

이처럼 주목해야 할 대상을 전환하는 것은 드러커의 독특한 컨설팅 방식이었다. 그는 회사의 경영진에게 사업을 다른 관점에서 바라보도록 했다. 이것은 그들이 일상적인 업무와 미래 전략 계획에 대한 접근 방식을 완전히 바꾸도록 했다. 덕분에 이 철도회사는 토지 개발의 기회라는 완전히 다른 관점에서 그들이 포기했던 철도 노선에 새롭게 접근했다.

드러커가 여러 학자들과 함께 공동으로 썼던 저작인 《당신이 당신의 조직에 관하여 물어야 할 5가지 가장 중요한 질문The Five Most Important Questions You Will Ever Ask about Your Organization》에서 드러커가 맡은 첫 번째 질문이기도 한 '우리의 임무는 무엇인가?'라는 장을 보면 대도시 대형 병원의 응급실 관리에 대한 그의 컨설팅 접근 방법이 나온다. 그는 응급실에서 오랫동안 일해온 의사와 간호사들은 그들의 임무를 건강관리라고 정의했다. 드러커의 컨설팅 접근 방법은 의뢰인들이 한 걸음 물러나 잠시 틀에서 벗어난 생각을 하고서 토론에 참여하게 만드는 것이었다.

컨설팅을 의뢰한 조직의 전문가들은 드러커의 질문 공세를 받고 응급실이 존재하는 진정한 목적은 '고통받는 사람을 안심시킨다'는 데 있다는 것을 깨달았다. 이런 식으로 생각을 바꾸면 환자와 건강관리를 위한 전체적인 치료 과정을 재조정하게 된다. 그리하여 환자들은 응급실에 도착하고 나서 몇 시간씩 대기하지 않고 몇 분 이내에 부상 정도에 따라 우선순위가 정해진다. 때로는 의사와 대화를 나눈다는 사실 자체만으로 안심하는 환자들도 있다. 이들에게는 단지 독감 혹은 그 밖의 질병에 대한 치료를 받고 있다는 사실 자체가 중요하다. 환자들은 병원에 들어왔다는 사실보다 의사들을 통해 이렇게 안심할 수 있다는 사실을 원한다.

내가 수행했던 건강관리 기관이 제공하는 서비스의 질을 개선하기 위한 컨설팅도 드러커가 수행했던 것과 거의 같은 방식으로 진행되었다. 그것은 선반에 쌓아놓은 문서를 제공하거나 설명하는 대신 질문을 하여 바로 눈앞에서 벌어지는 특정 상황에 대한 의미 있는 조언을 하는 것이었다. 드러커에게 컨설팅은 같은 모양의 제품을 찍어내는 것이 아니었다. 그것은 기업 경영진이 오랫동안 해왔던 방식을 다시 생각할 수 있도록 사려 깊은 질문을 하고 진지하게 듣는 것을 의미했다. 이러한 과정은 지겹도록 반복된다. 드러커의 접근 방식은 종종 기업의 사회적 책임이라는 주제와 100년 앞을 내다보고 전략 계획을 수립하는 중국인들의 사고방식과도 조화를 이룬다.

---

* 에릭 맥러플린Eric McLaughlin

경영 컨설턴트이자 CIAM에서 원장의 수석 학술 자문역을 맡고 있다. 이전에는 학생처장을 지내기도 했고, 캘리포니아 폴리테크닉 주립대학교 포모나 캠퍼스, UCLA, 워싱턴주립대학교 등에서 교수 생활을 하면서 행정업무를 담당하기도 했다. 피터 드러커가 설립한 프로그램인 클레어몬트대학원대학교의 피터드러커 앤 마사토 시이토 경영대학원에서 박사학위를 받았다. 지금까지 100편이 넘는 논문을 발표했고, 수십 회에 걸쳐서 학술발표를 했다. 또한 미국 적십자사, 미국 식이협회American Dietetic Association, 아메리칸 메디컬 인터내셔널 American Medical International, 시티뱅크Citibank Corporation, 스탠퍼드대학교, 서부산업관계협회West Coast Industrial Relations Association 등을 대상으로 드러커의 방법을 활용하여 컨설팅 과제를 수행했다.

피터 드러커의
컨설팅 의뢰인으로서의 경험

밍글로 샤오

1999년 여름, 나는 피터 드러커를 만나기 위해 그가 있는 곳으로 달려갔다. 당시 나는 중국의 경영자와 기업가에게 도움을 줄 수 있도록 경영 교육 기관을 설립할 계획이었다. 드러커는 이 말을 듣는 순간 무척 공감했고 그 자리에서 당장 남은 인생 동안 나의 컨설턴트가 되고 싶다고 말했다. 그것도 돈을 받지 않고서 말이다. 이후로 나는 2005년 그가 세상을 떠나기 직전까지 3개월마다 한 번씩 캘리포니아 주 클레어몬트에 있는 그의 집을 찾았다.

우리는 다음에 또 만날 때까지 드러커가 그동안의 사업 진행 경과를 미리 살펴볼 수 있도록 내가 서너 쪽짜리 보고서를 제출하기로 합의했다. 이 보고서에는 최근에 나타나는 환경과 시장의 변화, 새로운 기회와 과제 그리고 내가 묻고 싶은 질문도 포함되어 있었다. 나는 그의 거실에 앉아 있을 때마다 탁자 위에 놓여 있는 내 보고서를 보았고 거기에는 드러커의 노트와 함께 그의 의견이 빼곡하게 적혀 있었다.

드러커는 대체로 내 보고서를 정확하게 이해하고 나서 나와의 약속 시간을 잡으려 했다. 그다음 그는 보고서에서 내가 묻는 질문에 하나씩 대답을 했다. 때로는 내가 말하는 문제가 진정한 것이 아니고, 오히려 진정한 문제에서 나오는 한 측면 혹은 결과라는 사실을 지적하고는 내가 이러한 측면의 근원을 혼자서 찾을 수 있도록 길을 안내했다. 그는 설명을 마치고는 항상 나에게 질문할 것이 더 있는지를 물었다. 내가 없다고 하면 그는 "이제 내가 몇 가지 질문을 하겠습니다"라고 말했다. 그가 묻는 질문은 때로는 생각지도 않은 것이었지만 확실히 많은 깨달음을 주곤 했다.

내가 이처럼 새로운 기관을 설립하고 나서 얼마 지나지 않아 어느 유명 경영대학의 교수가 나를 찾아와서는 우리의 기관이 앞으로 대기업의 경영자가 될 인재를 비싼 학비를 받고서 양성하는 엘리트 교육 기관으로 발전할 수 있는 방안을 제안했다. 그녀는 국제 연수 과정을 주도면밀하게 설계하고는 이처럼 새로운 기관의 학과장 후보로 자기 자신을 추천했다.

나는 이처럼 유명 학교와 저명 교수에 대한 욕심 때문에 그녀의 제안을 거의 받아들일 뻔했다. 그러나 그녀의 제안서와 이력서를 드러커에게 보내어 그의 의견을 듣는 것이 좋을 것 같았다. 드러커는 나에게 그 교수가 확실히 뛰어난 재능의 소유자이고 그녀가 했던 제안도 대단히 창의적이라고 말했다. 그럼에도 그는 이러한 제안에 동의하지 않았고 그녀가 그 자리에 적절한 인물이라고도 생각하지 않았다. 드러커는 나에게 이렇게 말했다.

"중국은 분명히 대기업, 엘리트를 원합니다. 그러나 중국은 다른 나라와 마찬가지로 기업의 90퍼센트가 지역 단위의 중소기업입니다. 그 교수는 또 하나의 하버드 비즈니스스쿨을 설립할 생각을 갖고 있습니다. 그것은 당신의 생각하고는 다릅니다. 당신의 목표는 실적을 중요하게 여기는 경영 문화를 창달하는 것입니다. 대국으로서 중국의 최대 약점은 고등 교육을 받은 사람들이 충분하지 않다는 것입니다. 그러나 당신에게는 재능 있는 사람들이 많습니다. 그들은 아주 어려운 여건에서도 살아남는 법을 배웠고, 실제로 성공을 이루어냈습니다. 그들은 고등 교육을 받지 않았고 특별히 똑똑하거나 뛰어나지 않을 수도 있지만 일을 섬세하게 하는 법을 알고 있습니다. 이런 사람들이 수백만 명 있습니다. 그리고 그들이 지역의 중소기업을 이끌어갈 수 있습니다. 바로 그들이 미래의 발전된 중국을 건설할 사람들입니다. 이런 사람들이 당신의 진정한 학생들입니다. 그들은 잠재력을 지닌 자원이고, 가공되지 않은 보석입니다. 그들은 엄청난 수용 능력을 지녔고 학습 열의도 대단합니다. 따라서 당신이 방향을 잃어서는 안 됩니다."

드러커의 현명한 조언을 듣고 이 기관을 설립할 때 가졌던 처음 생각으로 되돌아갈 수 있었고, 그의 세 가지 가장 중요한 질문을 되새길 수 있었다.

"당신의 사업은 무엇인가? 당신의 고객은 누구인가? 고객이 생각하는 가치는 무엇인가?"

결국 드러커는 내가 잘못된 결정을 하지 않도록 도왔다.

중국에서 우리 기관은 '인가 받지 않은 고등 교육 기관'이었다. 다시 말하자면, 우리 학생들 중 상당수가 우리 프로그램을 통하여 석사 학위를 얻고 싶어했지만 우리는 학위를 제공할 권한이 없었다. 2003년 미국의 어느 대학이 우리와 함께 중국에서 공동 MBA 학위를 제공하는 조건으로 파트너 관계를 맺기를 원했다. 그들은 미국의 대학교가 학위를 제공하지만 우리 교수진이 교육과정의 절반을 설계하고 가르쳐야 한다는 나의 요청도 흔쾌히 받아들였다. 나는 이것이 아주 좋은 기회라고 생각하고 이번 공동 프로그램의 구체적인 조건에 대한 협상을 서둘러서 진행했다. 드러커가 이런 상황을 알고는 나에게 이렇게 물었다.

"당신이 왜 그들이 필요합니까? 당신은 그들이 이번 공동 프로그램에서 무엇을 기여할 것이라고 생각합니까? 그들이 약속을 이행할 수 있다고 생각합니까?"

나는 전혀 주저하지 않고 긍정적으로 대답했다. 드러커는 계속 질문을 던졌다.

"그들은 왜 당신이 필요합니까? 당신이 그들을 만족시켜줄 수 있습니까? 이번 공동 프로그램이 성공하려면 당신이 무엇을 기여해야 합니까? 그들은 당신의 가치를 중요하게 생각합니까?"

나는 드러커의 이번 질문에 대해서는 확신이 서지 않았다. 나는 나를 찾아온 미국의 대학교가 단지 중국 시장에 들어오기 위하여 우리를 이용하고 있는 것은 아닌지 의심하기 시작했다. '그들은 우리의 교육과정을 그들이 주장하는 대로 정말 인정하고 있는가? 아니면 단지 우리가 그들을 위하여 학생들을 모집할 수 있기 때문에 그렇다고 말하는가? 혹은 그들이 이 두 가지 모두를 원하는가?' 나는 드러커의 질문이 의미 있다고 인정했지만 그들과의 파트너십을 통해 우리 학생들에게 MBA 학위를 제공하고 싶은 마음이 훨씬 더 간절했다. 이번에는 드러커가 내 생각을 꺾지 못했다.

이후로 3년이 지나 공동 MBA 프로그램의 2년차 수업이 끝날 무렵 미국의 대학교는 중국에서 우리의 공동 프로그램을 통해 명성을 얻고는 우리와 결별하고 중국의 다른 국립대학교와 협력하기 시작했다. 이처럼 허무하게 끝나버린 관계를 통해서 나는 한 가지 중요한 교훈을 얻었다. 그것은 내가 파트너십을 형성하기 전에 드러커가 질문하는 것을 철저하게 검토하고 정확하게 대답해야 한다는 것이었다. 드러커의 질문은 실제로 두 당사자가 진정으로 가치를 공유하는지, 그들의 임무가 양립할 수 있는지를 진단할 수 있게 해준다.

나는 드러커를 만나기 전에는 한 번에 여러 가지 프로젝트를 맡는 경향이 있었고, 드러커는 곧 이러한 문제를 인식했다. 언젠가 내가 드러커를 만나러 갔을 때 그는 나를 앉혀 놓고 이렇게 말했다.

"여보게, 자네 아주 피곤해 보이네. 자네는 항상 여러 가지 일을 한꺼번에 진행하려고 해. 물론 자네가 그 일을 다 잘해낼 능력이 있다는 것을 알고 있지. 하지만 그 일 중에서 어느 한 가지라도 뛰어나게 잘할 수는 없을 거야. 자네가 부인하고 마지막으로 휴가를 보낸 적이 언제인지 기억하는가? 자네가 이런 식으로 살면 결국은 지쳐버릴 것이고 자네 부인까지도 화나게 만들 거야."

드러커는 대화가 끝날 무렵 나에게 앞으로 중국에 가서 해야 할 가장 중요한 과제가 무엇인지를 물었다. 나는 1주일 동안 중국 남부 지역에서 우리 과정에 참여하는 고객 열 명을 만나 의견을 들을 계획이라고 말했다. 드러커는 고객의 이름을 종이에 적어보라고 하고는 이렇게 물었다.

"자네가 중국에 도착하고 나서 갑자기 급한 일이 생겨서 출장 기간을 1주일이 아니라 4일로 줄여야 한다는 소식을 들었다고 가정해보게. 그러면 자네는 어떻게 할 생각인가?"

나는 만나야 할 고객 수를 줄이는 방법밖에 없다고 대답했다. 드러커는 종이에서 덜 중요한 고객을 지워보라고 했다. 내가 드러커의 요청에 따라 명단에서 고객의 이름을 지우고 나자 드러커는 질문을 계속했다.

"또다시 자네가 4일에서 2일로 출장 기간을 줄여야 한다면? 자네가 고객과 충분한 시간을 갖고 싶다면 이처럼 제한된 시간에 어떤 고객을 만나야 할지를 한번 생각해보게."

나는 드러커에게 이 말을 들은 이후로 한두 가지의 가장 중요한 과제에 충분한 시간을 가지고 집중하기 위해 언뜻 보기에는 필요하게 보이는 일들을 줄여나가는 방법을 생각하기 시작했다.

지금까지 이야기했던 것들은 컨설턴트인 드러커와 의뢰인인 나 사이에 있었던 몇 가지 일화에 불과하다. 드러커는 소크라테스처럼 질문을 능수능란하게 하면서 내가 겉으로 보이는 것의 배후에 있는 진정한 문제를 발견할 수 있도록 이끌어갔다. 한편으로는 드러커가 문제의 본질을 보여주기 위해 자기주장을 강력하고도 직설적으로 할 때도 있었다. 따라서 드러커는 평소에 자기 성찰을 하는 내면적인 사람으로 있다가 내가 앞서 말했던 첫 번째 사례에서도 경험했듯이 결국에는 진정한 문제를 발견하도록 이끌어주었다.

드러커에게는 '적절한 질문을 하는 것'과 그다음 '진정한 문제를 발견하는 것'이 단지 문제를 해결하기로 결심하는 것보다 훨씬 더 중요하다. 당신이 문제 A를 해결해야 할 때 문제 B를 해결하기로 결심한다면 당신은 잘못된 길을 가고 시간을 낭비하게 될 것임이 분명하다.

드러커의 지혜와 인내 덕분에 우리가 16년 전 설립했던 작은 규모의 교육 기관이 지금은 '중국 피터 드러커 아카데미Peter F. Drucker Academy in china'가 되었고, 매년 1만 명이 넘는 관리자에게 교육과 훈련을 제공한다. 돌이켜보면 드러커가 계속 질문했던 것이 지금도 내 귀에 생생히 울리는 듯하다. 우리가 미팅을 갖고 작별 인사를 할 때마다 드러커는 "오늘 내가 했던 말이 자네에게 도움이 되었으면 좋겠네"라고 말하곤 했다. 물론이다. 드러커가 그날 했던 말은 내가 이해하고 수용했든 그렇지 않았든 항상 도움이 되었다.

* 밍글로 샤오Minglo Shao

CIAM의 공동 설립자로 신탁이사회 이사장을 맡고 있다. 더불어 '중국 피터 드러커 아카데미'와 '브라이트 차이나 그룹Bright China Group'의 설립자로 이사장을 역임 중이다. 1999년부터 2005년 드러커가 세상을 떠날 때까지 피터 드러커의 의뢰인이었다. 드러커의 개인적인 지도와 참여 덕분에 1999년 '피터 드러커 아카데미'를 설립하여 관리자와 기업가에게 드러커의 방법에 관한 실질적인 교육과 훈련을 제공하는 일에 헌신할 수 있었다. 이 아카데미는 중국 33개 도시와 홍콩에서 6만 명이 넘는 졸업생을 배출했다. 다양한 산업에서 많은 기업을 설립하고 경영했으며 '브라이트 차이나 홀딩스Bright China Holdings'는 그의 리더십 덕분에 중국에서 지금까지 총 6억 달러가 넘는 금액을 투자했다.

드러커의 컨설팅은
지금도 계속된다

에드나 파셔

이스라엘에 컨설팅 회사를 설립한 나는 처음부터 피터 드러커의 원칙을 응용하려고 했다. 그의 저서와 논문을 모두 읽었고, 컨설팅 업무를 하다가 어려운 과제에 직면하면 항상 그를 통하여 영감을 얻곤 한다. 비록 그의 컨설팅을 직접적으로 경험하지는 않았지만 간접적으로는 경험한 셈이다.

드러커가 살아생전에 교수로 재직하던 피터드러커 앤 마사토시이토 경영대학원에서 경영학을 가르치는 내 친구 타미르 베코^{Tamir Bechor} 박사를 통해 CIAM 원장인 윌리엄 코헨 박사를 만났다. 1979년 코헨은 드러커가 개설한 관리자를 위한 박사과정의 첫 번째 졸업생이었다. 코헨이 새로 설립한 CIAM은 드러커의 생각을 가르칠 뿐만 아니라 모든 MBA 학생에게 매 코스마다 드러커의 방법을 사용하여 중소기업, 대기업, 비영리기관과 같은 현실의 조직을 대상으로 무료 컨설팅 서비스를 제공하도록 했다.

CIAM은 2년 전에 원거리 경영 컨설팅 서비스를 개척하기 시작했고 나는 이러한 서비스를 두 번씩이나 무료로 제공받는 행운을 누렸다. 이 두 번의 서비스에서는 의학 박사이자 전투기 조종사 출신인 알버트 랜달^{Al Randall} 박사의 전문적인 도움이 컸다. 그는 드러커에게서 석사 학위를 받았고, CIAM에서 컨설팅 지원 활동을 담당하는 이사이기도 했다.

물론 나는 드러커의 저작을 이미 많이 읽었다. 그리고 우리의 컨설턴트가 되어준 두 컨설팅 팀의 활동과 성과는 내가 책을 통하여 드러커에 대해 알고 있는 중요한 사실들을 확인시켜주었다.

1. 퇴직이란 없다

드러커는 95세에 세상을 떠났다. 그는 이 세상의 마지막 날까지도 일을 했다. 〈하버드비즈니스리뷰〉에 게재했던 논문에서 그는 퇴직이라는 개념은 평균 수명이 60세가 되지 않았을 때 나온 것이라고 설명했다. 또한 자기 자녀들이 자신을 30년 넘게 부양해야 할 의무는 없다고 생각했다! 내 친구 중에는 이미 퇴직한 이들이 많다. 나는 지금까지 일해왔던 만큼 앞으로도 계속 일을 할 생각이다. 드러커가 그랬듯이 이 세상을 떠나는 날까지 계속 일을 할 것이다.

2. 지식노동

드러커는 지식 경영의 진정한 개척자다. 나는 이스라엘에서 지식 경영의 개척자로 알려져 있다. 나는 드러커를 통하여 이러한 새로운 분야를 깊이 이해할 수 있었다. 드러커는 '지식노동자^{Knowledge Worker}'라는 용어를 새로 만들고는 산업 시대에 노동자를 관리하던 방식대로 그들을 관리할 수는 없다고 설명했다. 나는 관리자로서 그리고 경영 컨설턴트로서 이 말을 기억하려 했고, 지식노동자들의 독특한 요구를 내가 하는 일의 든든한 기반으로 이해하려 했다.

3. 명료한 글쓰기

드러커는 내가 박사과정에 있을 때 지도교수였던 뉴욕대학교의 닐 포스트먼Neil Postman 교수처럼 간결하고도 명료한 문체로 글을 썼다. 두 사람 모두 자신이 말하고자 하는 내용을 독자가 완전히 이해하기를 원했다. 나 역시 그들의 글쓰기 방식을 따르고 싶기에 글쓴이의 의도를 이해하기 어렵게 만드는 불필요한 전문 용어와 데이터는 사용하지 않는다.

4. 자원봉사를 통해 배운다

드러커는 사업을 효과적으로 경영하는 데 있어 자원봉사 기관을 통해 많은 것을 배울 수 있다고 생각했다. 나 또한 열정 하나로 자원봉사에 나설 때처럼 그 어떠한 일도 열정이 있어야 잘할 수 있다고 생각한다. 또한 관리자의 역할은 직원들이 훌륭한 성과를 내기 위해 어떠한 일에 열정을 갖는지를 확인하는 것이다.

5. 시간 관리

드러커는 시간 관리, 특히 관리자의 시간 관리에 많은 관심을 기울였다. 리더가 자신을 어떻게 관리할 것인가는 아주 어려운 문제다. 효과적인 리더십은 무엇보다도 '나는 무엇을 어떻게 할 것인가' 그다음 '나는 다른 사람을 대표하여 무엇을 어떻게 할 것인가'에 관한 것이다. '어떻게 하면 나의 시간을 내가 다른 사람에게 기대하는 것보다 더욱 소중하게 쓸 것인가?' '나는 다른 사람에게 모범을 보이고 있는가?' '그들은 나를 따를 의지가 있는가?'에 대해 생각해볼 필요가 있다.

6. 혁신 관리

드러커는 컨설팅을 하면서 연구도 하고 학생들을 가르치는 일도 했다. 이 세 가지 능력은 서로 유익하게 작용한다. 특히 드러커를 따르거나 자신이 열정을 가지고 하는 혁신 관리에 있어서는 이 세 가지 능력이 반드시 필요하다. 연구 없이는 혁신도 없다. 학생들을 가르치면 젊은이들과 계속 교류할 수 있고 이를 통하여 미래를 이해할 수 있다. 컨설팅은 어려운 문제를 끊임없이 해결하려는 사람들과의 공동 창조 과정이다. 또한 문제해결을 지향하는 혁신이야말로 가장 바람직한 혁신이다.

7. 고객에 집중한다

드러커는 기업의 목적을 단 한마디로 정의하자면 '고객을 창출하는 것'이라고 말했다. 나는 내가 하는 모든 일에 있어 이 말을 명심하려고 노력했다. 나이를 먹어갈수록 고객에게 더욱 가깝게 다가가려고 했다. 그들의 진정한 요구를 이해하고, 그들 스스로 자신의 요구를 분명히 밝히게 하고, 그들이 한 문제에 하나 이상의 해결 방안을 이끌어낼 수 있게 하고, 각각의 선택이 갖는 장점과 단점을 분석하는 것은 컨설팅의 핵심 과제다. 나의 팀, 나의 사업 파트너, CIAM과 나는 이렇게 생각하면서 우리의 목표는 고객을 창출하는 것으로 보았다. 우리에게 성원을 보내는 고객을 우리는 무척 자랑스럽게 생각한다. 그들은 오랫동안 우리와 함께 일을 해왔고, 우리와 함께 혁신하면서 성장했다.

8. 인간, 지구, 수익이라는 세 가지 기준

"내가 비록 자유 시장에는 믿음을 갖지만, 자본주의에 대해서는 진지한 고민과 함께 이러한 믿음을 유보한다."

나는 드러커의 이 말에 전적으로 동의하면서 '인간, 지구, 수익이라는 세 가지 쟁점에 관하여 오랫동안 고민해왔다. 우리 회사 직원들은 기업이 사회적·물질적 환경과 조화를 이루면서 성장해야 해야 하며 그렇지 않을 경우 도산하고 말 것이라는 믿음을 갖고 있다. 바로 이런 이유로 우리는 지속가능성과 지속가능한 개발이라는 과제에 오랫동안 참여해왔다.

또한 우리는 생태계를 연구하면서 기업이 단지 주주뿐만 아니라 모든 이해관계자를 위하여 존재할 수 있도록 '스마트 시티Smart Cities'에도 관심을 가져왔다. 우리는 살면서 인간, 지구, 수익(혹은 사회, 환경, 경제)이라는 세 가지 기준을 준수해야 한다고 믿는다. 이는 자본주의를 처음부터 다시 만들게 하고, 우리가 고객과 미래 세대를 위해 좋은 미래를 물려주려고 한다면 반드시 필요한 것이다!

9. 전략보다는 문화가 중요하다

"문화는 아침 식사로 전략을 먹어치운다"고 드러커는 말했다. 그렇다! 전략이 조직 문화의 먹이가 되어 실행에 옮겨지지 않을 때가 상당히 많다. 전략을 입안하는 과정이 조직 문화와 조화를 이루지 못한다면 전략이 성공하지 못할 것이다. 우리는 컨설팅을 하면서 조직 문화를 먼저 이해하고, 그다음에 전략적인 노력을 통하여 발전의 기회를 확인하려고 한다. 우리는 때로 의뢰인의 조직이 스스로 조직 문화를 바꿀 수 있도록 도움을 주어야 한다. 조직 문화를 바꾸는 것은 시간이 많이 걸리는 일이다. 이런 경우 최선의 방법은 더욱 효과적인 조직 행동을 채택하기 위한 새로운 아이디어를 도입하기 전에 기존 문화의 장점을 확대하면서 출발하는 것이다.

나는 이 모든 것을 알버트 랜달 박사와 그의 동료들, 그와 수업을 함께 듣던 그의 친구들과의 지속적인 관계를 통해서 얻었다. 이러한 관계를 맺는 동안 나의 컨설턴트이자 CIAM 학생들이 나의 혁신 활동에 많은 도움을 주었다.

랜달 박사와 두 번씩이나 함께 일할 수 있었던 것은 큰 행운이었다. 무엇보다도 특별한 것은 비록 랜달 박사가 한 팀을 지도했고 1년 정도 지나 내가 또다시 그에게 지도를 부탁했지만 그가 두 번 모두 지도교수처럼 행동하지 않았다는 것이다. 사실은 랜달 박사도 CIAM 학생이었다. 그는 교수와 행정관으로 일하면서 CIAM에서 자신의 두 번째 석사 학위를 받기 위해 MBA 과정을 마쳤다. 비록 그가 수업을 같이 듣던 친구들과 함께 컨설팅에 참여했지만 우리는 프로젝트 두 개를 함께 완성했다. 이것은 우리 회사가 온라인 컨설팅을 가지고 세계 시장에 진입하는 데 도움이 되었고, 특히 우리의 새로운 비영리기관 대상 사업부인 '더 이스라엘 스마트 시티 인스티튜트The Israeli Smart Cities Institute'가 도시를 스마트하게 만들어야 할 요구가 절실한 국가로 진출하는 데 도움이 되었다.

대기업뿐만 아니라 규모가 작은 조직의 관리자를 상대로 컨설팅을 하는 과정에서, 드러커의 원칙을 응용하여 경영을 배우는 것은 CIAM만이 지닌 독특한 특징이다. 컨설팅에는 연구와 실행이 관련되어 있다. 끊임없이 이론을 응용하고 혁신해야 하는 변화하는 환경에서 미래를 주도하기 위한 준비를 하는 데 이보다 더 나은 방법이 어디에 있겠는가?

우리는 CIAM과 관계를 맺고 나서는 상당히 의미 있는 도약을 했다. 이스라엘에서 우리는 CIAM을 대표한다. 이제 사람들은 캘리포니아의 교실에서뿐만 아니라 온라인으로도 CIAM과 함께 공부할 수 있기 때문이다. 더구나 우리는 CIAM 졸업생을 고용할 예정이다. 그들은 졸업과 동시에 컨설팅 경험을 이미 갖추고 있기 때문에 우리가 추진하는 프로젝트에 당장 도움이 된다.

또한 캘리포니아 주와 이스라엘은 최초의 실리콘 밸리와 두 번째 실리콘 밸리(텔아비브의 중심가엔 중동 최대의 벤처 집결지인 실리콘 와디Wadi가 있다. 히브리어로 '계곡'이란 뜻이다-옮긴이)가 있고, 스타트업 선진국이라는 점에서 공통점이 많다. 따라서 피터 드러커의 컨설팅 원칙에 기반을 두고 여기서 영감을 받아 위대한 미래를 공동으로 창출할 수 있다. 나는 이런 점이 무척 마음에 든다!

---

* 에드나 파셔Edna Pasher
뉴욕대학교의 세계적으로 유명한 학자로 닐 포스트먼의 지도 아래 박사학위를 받았다. 그녀는 1978년 이스라엘에서 유명 컨설팅 회사인 '에드나 파셔 피에이치디 앤 어소시에이트 매니지먼트 컨설턴츠Edna Pasher PhD & Associates Management Consultants'를 설립하고는 지금까지 CEO로 재직 중이다. 1991년에는 〈스테이터스: 더 이스라엘 매니지먼트 매거진Status: the Israeli Management Magazine〉의 설립 파트너가 되었다. 5년 전에는 이스라엘에 드러커를 알리기 위한 최초의 행사를 기획했고, 이때 〈스테이터스 매거진〉은 이스라엘에서 당시 간행호 전체를 드러커에게만 할애했던 최초의 주요 매체가 되었다. 그녀에게는 CIAM의 MBA 학생팀이 그녀의 새로운 계획에 드러커의 원칙을 응용하던 적이 두 번이나 있었고, 이때마다 그녀는 간접적으로 '드러커의 의뢰인'이 되었다. 가장 최근에는 비영리 국제 컨설팅 회사인 '더 이스라엘 스마트 시티 인스티튜트The Israeli Smart Cities Institute'를 설립했다.

내가 경험했던
드러커 컨설팅의 차이점

윌리엄 폴라드

나는 피터 드러커를 조언자, 멘토, 친구로 알게 되는 영광을 누렸다. 드러커와는 허만밀러Herman Miller 이사회에서 처음 만났다. 당시 허만밀러 이사회 이사장은 드러커를 초청하여 우리 시장이 하루가 다르게 세계화되고 있는 현실과 이것이 우리 사업에 미치는 영향을 주제로 강연을 부탁했다. 그 이전에 나는 이미 드러커의 저서와 논문을 많이 읽었고, 그것을 우리 회사의 관리자와 리더들을 위한 서비스마스터ServiceMaster 훈련 프로그램에 광범위하게 적용했다.

드러커의 허만밀러 이사회에서의 발표는 강연 형태가 아니라 지식을 전달하면서 청중의 이해를 확인하는 소크라테스의 방식을 사용한 것으로서 예리한 질문과 함께 자기 의견을 간간이 섞어놓은 대화 형태에 더 가까웠다. 그는 이런 식의 발표에 능통한 사람이었다. 나중에 내가 드러커와 독대하면서 확인했듯이 그는 의뢰인들을 만나서도 그들에게 조언하고 이해시키기 위하여 이와 똑같은 방법을 사용하곤 했다.

이사회가 끝날 무렵에 우리는 드러커와 악수를 하고 개인적인 대화를 나눌 기회를 가졌다. 그는 내가 서비스마스터의 CEO라는 사실을 알고는 우리 회사가 하는 일에 관하여 몇 가지 질문을 하기 시작했다. 그는 자기가 우리 회사를 연구한 적이 있고, 우리 회사의 고객이기도 하다고 말했다. 그는 상장 기업인 우리 회사가 독특한 기업 목표 선언인 '우리가 하는 모든 일에 대해 하나님께 영광을 돌린다. 인류의 발전을 돕는다. 최고를 추구한다. 이익을 증대시킨다'를 어떻게 이행하는지에 대하여 많이 알고 싶어 했다. 또한 그는 우리 회사가 그것을 어떻게 이행했는가에 대하여 자기에게 '컨설팅(그렇다. 그는 이 단어를 사용하기까지 했다)'을 받아볼 생각이 있는지를 물었다.

이후로도 드러커를 여러 번 만났는데 그는 항상 가르치고 조언을 하는 것만큼이나 배우는 것에도 개방적인 사람이었다. 결코 자기가 모든 문제의 답을 아는 사람인 것처럼 보이려 하지 않았다. 나는 그의 지식과 지혜를 통하여 많은 혜택을 보았고, 우리 사업이 20년이 넘는 기간 동안 매년 20퍼센트의 성장을 달성할 기회를 맞이하여 힘들고도 어려운 문제가 생길 때마다 그와 의논했다.

우리가 조직 구조, 기업 인수를 통한 새로운 서비스 부문으로의 진출과 성장, 세계 시장 진출과 같은 문제에 깊이 파고들 때 그는 수시로 인력 개발의 중요성을 상기시켰다. 그의 관심은 조직의 구성원들이 무엇을 어떻게 하는가를 훨씬 뛰어넘어 '그들이 어떤 사람이 되는가'를 지향했다. 그는 이처럼 더 높은 차원을 지향하는 것이 리더의 주요 책임이라고 보았다. "생산적인 사람은 생계가 아니라 대의를 위하여 일을 한다"는 말은 그가 즐겨 사용하는 표현이었다. 인간에 대하여 그가 주는 조언은 그의 삶의 철학을 반영했다. 여기에는 학문과 문제해결을 추구하는 데 있어 인간에 대한 신의가 포함되어 있었다.

드러커는 조언과 충고를 할 때 인간의 삶이라는 더욱 광범위한 쟁점을 배경으로 하여 구체적인 쟁점을 가까운 곳에 두고 다루기도 했다. 그렇다. 고객이 원하는 제품과 서비스를 적정한 가격에 효율적으로 생산하여 수익을 발생시키고 주주를 위한 가치를 실현하는 것은 중요한 일이다. 그러나 기업의 성공은 구성원들의 생산성에 달려 있기 때문에 그는 '기업은 인간의 능력을 개발하기 위한 도덕 공동체의 실현'이라는 더욱 광범위한 목표를 가져야 한다고 믿었다.

드러커가 잘못된 것을 보고 시정을 요구할 때 나는 그가 무척 솔직한 사람이라는 것을 알았다. 그는 이런 상황에서 상대방이 자신의 충고를 거부하기보다는 긍정적으로 반응하게 만드는 능력이 있었다. 내 경우에는 드러커가 우리 이사회에서 "당신의 사업은 무엇입니까?"를 질문했을 때 이런 경험을 했다. 당시 드러커는 우리가 서비스를 제공하는 인력의 훈련과 능력 개발의 중요성을 인식하지 않고 회사가 제공하는 서비스의 유형을 나열하는 식으로 대답하자 우리 모두가 방향을 잘못 잡고 있다고 지적했다.

또한 그는 내가 잘못된 결정을 하려는 순간 당장 그것을 중단하라고 말한 적도 있다. 그는 내가 생각했던 결정에 따라 진행하면 이것이야말로 성공으로 인한 자만에 빠져드는 것이라고 지적했다. 당시 그는 내가 다른 사람이 아닌 나 자신만을 생각하고 있다고 말했다. 차라리 내가 잘못을 인정하고 문제를 해결하기 위해 양보를 하는 것이 회사와 직원들에게 최선이라고도 했다. 그리고 나는 드러커의 말을 따랐다.

내가 경험했던 드러커 컨설팅의 차이점은 다음과 같다.

1. 컨설턴트뿐만 아니라 멘토 역할도 했다.

2. 쟁점이 분명히 드러나도록 예리한 질문을 했고, 내가 그것을 이해하고 있는지를 확인했다.

3. 자기가 조언을 해주는 사람에게서 배울 준비가 되어 있었다.

4. 인간의 문제를 결코 잊어버리지 않았고, 항상 인력 개발을 위하여 헌신하고 있는지를 확인했다.

5. 기업이 인간의 능력을 개발하기 위한 도덕 공동체의 실현이라는 비전을 갖도록 장려했다.

6. 자신이 조언을 해주는 사람과의 신뢰 관계를 형성하려고 했고, 필요한 경우에는 무엇이 변해야 하는지에 대하여 솔직하게 말했다.

드러커는 내가 기업에 대한 나의 리더십은 단지 수단이라는 사실을 이해하도록 도왔다. 진정한 문제는 목적에 있었다. 그리고 드러커에게 목적은 리더를 따르는 사람들, 그들이 지향하는 방향, 그들이 기업을 위해 실적을 내면서 어떤 사람으로 성장하는가에 있었다.

* 윌리엄 폴라드William Pollard
페어윈 인베스트먼트 컴퍼니Fairwyn Investment Company 회장이며, 두 권의 베스트셀러 저자다. 그는 포춘 500대 기업인 서비스마스터의 CEO를 두 차례 역임했고, 이사회 이사장도 역임했다. 그가 서비스마스터에 재직하는 동안 이 회사는 〈포춘지〉에 의해 포춘 500대 기업 중 최고의 서비스 기업으로 인정받았고, 가장 존경받는 기업 중 하나에 포함되었다. 〈월스트리트저널〉은 서비스마스터를 '미래의 스타 기업'으로 평가했고, 〈파이낸셜 타임스〉는 '세계에서 가장 존경받은 기업 중 하나'로 평가했다. 그는 드러커 연구소 이사회Drucker Institute Board와 CIAM의 신탁이사회 이사이기도 하다.

피터 드러커:
컨설팅과 다차원적인 삶

브루스 로젠스타인

피터 드러커는 세 가지 직업, 즉 컨설턴트와 작가, 교수에서 최고 수준에 도달했던 보기 드문 인물이었다. 이처럼 다차원적인 경력은 그가 말하는 '여러 세계를 사는 삶'의 한 부분을 이룬다. 그는 워낙 다양한 활동을 하면서 살았기 때문에 어느 한 분야에만 지나치게 비중을 두지 않았다. 그가 이 세 가지 분야에서 모두 대단한 성공을 거두고 커다란 만족을 얻었기 때문에 나는 어느 누구도 혼자서 드러커에 대하여 한 사람의 인간으로나 직업인으로 완전한 설명을 해줄 수는 없을 것이라고 생각한다. 바로 이러한 사실이 경영 컨설턴트로서의 그의 역할과 명성을 드높였다.

드러커가 세상을 떠나기 정확하게 7개월 전인 2005년 4월 11일, 나는 캘리포니아 주 클레어몬트의 드러커 아카이브즈Drucker Archives에서 그를 만나 나의 첫 번째 저서인《피터 드러커를 공부하는 사람들을 위하여: 피커 드러커의 교훈과 삶을 중심으로Living in More Than One World: How Peter Drucker's Wisdom Can Inspire and Transform Your Life》에 관한 이야기를 나누었다. 그는 나와 함께 인생에서 우선순위의 중요성에 대하여 의견을 주고받으면서 이렇게 말했다.

"제가 생각하는 우선순위는 글을 쓰는 것이 첫 번째고, 그다음이 가르치는 것이고, 마지막이 컨설팅을 하는 것입니다."

그런데도 그는 인생을 엄격하지 않고 유연하게 바라보았다.

2002년 여름, 내가 〈유에스에이 투데이USA TODAY〉의 특집 기사인 '비즈니스 구루에게는 사건마다 새로울 것이 없다: 경영 이론의 개척자는 예전에 이미 이번 순환을 보았다'를 쓰기 위해 로스앤젤레스에서 드러커를 만났을 때 그는 이와는 다르게 말했었다.

"당신이 내가 하는 일을 그림으로 나타내고 싶다면 가운데는 글쓰기가 있고, 그다음에 컨설팅이 나오고, 그다음에 가르치는 것이 나옵니다. 저는 제가 주로 학계에서 활동하는 사람이라고는 생각하지 않습니다. 제가 가르치는 것을 통해 저 또한 배울 수 있기 때문에 가르치는 일을 좋아합니다."

드러커가 하는 일과 이 세 가지 분야를 통해 배우는 것은 필연적으로 다른 분야에 지식을 제공하고 그 분야에 대한 능력을 강화시켜줄 것이다. 그는 인생 전체로 보면 다양한 삶을 살았고, 이처럼 다양한 삶이 자신이 하는 컨설팅 서비스의 기반이 되었다. 그는 기업, 비영리기관, 교육 기관, 정부 기관을 상대로 조언을 했고 의뢰인과도 깊은 관계를 형성했다. 그는 〈유에스에이 투데이〉와의 인터뷰에서 이렇게 말했다.

"저는 의뢰인들과 연락을 계속 주고받습니다. 20년 동안 그들과 하는 일이 없다 하더라도 말입니다. 그들은 여전히 제 친구들입니다."

드러커가 컨설팅을 했던 기관들은 본질적으로는 그의 아이디어를 위한 실험실이 되었을 뿐만 아니라 어떻게 하면 조직이 효과적으로 작동하는가, 조직의 잠재력은 어디까지인가를 유심히 관찰하기 위한 실험실이 되었다. 또한 그는 의뢰인과의 교류를 통하여 그들이 자신의 미래를 어떻게 만들어가는가를 관찰하면서 미래에 대하여 많은 것을 배웠다.

비록 드러커가 자신이 함께 일하고 싶은 대상을 까다롭게 골랐던 것을 정당화할 수는 있겠지만, 그가 컨설팅 의뢰를 거절할 때는 그만한 이유가 있었다. 때로는 일 자체가 드러커의 수준에 이른 사람을 요구하지 않는 경우도 있었다. 그는 자기를 찾아온 어느 기업의 의뢰인에게 근처에 있는 대학의 괜찮은 회계학 교수를 찾아가는 것이 더 낫다는 말을 한 적도 있다. 또한 그는 자신이 정한 원칙을 거스르지 않았다. 2005년 4월 인터뷰에서 조직 구성원들을 쫓아내는 일을 맡기려는 기업이나 조직과는 함께 일을 하지 않는다고 하면서 이렇게 말했다.

"저는 그런 일을 맡기 싫습니다. 그런 일을 잘할 자신이 없습니다. 그런 일을 해야 할 가치를 느끼지 못합니다."

드러커는 나이가 들어서도 총명했기 때문에 그의 생각을 듣기 위해 찾아오는 사람이 끊이지 않았다. 그 밖에도 사람들은 드러커와 함께 시간을 보내고 그의 존재를 느끼고 그와 생각을 주고받고 그에게서 배우고 싶어 했다. 2002년 〈유에스에이 투데이〉 인터뷰에서 그는 "저는 지금 그 어느 때보다 컨설팅을 더 많이 합니다. 주로 비영리기관을 상대로 컨설팅을 한다고 생각했습니다. 그런데 예전의 대기업 의뢰인 중에서 저를 다시 찾아오는 이들이 엄청나게 많은 것으로 드러났습니다. 유럽, 일본, 미국의 기업들이 저에게 세계 경제에서 어떻게 시장 전략의 전환을 꾀해야 하는지를 물었습니다"라고 말했다.

그는 미묘하고도 장난기 있는 유머를 발휘하여 자기는 특히 중소기업과 함께 일하는 것이 좋다고 하면서 이렇게 말하기도 했다.

"중소기업은 성과를 낼 수 있는 곳입니다. 나의 첫 번째 의뢰인은 제너럴모터스였습니다. 저는 높은 곳에서 시작하여 낮은 곳으로 내려와 일했습니다.”

물론 드러커에게는 여러 해에 걸쳐서 제너럴일렉트릭과 프록터 앤 갬블을 포함한 유명 대기업 의뢰인들이 많았다. 그럼에도 드러커가 했던 다양한 일들을 생생하게 엿보려면 드러커 연구소의 전무 이사 릭 워츠먼이 2013년에 출간한 《드러커: 영화 속의 인생Drucker: A Life in Pictures》에 등장하는 비영리기관 의뢰인들을 살펴보는 것이 도움된다. 이 책은 컨설턴트와 조언자로서의 드러커에 관한 많은 내용을 담고 있는데, 여기에 나오는 의뢰인들로는 미국 걸스카우트, 미국 적십자사에서부터 메트로폴리탄 미술관, 미국 교향악 리그와 같은 문화 기관들, 펜실베이니아대학교, 스탠퍼드 경영대학원과 같은 교육 기관들이 총망라되어 있다.

드러커의 활동에서 엿볼 수 있는 다양성, 인간에 대한 관심, 나이가 들어서도 계속 무엇인가를 성취하려는 욕구는 오늘날 컨설턴트와 그 밖의 지식노동자들에게 역할 모델이 될 수 있다.

당신은 다른 사람들이 당신과 함께할 수 있는 특권에 기꺼이 예산을 지출하도록 당신의 브랜드, 저작, 평판을 어떻게 만들어갈 것인가? 우리는 모두 직업 활동을 하는 동안 누군가가 계속 자신을 찾아주기를 바라지 않는가?

---

* 브루스 로젠스타인Bruce Rosenstein
지난 20년 동안 피터 드러커에 관하여 연구하고, 글을 쓰고, 강연을 했다. 여기에는 드러커가 세상을 떠나기 전 마지막으로 자택에서 녹음으로 진행했던 인터뷰를 포함하여 다양한 인터뷰가 망라되어 있다. 그는 이러한 작업을 통하여 수백 편의 논문을 쓰고, 블로그에 글을 올리고, 강연을 하고, 베스트셀러 《피터 드러커를 공부하는 사람들을 위하여: 피터 드러커의 교훈과 삶을 중심으로》와 《피터 드러커의 방식으로 당신의 미래를 창출한다Create Your Future the Peter Drucker Way》를 출간했다. 이전에는 21년 동안 〈유에스에이 투데이〉의 도서 비평가, 기업 경영 분야의 저자로 일하면서 드러커 연구를 위한 준비를 해왔다. 2011년 4월, 그는 프랜시스 헤셀바인 리더십 인스티튜트가 발간하는 수상 저널 〈리더-투-리더〉의 편집 주간이 되었다.

드러커라는 이름의
컨설턴트

릭 워츠먼

월리엄 코헨은 피터 드러커가 엄청난 성공을 거두었음에도 불구하고 자신의 활동을 지원하거나 확장하기 위한 컨설팅 기관을 설립하지 않았다고 정확하게 지적했다. 실제로 드러커 컨설팅 그룹, 드러커 앤 어소시에이츠 혹은 드러커 LTD와 같은 기관은 없었다.

나는 클레어몬트대학원대학교 부설 드러커 연구소의 사무처장으로 일하는 기쁨과 영광을 누리면서 드러커가 남긴 유산을 계승해야 하는 의무를 부여받았다. 오늘날 우리의 활동에는 기술, 소매업, 제조업 등 산업 전반의 다양한 기업을 위한 컨설팅을 제공하는 것이 포함되어 있다.

우리가 컨설팅으로 방향을 전환한 것은 '사회를 강화하기 위하여 조직을 강화한다'는 사명을 가지고 활발하게 움직이는 사회적 기업이 되기 위하여, 먼지가 쌓여 있는 드러커의 기록물에서부터 진화한 8년에 걸친 과정의 한 부분이다. 당시 우리에게는 기업, 비영리기관, 정부가 무엇 때문에 드러커를 컨설턴트로서 그처럼 찾았는가를 이해하는 것이 단순히 학문적인 관심 그 이상으로 의미가 있었다. 그리고 그것은 우리가 기관을 설립하게 된 근거가 되었다. 우리가 이해한 것(그리고 우리가 하는 컨설팅의 핵심이 된 것)은 드러커가 자기가 하는 일이 답을 내놓는 것이 아니라고

피터 드러커 경영 컨설팅

본 것이었다. 언젠가 그는 "컨설턴트로서 제가 가진 가장 커다란 강점은 무지하기 때문에 질문을 한다는 것입니다"라고 말했다.

　드러커의 경우에는 이러한 질문들이 언뜻 보기에는 간단했다. "당신의 고객은 누구인가?" "좀 더 생산적이고도 혁신적인 프로젝트를 향해 자원을 풀어놓기 위해서는 지금부터 무엇을 하지 말아야 하는가?" "당신은 어떤 사업을 하고 있는가?" 혹은 그가 1974년에 활발한 성장 시기를 보냈던 투자은행 도널드슨 러프킨 앤 젠렛Donaldson, Lufkin & Jenrette의 설립자들에게 자문自問하라고 했던 것처럼 "당신은 어떤 사업을 해야 하는가?"였다. 드러커는 "저는 당신이 어떤 사업을 해야 하는가에 대해서는 대답하지 않을 것입니다"라고 말했다. 그러고는 "우선 이 질문에 대한 대답이 금방 나와서는 안 됩니다. 또 어느 한 사람의 의견이 아무리 훌륭하게 보이더라도 기껏해야 한 사람의 의견일 뿐입니다"라고 덧붙였다.

　기업들이 범위가 작은 과제를 다루기 위해 드러커로부터 조언을 구할 때도 있었다. 예를 들어 1992년에 드러커는 코카콜라의 유통, 브랜드 관리, 광고에 관한 56쪽짜리 분석 보고서를 쓴 적도 있다. 그런데도 그의 접근 방법은 변함이 없었다. 드러커는 코카콜라 측에 "이 보고서는 많은 문제를 제기하고 있지만, 이에 대한 답을 제공하려 하지 않는다"라고 말했다.

　또한 우리는 드러커가 컨설턴트로서 개인적인 섬세한 균형을 유지한 것을 높이 평가하게 되었다. 그는 자기가 함께 일했던 많은 CEO와 임원들과도 가깝게 지냈다. 그는 "의뢰인의 문제는 그것이 무엇이든 나의 문제다"라고 말했다. 하지만 자신을 결코 내부자라고 착각하지는 않았다.

　드러커는 1981년 '왜 경영 컨설턴트인가Why Management Consultants'라는 제목의 글에서 이렇게 말했다.

"이 직업은 의뢰인의 대의에 헌신할 것을 요구한다. 그러나 직접적으로 관여하지 않고 거리를 유지해야 한다. 자기 자신이 이 문제의 한 부분이 되어서는 안 된다."

결국 드러커는 이렇게 주장했다.

"경영 컨설턴트는 직업이 요구하는 초연한 자세로 경영의 이행을 다루어야 한다."

드러커를 돋보이게 하는 또 다른 요소는 그의 진실성에 있다. 그는 자신이 실질적으로 기여할 수 있을 것이라는 확신이 서지 않으면 의뢰인에게 다가가 일을 맡거나 수임료를 청구하지 않았다. 1955년 3월에 드러커는 시어스 회장 비서에게 청구서를 제출하면서 "제가 했던 일이 당신을 만족시키지 않으면 수임료를 지급하지 않아도 된다는 조건으로 이 청구서를 제출하는 것임을 기억하십시오"라고 말했다고 한다.

실제로 드러커는 의뢰인들이 그가 예리한 통찰을 제공했는가에 대한 테스트를 하지 않는다는 것을 알고 있었다. 중요한 것은 그의 의뢰인들이 중요한 쟁점에서 상당한 진전을 이루어내도록 이러한 통찰을 활용할 수 있는가에 있었다. 드러커는 "결국 컨설턴트가 성과에 기여하고 이를 달성할 것인가 아니면 기껏해야 궁중광대에 불과할 것인가를 결정하는 것은 다른 사람의 역량에 달려 있다"라고 말했다.

우리는 컨설팅 이후에도 의뢰인들에게 계속 관심을 쏟으며 우리가 컨설팅을 통하여 진정한 가치를 전하고 있는가를 확인하는데, 우리는 이를 두고서 '드러커 언 워크숍Drucker Un/Workshops(언 워크숍은 workshops unlike any other의 의미다 – 옮긴이)'이라고 불렀다(이 명칭은 우리가 이러한 연대를 통하여 의뢰인들이 중요한 과제 혹은 기회를 확인할 수 있도록 그들의 이해를 촉진하려는 뜻에서 나온 것이다).

마지막으로 드러커는 컨설턴트에게 가장 위험한 것은 자신의 지혜를 과신하는 것이라고 생각했다. 우리는 이 점을 깊이 명심하고 우리가 결코 의뢰인의 사업에 대하여 그들보다 더 많이 아는 것처럼 보이려고 하지 않았다.

드러커는 의뢰인을 흥분하게 만드는 것도 좋아하지 않았다. 그는 투자회사 에드워드 존스Edward Jones에서는 직원들에게 "제발 조직의 드러커화라는 말은 하지 마세요. 당신들이 해야 할 일은 조직의 존스화입니다. 그래야만 제가 당신들에게 도움을 줄 것입니다. 그렇지 않으면 제가 당장 위험인물이 될 것입니다. 저는 그렇게 되고 싶지 않습니다"라고 말했다.

우리는 지금도 이러한 원칙을 준수하고 있다. 의뢰인에게 온갖 종류의 문제를 풀어보게 하여 드러커에 입각한 프레임워크를 제공한다. 그러나 그들을 상대로 결코 드러커화를 시도하지는 않았다. 그들이 우리의 아이디어(즉, 드러커의 아이디어)를 받아들이고 그것을 자신들의 조직 문화에 맞게 만들어야만 우리가 성과를 낼 수 있다는 것을 알기 때문이다.

"나는 질문만을 할 수 있습니다. 대답은 여러분이 해야 합니다."

드러커가 말했듯이 말이다.

---

* 릭 워츠먼Rick Warzman

클레어몬트대학원대학교 부설 드러커 연구소의 사무처장으로 재직 중이며 《드러커라면 지금 무엇을 했을까?What Would Drucker Do Now?》《드러커 강의The Drucker Lectures》를 포함한 다섯 권의 도서를 집필하거나 편집했다. 이전에는 〈월스트리트저널〉과 〈로스앤젤레스 타임스〉의 기자이자 편집자였다. 〈타임〉과 〈비즈니스 위크〉와 같은 시사주간지에 드러커에 관한 칼럼을 정기적으로 쓰고 있으며 큐레이터, 전문 연구원들의 리더, 전문 강연자, 교육자뿐만 아니라 사업 관리자이기도 하다. 그는 특별히 찾아낸(피터 드러커와 그의 가족이 드러커 연구소에 기증한 광범위한 문서에서 원전을 직접 찾아낸) 드러커의 원칙을 적용할 수 있는 몇 안 되는 경영 컨설턴트 중 한 사람이다.

피터 드러커 경영 컨설팅

제1판 1쇄 인쇄 | 2018년 12월 18일
제1판 1쇄 발행 | 2018년 12월 26일

지은이 | 윌리엄 코헨
옮긴이 | 안세민
펴낸이 | 한경준
펴낸곳 | 한국경제신문 한경BP
편집부장 | 마현숙
외주편집 | 장민형
저작권 | 백상아
홍보 | 김새누리·조아라
마케팅 | 배한일·김규형
디자인 | 김수아

주소 | 서울특별시 중구 청파로 463
기획출판팀 | 02-3604-553~6
영업마케팅팀 | 02-3604-595, 583 FAX | 02-3604-599
H | http://bp.hankyung.com   E | bp@hankyung.com
T | @hankbp   F | www.facebook.com / hankyungbp
등록 | 제 2-315(1967. 5. 15)

ISBN 978-89-475-4437-5   03320